AF547732

Erwachen des Herzens

Dieses Buch ist unserem geliebten Meister

SRI SWAMI VISHWANANDA

gewidmet,
und Ihnen, liebe Leserin, lieber Leser, auf dass die Liebe Gottes, die so vollkommen durch unseren Guru leuchtet, auch in Ihrem Herz leuchten möge.

ISBN 978-3-940381-09-5

Erste Ausgabe

Englische Originalausgabe: "Blossoming of the Heart", 2008

Bhakti Event GmbH - Am Geisberg 1-6 – 65321 Springen - Deutschland

www.bhaktimarga.org

Erwachen des Herzens

Persönliche Erlebnisse
mit
Sri Swami Vishwananda

Einführung

5. Führung und Lehre

SRI SWAMI VISHWANANDA

EINFÜHRUNG

Swami Vishwananda wurde am 13. Juni 1978 in eine hinduistische Familie in Mauritius geboren.

Seit frühester Kindheit fühlt er sich zur Spiritualität hingezogen und lebt in der bewussten Gegenwart Gottes. Von seinem zweiten Lebensjahr an begleitete er seine Großmutter zum nahe gelegenen Hindutempel, wo sie ihre täglichen Gebete verrichteten. Später besuchte er Moscheen und Kirchen, weil er sich zu der Präsenz des Göttlichen an diesen Orten hingezogen fühlte. Als Junge fing er auf natürliche Weise an zu meditieren. Er verbrachte gerne seine Zeit damit, Lieder der Hingabe zu singen, Gottesdienste zu feiern und er inspirierte seine Kindheitsfreunde, an seiner natürlichen Verehrung des Herrn teilzunehmen.

Im Alter von vierzehn Jahren machte Sri Swami Vishwananda zum ersten Mal die Erfahrung des *Samadhi*, eines tiefen meditativen Zustands der Versunkenheit in Gott.

Nachdem er seine Schuljahre beendet hatte, begann er, seiner Berufung zum spirituellen Lehrer vollkommen nachzugehen, wobei er im täglichen Leben mit beiden Füßen auf dem Boden steht.

Swami Vishwanandas spirituelle Größe wurde mehr und mehr bekannt. Menschen aus aller Welt fingen an, für seinen Ratschlag und seinen Segen zu ihm zu kommen. Aufgrund seiner unmissverständlichen Verwirklichung der Einheit mit dem Göttlichen fing er an, die ersten ernsthaft spirituell Suchenden anzuziehen.

Im Jahr 2005 gründete Swami Vishwananda nach Aufforderung seines *Gurus* Mahavatar Kriya Babaji einen *Ashram* in Deutschland und rief den *Bhakti Marga* Orden ins Leben. *Bhakti* steht für Liebe und Hingabe, *Marga* bedeutet Pfad. *Bhakti Marga* ist der Pfad der Liebe und Hingabe an den Herrn. Es ist einer der vielen Pfade, die zum Ziel der Selbstverwirklichung führen.

Swami Vishwananda hat auch *Ashrams* und Zentren in Mauritius, Südafrika, Deutschland, Russland, Polen, Portugal, England, Finnland und der Schweiz gegründet. Er reist in zahlreiche Länder der Welt, um seine einfache und tiefe Botschaft der Liebe, Geduld und Einheit zu verbreiten.

Swami Vishwanandas Lehren bieten kostbaren Rat und viele Methoden, die uns befähigen, das Glücksgefühl tief in unserem Innern zu finden und Wege zu entwickeln, um die täglichen Schwierigkeiten zu bewältigen. Er inspiriert und hilft den Menschen, ihre Herzen für die bedingungslose Göttliche Liebe zu öffnen, die in jedem existiert und sie zu ihrer ursprünglichen Einheit mit Gott zu erwecken.

Mit Liebe und Geduld spricht er darüber, wie wir unsere Art zu leben, zu denken und zu lieben verbessern können und er lehrt uns, wie wir ewige Glückseligkeit in uns selbst finden können. Er ermutigt uns, uns selbst zu lieben, an uns zu glauben und uns selbst so anzunehmen wie wir sind und der Menschheit zu Diensten zu stehen.

Er hat eine offene Einstellung gegenüber den verschiedenen Weisen, Spiritualität und Liebe zu Gott zum Ausdruck zu bringen. Mit natürlicher Leichtigkeit verbindet er Elemente aus dem Christentum mit der hinduistischen Spiritualität. Er bestärkt uns darin, unseren eigenen individuellen Pfad zu Gott zu vertiefen und unsere persönliche Religion bzw. unseren persönlichen Glauben aufrecht zu erhalten.

Swami Vishwananda heißt alle Religionen und Kulturen willkommen. Er lehrt uns, über Religionskonzepte hinauszugehen und die darunter liegende Einheit zu entdecken, welche die bedingungslose universelle Göttliche Liebe in unserem Innern ist. Er respektiert und verehrt alle großen Meister, Heiligen und Weisen aller religiösen und kulturellen Hintergründe. Swami Vishwananda fordert uns auf, jeden auf dieselbe Weise zu lieben und jeden als einen Teil von Gottes Schöpfung zu betrachten. Durch Bhakti, oder Hingabe, können wir diese unterschwellige Verbindung in uns selbst erkennen.

In ´Erwachen des Herzens` berichten Verwandte, Freunde, *Devotees* und Schüler aus verschiedenen Ländern und kulturellen Hintergründen über ihre sehr persönlichen Erlebnisse mit Swami Vishwananda. Diese unterschiedlichen Geschichten geben einen Einblick in Swamis warmherzige Persönlichkeit und in seine sehr praktische, gradlinige und bodenständige Art, mit Menschen umzugehen. Durch die Geschichten erfahren wir die Liebe und Wärme, die er bedingungslos ausstrahlt, und was das Herz auf tiefe Weise berührt. Wir sind durch seine Einfachheit, Güte und Demut verzaubert.

Jai Gurudev

KAPITEL EINS

Wer ist Swami Vishwananda?

"Es gibt nicht einen Moment, in dem ich mir meiner Mission auf Erden nicht bewusst bin."

Sri Swami Vishwananda

EIN AUSSERGEWÖHNLICHER MENSCH

Paartha (ehemals Jyotirananda) - Fabian Leuzinger - Schweiz

Ich kenne Swami Vishwananda als einen sehr engen Freund. Im März 1998 traf ich ihn in Indien in einem *Ashram*. Ich stand auf einem öffentlichen Platz mitten im Verkehr und wartete auf einige Leute, als sich mir ein junger Inder näherte. Er fragte mich, ob ich Schweizer wäre und ich antwortete mit ja. Diese Frage löste ein Gespräch aus, das den ganzen Nachmittag dauerte, während wir zusammen am Rande einer belebten Strasse in Indien saßen. Vom ersten Moment an, wo ich Swami Vishwananda traf, fühlte ich mich ihm sehr nahe.

Zwei Tage später kehrte Swami in sein Zuhause nach Mauritius zurück. Bevor er ging bat er mich, ihm zu versprechen, ihn zu Hause zu besuchen. Doch es war in London, als ich ihn das nächste Mal sah. Kurz nach diesem Treffen reiste ich nach Mauritius auf Besuch, und wir ließen die sehr enge Freundschaft, die ich im Moment des ersten Treffens in Indien empfand, weiter wachsen.

Die meisten spirituellen Meister gehen mit anderen häufig in sehr menschlicher Weise um, während sie ihre verwirklichte Göttlichkeit oder ihren spirituellen Fortschritt verbergen. Ich bin dankbar, dass Swami Vishwananda genau auf diese Art zu meinem Freund wurde. Ich weiß, dass Swami trotz seiner offensichtlichen spirituellen Kenntnisse in seinem Herzen eine gewöhnliche Person ist. Er handelt normal, wenn er mit den täglichen Pflichten beschäftigt ist oder er nimmt sich Zeit mit Freunden oder er reist. Er kleidet sich so, wie es üblich ist, mit Jeans, T-Shirts und Tennisschuhen. Er ist ein verantwortungsvoller Mensch und als ältester Sohn der Familie kümmert er sich um die familiären Verpflichtungen.

Die letzten neun Jahre, in denen ich Swami Vishwananda kenne, waren für ihn eine spirituell sehr intensive Zeit. Während dieser relativ kurzen Zeitspanne hat er seine eigenen spirituellen

Erfahrungen wie auch die anderer und die persönliche Entwicklung beschleunigt. Um den gleichen spirituellen Fortschritt zu erreichen, hätte eine gewöhnliche Person einige Leben gebraucht. Auch wenn Swami sich schon seit früher Jugend aktiv mit der spirituellen Arbeit beschäftigt, sagt er, dass seine wirkliche Arbeit nicht beginnen werde, bevor er im Jahre 2005 siebenundzwanzig Jahre alt geworden sei.

Swami Vishwananda ist definitiv eine der seltenen Personen, die ihr wahres Selbst wirklich kennen und sich dessen und ihrer Göttlichkeit voll bewusst sind. Er kann sich willentlich mit dieser größeren Wirklichkeit verbinden. Wenn diese größere Verbindung besteht, ist Swami nicht länger die gewöhnliche Person, die wir im täglichen Leben sehen. Sein Gesichtsausdruck und seine Augen verändern sich, er wird zu einem leuchtenden Wesen, das die bedingungslose Liebe ausdrückt. Tageweise bin ich Zeuge von Swamis Transformation. Meistens benimmt er sich wie eine normale Person und macht nicht viel Aufheben über sein wahres göttliches Selbst. Wer ihn nur oberflächlich sieht, erkennt die Größe seiner Seele nicht.

Swamis so genannte Wunder sind ein tägliches Ereignis, und ich war bei zahlreichen Gelegenheiten Zeuge davon. Es sind nicht das Phänomen und die Wunder, die rund um ihn herum geschehen, die mich am meisten an ihm beeindrucken. Doch ich habe immer eine hohe Achtung vor seiner Fähigkeit, Menschen darin zu unterstützen, zu sich selbst zu kommen, zu dem Bewusstsein, dass Gott die einzige Wirklichkeit ist und sie zu inspirieren, ein vom Geistigen durchdrungenes Leben zu führen. Ich bewundere die Tatsache, dass Swami es irgendwie fertig bringt, völlig geerdet in der physischen Realität zu bleiben, während er diese großartigen Dinge tut.

Swami hat Zugang zu großem Wissen und er bleibt dauernd mit der spirituellen Welt verbunden, doch er spricht nicht oft darüber.

Ich pflegte ihn zu nerven, indem ich wollte, dass er mehr darüber sagt und ihm viele Fragen stellte.

Swami erklärt den Leuten immer wieder geduldig, dass sie sich nicht auf die Phänomene konzentrieren sollen, sondern auf die allerwichtigste Quelle dieser Phänomene im Leben und auf die Liebe für Ihn – Gott! Er weist die Menschen darauf hin, dass es für sie vorteilhafter wäre, die Liebe zu entwickeln und das Sehnen nach Gott in ihren Herzen zu pflegen als sich mit bloßer Theorie zu befassen. Er rät den Menschen: „Wenn Ihr Euer Herz mit der Liebe für Gott füllt und Euch auf das Göttliche einstimmen könnt, werdet Ihr wahres Wissen, das nicht in Büchern und in der Theorie zu finden ist, erlangen."

Jedes Mal, wenn eine kranke Person zu Swami kommt, sagt er immer, dass er für sie beten wird. Wenn eine Spontanheilung geschieht, verweist er immer darauf, dass es Gottes Werk ist. Ich hörte ihn nie sagen, dass er jemanden geheilt hatte. Außer Ihm gibt es niemanden, der oder die sich selbst als einen Heiler oder eine Heilerin bezeichnen kann. Ich hörte ihn sagen, dass Heiler nur Werkzeuge in der Hand Gottes sind. Wenn es etwas gibt, das Swami erreichen will, ist er sehr bestimmt und wird tun, was nötig ist. Er liebt es, in Gesellschaft mit anderen zu sein und viel zu lachen. In seiner freien Zeit besucht er Pilgerstätten und malt Ikonen von Heiligen. Er ist sehr kreativ, sei es im Malen oder in der Musik, der er viel Aufmerksamkeit schenkt. Er liebt jede Musik, die hingebungsvoll zu Gott gesungen wird. Er hat eine wunderschöne Stimme und genießt das Singen mit anderen. Eine seiner größten Leidenschaften ist das Studium der Leben von Heiligen.

Swami Vishwananda ist jemand, der Gott von ganzem Herzen und mit ganzer Seele in sehr reiner und kindlicher Weise liebt. Diese Einstellung, Gott zu lieben, schafft für ihn ein ganz persönliches und natürliches Verhältnis mit dem Göttlichen und dadurch schwingt er so mit den Menschen mit, dass ihr Leben transformiert werden kann.

Swamis Lebensziel ist es, die Herzen der Menschen zu berühren, die spirituell und magnetisch auf die Art und Weise zu ihm hin gezogen werden, dass sie motiviert sind, ein spirituelles, auf Gott zentriertes Leben anzunehmen.

Als ein Guru, auch wenn Swami kindlich und spontan ist, strahlt er eine natürliche Aura von Autorität aus. Er kann streng sein, gleicht es jedoch immer mit einer netten, liebevollen Autorität aus, welche die Wahrheit enthält, dass er weiß, was das Beste für seine Schüler ist. Wenn jemand von den Brahmacharis etwas tut, das ihm missfällt, bespricht er das mit ihm oder ihr. Doch anstatt die Person zu verurteilen, sucht er nach einem Samen der Bereitschaft, aus seinem Fehler zu lernen und seine Haltung zu verändern, und dann nährt und tränkt er das Pflänzchen. Swami sagt: „Wenn Du fällst, ist es besser, wieder aufzustehen und durch eine schmerzhafte Erfahrung oder einen Fehler stärker zu werden. Entscheide Dich nicht für schmerzhafte Erinnerungen, die immer wieder zurückkommen und die Dich quälen und sich in körperlichen Krankheiten ausdrücken."

Er ist anderen gegenüber sehr tolerant. Nie versucht er, jemanden von seiner eigenen Meinung zu überzeugen und er moralisiert nicht. Wenn Menschen ihn nach einem Rat fragen, sagt er ihnen klar, was sie für den Ausgleich der Situation tun müssen. Dann lässt er den Menschen ihren freien Willen, indem er ihnen rät, schlussendlich ihre eigene Wahl zu treffen. Gelegentlich tauchen bei Swami selbst Probleme auf, die er aber rasch überwindet und in der Vergangenheit lässt.

Einmal gingen Swami und ich zusammen nach Rodrigues, einer kleinen Insel, außerhalb der Küste von Mauritius, wo wir in einem kleinen Gästehaus wohnten. Der Sohn der Familie, der im Hauptgebäude wohnte, war zwanzig Jahre alt, also im gleichen Alter wie Swami damals. Der Sohn begann, Swami zu verspotten, machte sich lustig über ihn als eine spirituelle Person, welche Wunder wirkt etc. Swami versuchte ein paar Mal, freundlich und in vernünftiger Weise mit dem Sohn zu sprechen, doch ohne Erfolg. Bald entfernte sich Swami ruhig aus der unangenehmen Situation. Damals war ich erstaunt, zu sehen, dass er, statt verletzt oder ärgerlich zu werden, nur Mitgefühl für den jungen Mann hatte. Swami erlaubt es den Leuten zu wählen, ob sie mit ihm als Guru, Bruder, Freund oder einfach als eine gewöhnliche Person in Verbindung treten wollen.

So ist Swami Vishwananda mein Guru und er wird immer gleichzeitig auch mein guter Freund sein!

***

ZURÜCK ZUM WEG CHRISTI

Paritosha – Pierre Bretaudeau – Frankreich

Ich habe Swami Vishwananda 1997 in Mauritius kennen gelernt. Zu diesem Zeitpunkt hat mich die Vorstellung, einem Guru zu folgen, abgestoßen, da ich über einige negative Erfahrungen von Menschen gelesen hatte, die über solche Dinge schrieben. Wenn ich versuchte, mir mich als Anhänger eines Gurus vorzustellen, missfiel mir diese Vorstellung sehr.

Swami Vishwananda lehrte mich viele Dinge; so zeigte er mir unter anderem, was es wirklich heißt, einem Meister zu folgen. Zu diesem Zeitpunkt lehnte ich das Wort Guru vollständig ab, denn ich dachte, dass es eine negative Seite habe und dass die Gesellschaft die Guru- Erfahrung in fanatische Richtung interpretieren würde. Ich dachte, dass in unserer westlichen Gesellschaft der Guru mit Gefahr, Argwohn, Manipulation und Gehirnwäsche verbunden sei. Daher war ich sehr skeptisch und betrachtete Swami Vishwananda aus einem äußerst kritischen Blickwinkel. Doch auf eine überaus liebevolle Art führte er mich Schritt für Schritt, bis ich zu einem anderen Verständnis von Guru kam.

Swami Vishwananda wohnte für einige Zeit bei mir zu Hause und in dieser Zeit öffnete ich mein Herz und fing an, den Guru wertzuschätzen. Er half mir, eine größere Offenheit allen Religionen gegenüber zu entwickeln. Er zeigte mir ganz klar auf, dass Religion auf Liebe, Toleranz und den Geist Christi gegründet ist. Seit ich Swamiji kenne, hat sich meine Fähigkeit zu lieben und zu vergeben ausgeweitet. Ich lernte, mir selbst zu vergeben, was mir im Gegenzug erlaubt, anderen zu vergeben. Ich werde immer dankbar sein für Swamis Lehre und liebende Führung. Swami Vishwananda hat die größte Fähigkeit zu lieben, die ich in meinem Leben erfahren habe. Er predigt nicht irgendetwas – er ist es! Er ist Liebe, einfach nur Liebe. Seine Erscheinung, seine Art zu handeln, seine Präsenz, alles spiegelt kontinuierlich Liebe wider.

Ich hatte eine Ewigkeit versucht, ein Heilmittel zu finden, das es meiner Frau ermöglichen würde, wieder zu gehen. Er lehrte mich, Geduld zu entwickeln. Er bat mich, eine positivere Einstellung zu entwickeln, indem ich meine Gedanken, Worte und Handlungen beobachtete. Swami sagte mir, wenn ich dies tue, würden meine seit langem kultivierten negativen Gedanken und Handlungen nicht mehr mein Leben oder das Leben meiner nächsten Verwandten verdunkeln.

Swami half mir körperlich. Vor einigen Jahren musste ich mich einer Operation aufgrund eines Leistenbruchs unterziehen, welcher mit einer Platte fixiert wurde. Bei einem neuerlichen Arztbesuch wurde mir gesagt, dass eine weitere Operation nötig sei. Swami Vishwananda sagte mir, dass ich drei Monate warten sollte, bevor ich die Operation machen ließe. Drei Monate später ging ich zu einer Echographie. Der Arztbericht zeigte, dass keine weitere Operation nötig war. Des Weiteren erklärte mir der Arzt, dass keine Spuren der früheren Behandlung sichtbar seien und keine Reste der Platte.

Ich danke Dir Swami. Ich danke Dir, dass Du mir geholfen hast, jeden Tag mehr Toleranz und Demut zu entwickeln. Ich danke Dir vor allem, dass Du mir gezeigt hast, die Stille, in der Gott zu finden ist, zu würdigen.

***

EINE FÜLLE AN GESUNDHEIT

W. – Südafrika

Wenn Du glaubst, dass Heilige Darstellungen von Personen auf schmutzigen Glasfenstern sind, entfernt und wunderlich, bedeutungslos in der rasenden Geschwindigkeit des 21. Jahrhunderts, dann hast Du Swami Vishwananda noch nicht kennen gelernt. Da man einen Heiligen nicht jeden Tag trifft, war mir etwas bange zumute, ihm zu begegnen. Ich hätte mir keine Sorgen zu machen brauchen.

Während unserer Begegnung fand ich Swami warmherzig, offen und fürsorglich. Ich dachte, Heilige müssten betagt sein, Swami ist jedoch überraschend jung. Wir sprachen kurz über meine gesundheitliche Situation. Nach einigen Hinweisen und weisen Worten manifestierte er einen Anhänger mit Lakshmi (Göttin der Fülle) darauf. Er riet mir, dass das Tragen des Anhängers mir Fülle an Gesundheit schenken würde. Wie er ihn manifestiert hat, weiß ich nicht. Er schien ihn aus der Luft zu pflücken, denn mit Sicherheit hatte er ihn nicht in seinem kurzärmeligen Shirt. Ich kam aus dem Gespräch mit Swami und fühlte mich freudvoll und geliebt.

Später traf ich ihn bei einem seiner Darshans wieder, nachdem ich über eine Stunde in der Reihe gestanden hatte. Obwohl er sich vor mir um Dutzende andere Menschen gekümmert hatte, begrüßte er mich so herzlich, als wäre ich die erste Person in der Schlange gewesen. Er erkannte mich und seinen manifestierten Anhänger, den ich trug, wieder und sprach kurz und sanft mit mir.

Falls ich Swami nie wieder sehe, so kann ich doch mit dem Wissen sterben, dass ich jemand äußerst Ungewöhnlichen getroffen habe – einen Heiligen aus Fleisch und Blut! Ich glaube, Swamijis größtes Geschenk ist seine bedingungslose Liebe. Und für seine Liebe, die er so freigiebig jedem schenkt, bin ich ewig dankbar.

***

VOLL FREUDE

Verena Leuzinger – Schweiz

Krishnas Stehlen von Butter hat große Ähnlichkeit mit Swami Vishwanandas Verhalten. Er stiehlt die Herzen der Menschen mit seiner großen Liebe und Hingabe. Dies ist auch seine Lehre. Auch seine Fröhlichkeit, sein Witz und Humor - als wir ihn im Jahr 1998 kennen gelernt haben - waren sehr ansteckend. Seine Freude, das erste Mal Schnee in den Schweizeralpen zu erleben, machte ihn selbst zu einem Schneemann, indem er sich im Schnee herumwälzte. Auf dem Berg Schilthorn (über 2000 m ü. M.) begann es zu schneien. Wir waren enttäuscht, wollten wir doch Swami Vishwananda die wunderbare Aussicht genießen lassen. Doch Swami sagte: „Macht euch keine Sorgen, seid doch etwas geduldig." Kaum gesagt, drängte sich die Sonne zwischen den Wolken durch und in kurzer Zeit sanken die Wolken tiefer und tiefer. Wir erlebten Swami Vishwanandas direkte Beziehung zu den Tieren. Eine Bergdohle setzte sich nahe zu ihm und hüpfte näher und näher bis zu seinen ausgestreckten Händen.

Auf Reisen, im Auto oder in der Öffentlichkeit mit der Bahn, immer hatte Swamiji ein Bhajan-Lied auf den Lippen, genau wie Krishna seine Flöte. Dies brachte uns immer in eine fröhliche Stimmung. Auch in der Küche fehlte die Ausgelassenheit nie. Wir tauschten Rezepte aus, kochten zusammen und auch hier wurde viel gelacht. Ich war immer sehr berührt, da Swami immer hilfsbereit war: Mit kochen, putzen, Geschirr spülen und abtrocknen. Er half überall. Für ihn war es das Natürlichste, immer zu helfen. Während diesen Arbeiten sangen wir und lachten viel. Ich spüre eine tiefe Dankbarkeit in mir, dass wir uns begegnet sind.

***

GOTT ALS FREUND

Urs Keller — Schweiz

Im Jahre 1999 unternahm ich mit dem jungen Swami Vishwananda etliche Reisen durch die Schweiz. Damals war er noch ziemlich unbekannt und wurde nicht als der Guru erkannt, der er ist. Als sein Gast verbrachte ich auch einige Zeit mit ihm in seinem Haus in Mauritius. Der junge Mann strahlte Glück, Liebe und Freude aus.

Ich muss seine Geduld wohl recht strapaziert haben, wenn ich Orte besuchen wollte, an denen er nicht interessiert war oder wenn ich ihn bat, zu warten, während ich Dinge tat, die er nicht tun mochte. Während der ganzen Zeit unseres Beisammenseins beklagte er sich nie und zeigte nie, dass ihm etwas missfiel.

Als wir einmal in Bern (Schweiz) waren, hielt ich das Auto auf der Hauptstrasse in der Nähe des Bahnhofs an und erklärte dem jungen Swami Vishwananda und dem jungen Schweizer Begleiter: „Wenn ihr mir nicht klare Anweisungen zu unserem Ziel gebt, werde ich das Auto hier und jetzt stehen lassen“, und in Kürze fanden wir unseren Weg.

Swami Vishwanandas Freundschaft und Liebe hatten eine tiefe Wirkung auf mich. Dieser Schatz von Erfahrungen bleibt unvergesslich und tief eingeprägt in meinem Herzen. Seine große Bescheidenheit und Geduld und sein volles Verständnis für einen einfachen Freund wie mich, zeigt seinen kostbaren Weg der Liebe allem und allen gegenüber. Swami begegnet allen Menschen mit derselben Liebe und Bescheidenheit wie mir, als seinem Freund. Ich zähle zu den vielen Menschen auf Erden, die Swami immer in ihren Herzen und Träumen fühlen, ob er nah oder fern ist.

***

PILGERREISE

George Tsatsos – Griechenland

Im April 2004 besuchten wir zusammen mit Swami das Kloster St. Nektarios in Ägina, Griechenland. Es war eine sehr berührende Erfahrung, denn die kraftvolle Präsenz des heiligen Nektarios ist dort sehr stark. Es war ein besonderer Segen, dass uns eine sehr freundliche Frau, Aliki, in den Privatraum des heiligen Nektarios führte. Sie ließ uns allein mit all den persönlichen Sachen und Ikonen des Heiligen. Swami betete am Grab des Heiligen.

SWAMI GEWINNT SEINE ENERGIE ZURÜCK

Swami besuchte uns in unserem Sommerhäuschen in Griechenland. An einem Tag im Mai 2004 fuhren wir nach Athen und kehrten gegen 16 Uhr nach Hause zurück. Es war ein sehr heißer Tag und wir alle waren müde. Swami war sichtlich erschöpft und sagte, dass er ein Nickerchen machen wolle, um sich zu erholen. Zoe, meine Frau, erwähnte, dass sich das Kloster Sankt Ephraim mit dem Grab des Heiligen in unsere Nähe befindet. Als Swami von dem Heiligen hörte, schien er plötzlich vollständig erholt und erfrischt, als sei er gerade von einem Mittagsschlaf aufgestanden. „Lasst uns das Kloster besichtigen", antwortete er mit großer Begeisterung. Zoe zog sich etwas Angemessenes für das Kloster an und sie zogen los in der Hitze des Nachmittags.

WOLKEN BRINGEN EINE TRADITION HERVOR

Im August 2005 besuchte uns Swami in unserem Sommerhäuschen in Griechenland und beschloss, eine kleine Ikone des heiligen Nikolaus zu malen. Er fing an, auf einem kleinen hölzernen Rahmen von 25x25 cm Größe zu malen. Bald hatte er ein eher mäßiges Bild des heiligen Nikolaus gemalt. Ich malte das Meer hinter dem Heiligen in meinem eigenen speziellen Stil auf sein Gemälde. So weit, so gut. Es schien, dass Swami gelangweilt war und so fuhr er fort, sehr oberflächlich einige Wolken zu malen. Er brauchte nur etwa sechs, sieben Minuten, um sie zu vollenden. Swamis Wolken würden keinen Preis gewinnen, nicht mal den für Künstler der Grundschule.

Zwei Tage später kamen ein Freund und seine Frau zu Besuch. Er ist einer der versiertesten Ikonenrestauratoren der Welt. Er hat ein großes Wissen über historische Ikonen und sogar die besten Byzantinologen und der Vatikan konsultieren ihn in diesen Fragen. Wir zeigten diesem Experten mit den höchsten Referenzen Swamis Ikone des heiligen Nikolaus. Als er die Wolken sah, die Swami gemalt hatte, keuchte er und bog sich vor Lachen mit Tränen in den Augen. Anschließend entschuldigte er sich und gab uns eine Unterrichtsstunde, wie man Ikonen auf traditionelle Weise malt. Seine Erläuterungen waren sehr aufschlussreich und am nächsten Morgen probierte Swami die Technik meines Freundes aus. Das Gesicht, das Swami an diesem Morgen nach nur einer Lektion malte, war ziemlich schön und ich behielt es.

Swami und ich diskutierten das Thema der Ikonenmalerei mit meinem Freund und wir beschlossen, einen Ikonen-Malkurs in Swamis Ashram in Steffenshof, Deutschland, zu organisieren. Unser erster Kurs fand im November 2005 statt und war ein großer Erfolg.

***

IKONENMALEREI AUF DEN WÄNDEN VON SWAMIS KAPELLE

Jaahnvi – Judit Hildebrandt – Deutschland

Swami Vishwananda ist gerne kreativ und er liebt es, zu malen. Kurz nachdem Swami Vishwanandas Hauptashram in Steffenshof, Deutschland, gekauft worden ist, habe ich erfahren, dass es auf dem Grundstück eine kleine Kapelle gibt. Ich wurde darüber informiert, dass Swami die Absicht hatte, auf die Wände der Kapelle Freskos von Heiligen zu malen.

Einige Tage vor Weihnachten fuhr ich nach Steffenshof, da Swami mich gebeten hatte, beim Malen auf den Kapellenwänden zu assistieren. Obwohl ich Künstlerin bin, standen mir keine Detailinformationen über das Vorgehen bei der Freskomalerei und der Malerei von Ikonen zur Verfügung. Ich kam an einem Winterabend an und sah Licht in der Kapelle. Swamiji und einige andere waren bereits dabei, die Wände weiß zu streichen und die Zeichnungen vorzubereiten. Ich erfuhr, dass die Kapelle am 24. Dezember eingeweiht werden sollte.

Swami und seine Assistenten hatten vor, vierzehn große Figuren innerhalb von drei Tagen auf die Wände zu bringen, wobei drei der Gemälde an die schwer zu bemalende Decke gehen sollten. Zusätzlich beabsichtigte Swami, die Madonna mit Kind über den Altar zu malen.

Als ich das hörte, stiegen Gedanken bezüglich meiner eigenen inneren Begrenzung in mir auf. Alles was ich hörte, sagte mir, dass das, was Swami in drei Tagen vollbracht haben wollte, unmöglich sei. Ich bin eine erfahrene Künstlerin und ich habe mit unterschiedlichen Techniken gearbeitet, auch im großen Format wie in der Kapelle. Dadurch habe ich gelernt, wenn nötig, sehr schnell zu arbeiten. Dieses große Projekt innerhalb eines so kleinen Zeitrahmens zu beenden, würde über die physischen Gesetze hinausgehen. Wie auch immer, Swami hat mich durch dieses Projekt gelehrt, das Unmögliche möglich zu machen.

Ich musste akzeptieren, dass diese große Menge an Arbeit einfach nicht mit meiner gewohnten Liebe zum Detail getan werden konnte.

Am Morgen nach meiner Ankunft im Ashram stellte Swamiji eine kleine Gruppe von vier Leuten zusammen, die ihm beim Malen assistieren sollten. Wir mussten in einem kalten Raum arbeiten auf Wänden, die nicht ausgetrocknet waren und die eine sehr raue und unebene Struktur hatten. Unter diesen Umständen konnten wir nur in einer recht großzügigen Weise malen. Aufgrund der Lampen, der Farbe und der Gerüste gab es nicht so viel Raum in der Kapelle. Die meisten von uns hatten sehr geringe Erfahrung mit dem Zeichnen unmittelbar auf die Wand. Es war so kalt in der Kapelle, dass unsere Finger in kürzester Zeit steif gefroren waren. Die Hitze des Flutlichts war unsere einzige Wärmequelle.

Eine von Swamis Assistenten machte die erste Zeichnung. Dann wurde ich gebeten, den ersten Heiligen zu malen, frei, mit Acrylfarbe. Ich hatte sehr wenig Erfahrung mit Acryl, doch die Farbe trocknete schnell, was recht hilfreich war. Nachdem die erste Figur fertig gestellt war, wurde ich gebeten, die Gesichter der Heiligen zu malen. Zu meiner großen Überraschung beendete ich auch diese Aufgabe schnell. Ich war verblüfft, wie sich die Arbeit beinahe von selbst tat, als ich einfach dem Fluss von Swamis Ikonenmaltechnik folgte. Und wieder hatte ich etwas von ihm gelernt.

Meine eingeprägten Begrenzungen wurden wieder herausgefordert, als Swami mir den Auftrag gab, die Madonna mit Kind über dem Altar zu malen. Es war schwierig für mich, da die Zeichnung auf der Wand nicht korrekt war. Doch selbst dieses Stück Arbeit konnte in der letzten Stunde vor der Einweihungsfeier der Kapelle abgeschlossen werden.

Das Malen der Madonna mit Kind hinterließ einen tiefen Eindruck in meinem Herzen. Es war mein allererstes Gemälde von Maria als Ikone, die ich in der Gegenwart von Swami Vishwananda zu malen das Privileg hatte. Er gab uns allen seine Unterstützung bei den Malarbeiten in der Kapelle und wir fühlten uns wie trunken von seiner göttlichen Energie. Swami, zusammen mit seinen vier Assistenten, vollbrachte wirklich ein Wunder. In nur drei Tagen harter Arbeit, bei 12 – 14 Stunden täglich, wurde die Kapelle fertig gestellt. Als das Projekt beendet war fühlte ich mich physisch erschöpft, doch mental glücklich und gelöst. Swami lehrte uns, was wir vollbringen können, wenn wir unsere mentalen Einschränkungen unter Kontrolle halten.

Es folgten viele weitere Erlebnisse mit Swami, da wir im Laufe der folgenden zwei Jahre zwei weitere Kapellen mit vielen neuen Ikonen einrichteten. In der Zwischenzeit hat sich eine Gruppe von Brahmacharis gesammelt, die sich alle sehr mit künstlerischer Arbeit beschäftigen. Dies nimmt Gestalt an in der Form von Zeichnungen und Ikonenmalerei, Singen und manchmal sogar Tanz. Einhergehend mit unserer spirituellen Entwicklung unterstützt Swami stark diese kreativen Aktivitäten. Er hebt oftmals hervor, dass wir durch diese künstlerische Arbeit unsere Fähigkeit zu Ergebenheit und Hingabe üben können. Dies ist der Weg von Bhakti Marga.

***

ALLWISSENHEIT

Gloria – Deutschland

Im September 2003 reiste ich nach Kerala und Cochin im Süden Indiens, um den 50. Geburtstag eines großen Mahatmas zu feiern.

Während des Flugs erzählte mir ein junger Mann etwas über Swami Vishwananda. Ich hörte ihm interessiert zu, war aber nicht in der Lage, mir eine klare Vorstellung von dem Heiligen zu machen. Der junge Mann berichtete, dass Swami Vishwananda Gegenstände materialisieren und Lingams aus seinem physischen Körper heraus manifestieren könnte. Er sagte mir, Swami hätte alle Eigenschaften eines Avatars. Nach meiner Ankunft in Indien vergaß ich schon bald das Gespräch, da ich mit den Geburtstagsvorbereitungen und den dazugehörenden Arbeiten beschäftigt war.

Zurück in Deutschland erhielt ich vier Monate später, im Januar 2004, eine E-Mail mit Fotos von besagtem Swami Vishwananda, über den mir damals auf meinem Indienflug erzählt wurde. Ich musste mir wieder und wieder die Bilder von ihm ansehen. Dann wurde mir ein Privatinterview bei Swami in der Schweiz angeboten. Ich war mir nicht ganz sicher, ob ich ihn treffen wollte, doch der Termin wurde bereits für April 2004 in meinem Namen vereinbart, ohne dass ich etwas davon wusste.

In der Zwischenzeit ging ich zurück nach Indien, in das Land, das mein Bewusstsein seit über fünfzehn Jahren geprägt hat mit unbeschreiblichen Erfahrungen, Erkenntnissen und Begegnungen. Glücklich kehrte ich im April nach Deutschland zurück.

Ich erhielt einen Anruf, der mich an den Termin erinnerte, der mit Swami Vishwananda vereinbart war. Schon wieder hatte ich Swami und das Interview vergessen. Ich war immer noch mit meinen Erlebnissen in Indien beschäftigt und wollte so schnell nicht wieder verreisen. Ich spürte jedoch eine besondere Energie, die mir die Kraft gab, den Zug Richtung Basel zu besteigen, zusammen mit den Menschen, die ebenfalls Audienzen mit Swami Vishwananda vereinbart hatten.

Freunde, die uns ursprünglich am Bahnhof abholen sollten, standen im Stau und es sah so aus, dass wir zu spät zum Treffen mit dem heiligen Mann Swami Vishwananda kommen würden.

Wir entschlossen uns, ein Taxi zu nehmen, das uns zu dem Ort bringen würde, an dem Swami seine Interviews abhielt. Innerlich entschuldigte ich mich während der Fahrt bei ihm, denn es erschien respektlos, wenn wir zu spät kämen. Wie durch ein Wunder kamen wir, erschöpft und aufgeregt, nur vier Minuten zu spät an. Wir rannten die Treppen hoch und standen entkräftet im Korridor. Eine Tür öffnete sich und Swami Vishwananda fragte: „Wer ist der Nächste?" Nach allem war es dann doch perfektes Timing.

Außer Atem und mit Schweißperlen auf meiner Stirn sah ich ihn an, während er mich in den Interviewraum führte. Bevor ich das Wort ergreifen konnte, sagte er: „Ich weiß, was am Bahnhof passiert ist ..." Er musste wohl meiner Aura einige göttliche Tropfen Gelassenheit verabreicht haben, da ich auf einmal so ruhig wie ein stiller Ozean war. Ich sah ihn einfach nur an und verlor mich in seinen Augen. Es gibt kaum Worte dafür, mit denen ich mein erstes Treffen mit Swamiji beschreiben könnte. Ich hatte nur einen Gedanken danach: dass ich ihn wieder sehen musste. In seiner Güte verschaffte mir Gott mehrere Begegnungen mit Swami im Lauf des Jahres.

Danach ging ich wieder nach Indien, um mir Schulprojekte anzusehen. Als ich eines Abends den Boden meines Zimmers wischte, rutschte ich aus und fiel auf mein linkes Knie. Am darauf folgenden Morgen war es auf die dreifache Größe angeschwollen. Wieder in Deutschland zurück ging ich zu meinen Ärzten, die mir zu einer sofortigen Operation rieten. Doch wie konnte ich? Ich hatte ein Interview mit Swami in Italien. Der Termin war äußerst wichtig, da Swami hatte verlautbaren lassen, dass er zukünftig nur noch Interviews für die, die noch nie bei ihm waren, abhalten würde.

Als ich in Italien an dem Ort, an dem Swami seine Interviews abhielt, erschien, wollte ich mich vor ihm niederbeugen, doch aufgrund der Verletzung meines Knies war ich nicht in der Lage dazu. Sofort sagte er: „ Ich weiß; ich weiß alles, was passiert ist.“ Er ließ mich mit einer beruhigenden Geste wissen, dass ich meine Knieverletzung nicht einmal erwähnen musste. Er sagte: „Hast du ansonsten eine Frage?“ Wie ein Blitz schoss der Gedanke durch meinen Kopf. Er weiß alles! Obgleich ich mir bewusst bin, dass er alles weiß, muss ich mir wieder und wieder vor Augen führen, dass er allwissend ist.

Zwischen Oktober und Dezember 2004 reisten wir zu jedem Darshan in Deutschland und den Niederlanden, Nachdem wir Swami mehrfach eingeladen hatten, kam er schließlich in diesem Dezember zu uns nach Hause.

Nachdem wir Swami und eine seiner Schülerinnen am Flughafen abgeholt hatten, kamen wir daheim an und tranken Tee in unserem Wohnzimmer. Swamiji war ruhig, so wie wir. Entlang einer Wand stand ein langes Regal, in dem Bücher in zwei Reihen in mehreren Fächern untergebracht waren. Swamiji unterbrach die Stille und sagte seiner Schülerin, sie möge das erste Buch ganz unten links herausnehmen und zum Buch unmittelbar dahinter greifen. Das, sagte er, sei das meistgelesene Buch hier im Haus.

Die Schülerin legte das abgegriffene und zerlesene Buch auf den Tisch vor ihn hin, wie er es ihr aufgetragen hatte. Während er durchblätterte, konnte man sehen, dass in einigen Passagen und Absätzen bestimmte Sätze in verschiedenen Farben markiert waren. Ohne aufzuschauen wiederholte er, immer noch durch das Buch blätternd: „Dies ist das meistgelesene Buch hier im Haus.“ Dann sah er mich direkt an. Es war wirklich mein Buch der Bücher, niemand außer mir konnte wissen, wie oft ich es in den vergangenen fünfzehn Jahren gelesen hatte. Es handelte sich um die Autobiografie eines Yogis von Paramahansa Yogananda. Erneut ließ er mich seine Allwissenheit erfahren. In ewiger Dankbarkeit verneige ich mich vor Swamiji Vishwananda.

***

DIE LIEDER DER RELIGIONEN SINGEN

Dharmananda, Volker Grewel – Deutschland

Ich habe Swami Vishwananda 2003 kennengelernt, bei einem Interviewtermin bei Eva Diehl (Drishti) in Idstein. Es war ein überwältigendes Erlebnis für mich. Als ich die Treppen hoch kam, habe ich ihn gesehen. Ich bin in Liebe verschmolzen. Es war sofort eine starke Verbindung zwischen uns. Ein großer Bestandteil seiner Arbeit (soweit ich das verstehe) ist, die Menschen auch mit der Musik zu erreichen. Ich mache auch Musik, eher klassische Musik. Ich habe durch ihn zuerst Bhajans kennen gelernt. Es ist ein riesiger, großer Schatz, der aus Indien kommt, da die Musik für mich so viele Qualitäten von Hingabe hat. Wenn man diese Musik macht, kommt man sehr schnell zur Hingabe an Gott.

Sie ist so strukturiert, dass es das Göttliche widerspiegelt, viel stärker, als ich es bei der klassischen Musik empfinde. Es tut mir sehr gut, mich auf diese Sache einzulassen und mich hineinzufühlen. Es ist ein Prozess, der mir nicht immer leicht fällt aber es tut unglaublich gut.

Es war auch ein großes Erlebnis, auf der USA Tour in 2005 zwei bis drei Wochen in Swamis Nähe sein zu können. Wenn wir einen Krishna Tempel besuchen oder im Ashram, wenn wir Bhajans singen, oder beim Darshan... immer wieder die Musik. Wenn er singt, transformiert er mit seiner Stimme so viel Licht, das man aufnehmen kann, wenn man mitsingt oder sich drauf konzentriert und einstimmt. Es ist überwältigend.

An einem Abend während des Darshans, es war schon fast zu Ende. Als ich zur Segnung nach vorne ging, flüsterte Swami mir ins Ohr, ich sollte bitte: Oh my cloud coloured Christ singen. Ich setzte mich danach zu den Musikern. Als das Lied fertig war, bin ich zum

Harmonium gegangen und habe das Lied gesungen. Nachdem der Darshan vorbei war und alle Leute hinausgingen, sprach mich eine Frau an und sagte: „Mein Guru ist bisher immer Jesus Christus gewesen. Den ganzen Abend habe ich gewartet, ob nicht ein Lied von Jesus kommt. Ich war so voller Sehnsucht. Ich danke ihnen vielmals, dass sie dieses Lied gesungen haben! Es war für mich so wichtig, es stellt die Verbindung zwischen Jesus und Krishna her."

Sie war so glücklich. Mehrere Leute sprachen mich an, die wie diese Frau über dieses christliche Lied glücklich waren.

***

URTEILSFREI

Naamdev – Peter Maier - Deutschland

Swamiji hält oftmals vor einem Darshan eine Rede. Er plant nicht, ob und über was er sprechen wird, er entscheidet es aus dem Moment heraus. Oftmals ist es so, dass Fragen, die die Leute hatten, in der Ansprache schon beantwortet werden. Einmal hatte ich ihn gefragt, ob er nicht über den Weltfrieden sprechen könnte. Er meinte, es wäre eine gute Idee und später sprach er über den inneren Frieden und die notwendige Ruhe im Verstand. Er sagte, dass die äußere Welt niemals Sicherheit oder Stabilität für jemanden bieten kann, sondern diese Qualitäten im Inneren gefunden werden müssen.

Bei einer anderen Gelegenheit beschäftigte ich mich vor einem Darshan mit der Rückwärtssprache. Ich konnte mit dem Kopf nicht verstehen, wie dies funktionieren kann. Wenn man in freier Rede spricht und emotional eingebunden ist, kann man „rückwärts" Worte in der Muttersprache finden, die Aufschluss darüber geben, was man wirklich denkt. An dem Darshan sprach Swamiji dann darüber, wie das Universum in Existenz gekommen ist und über dessen holographischen Aufbau. Er sprach darüber, wie es sich zeitlos erklärt, und dass es keine Richtung kennt. Ein sehr ungewöhnliches Thema für ihn und in vielen Gesichtern sah ich nur Fragezeichen; mir hat es alle Antworten gegeben, die ich gesucht hatte!

Im Laufe der Jahre bin ich bei unzähligen Darshans mit Swami Vishwananda gewesen. Es ist jedes Mal eine neue und einzigartige Erfahrung. Swami kennt jeden Gedanken von jedem, aber er mag es nicht, darüber zu reden. Oft habe ich während Darshans nahe bei ihm gesessen und zahllose Vorfälle erlebt, die mit einer konventionellen Weltsicht nicht erklärbar sind. Einem Kind, das er zum ersten Mal sieht, sagt er, dass es die Schule ernst nehmen soll, weil es oft die Schule schwänzt. Einem anderen Kind gibt er nur ein Bonbon und zwinkert mir zu, dass es nur dafür gekommen ist. Ein anderes Mal gibt er mir eine Handvoll Vibhuti, um es jemand am Ende der Halle zu geben. Diese Person brauchte es, aber sie musste los, um noch einen Bus zu bekommen. Als ich einmal auf ein ganz besonderes Stück Prasad hoffte, ließ er sich vom Helfer die ganze Schüssel geben, um meinen Favoriten für mich heraus zu suchen.

Diese zahllosen kleinen und größeren Wunder passieren ständig in seiner Nähe. Deshalb habe ich ihn schließlich eines Tages gefragt, ob er die Gedanken von allen Leuten kennt, wenn er Darshan gibt? Da er als Antwort nur gelächelt hat, habe ich nun weiter gefragt, ob er die Gedanken von allen Menschen jederzeit kennt? Der Punkt ist, er versteht meine Gründe hinter meinen Gedanken von einer viel tieferen Perspektive, als ich dies selber tue, und er ist absolut urteilsfrei darüber.

Nach einem Darshan habe ich oft festgestellt, dass sich Probleme in meinem Leben von selbst gelöst haben. Es passiert dann zum Beispiel, dass ein Geschäft, welches seit Wochen einfach nicht vorankommt, plötzlich günstig abgeschlossen werden kann.

***

DU DARFST NICHT UNGLÜCKLICH SEIN

Mataji – Südafrika

Ich kann wirklich sagen, dass das erste Mal, als ich Swami Vishwananda traf, einer der wichtigsten Tage meines Lebens ist und er kann niemals aus meinem Gedächtnis gelöscht werden. Ich hatte abgemacht, Swami bei einem seiner Darshans aufzusuchen. Auf dem Parkplatz des Veranstaltungsortes sah ich den Bischof der Liberal Church [Freiheitliche Kirche, Anm. d. Übers.]. Ich machte einen kleinen Scherz, indem ich zu ihm sagte, dass wir beide hier in zueinander passenden Komplementärfarben aufgetaucht seien – er in Purpur und ich in Orange. Wir setzten uns irgendwo in den vorderen Reihen nebeneinander. Nach einer Weile kam Swami und nahm seinen Platz vorne ein. Er wurde ordnungsgemäß angekündigt als jemand, der gekommen war, uns alle zu segnen in Form eines Darshans (ein Konzept, das absolut neu für mich war).

Zur Untermalung wurde schöne Musik gespielt und wir wurden eingeladen, einer nach dem anderen zu Swami zu kommen, um unseren Segen und Vibhuti zu erhalten. Wie ich so da saß und Swami zuschaute, wurde ich plötzlich aus unerfindlichen Gründen sehr gerührt und fragte den Bischof flüsternd, ob er denke, dass es so gewesen sei, als Jesus die Menge segnete. Ich sah, wie einige kleine Kinder zu Swami gingen, um ihren Segen zu erhalten und als sie vor Swami standen, schlangen sie ihre kleinen Ärmchen um seinen Hals. Ich war so gerührt, dass ich spürte, wie die Tränen meine Wangen herab liefen.

Ich saß Swami gegenüber und ich wollte nicht, dass er mich weinen sah, denn das wäre äußerst peinlich gewesen. Ich schaffte es, mich zusammenzunehmen, aber innerlich breitete sich eine Aufgewühltheit und Ergriffenheit aus.

Mir wurde die Möglichkeit angeboten, während eines Intervalls von 15 Minuten Swami in einem fünf Minuten Interview zu begegnen, was ich jedoch höflich ablehnte. Ich wurde jedoch gezwungen, die Einladung anzunehmen und nachdem ich mein Hirn dahingehend angestrengt hatte, worüber ich mit Swami sprechen sollte, tröstete ich mich mit dem Wissen, dass er aus Mauritius kam, denn so konnte ich über einen anderen Swami sprechen, den ich von dort kannte. Er hatte sein Zentrum in Mauritius und war ein Swami, dessen Gegenwart mein Zuhause viele Male gesegnet hatte.

Als ich in den Interviewraum geführt wurde, begrüßte mich Swami mit den Worten „Mataji, du darfst nicht unglücklich sein." Ich begann schnell über meine Bekanntschaft mit dem anderen Swami zu sprechen, worauf Swami sanft erwiderte: „Mataji, ich bin gerade erst Anfang zwanzig. All dies geschah vor meiner Zeit." Das nahm mir sozusagen den Wind aus den Segeln und er sagte mir noch einmal, dass ich nicht unglücklich sein solle.

Mein persönliches Interview war bald vorüber und mit einer warmherzigen, liebevollen Umarmung wurde ich hinausgebracht, um dann einen kleinen Ring in meiner Hand zu finden, der, so erklärte ich es mir – ziemlich respektlos –, aus einem Überraschungspaket im Zimmer stammen musste. Ich hatte zu dieser Zeit keine Ahnung von Materialisierung. Als ich den Bischof draußen wieder traf, war ich überrascht zu sehen, dass auch er einen Ring hatte, einen mit dem Symbol des Kreuzes darauf. Wir waren beide sprachlos.

Nachdem der Darshan beendet war, mischte sich Swami unter die Anwesenden und lud den Bischof und mich am nächsten Tag zum Mittagessen in das Haus ein, in dem er übernachtete.

Heute weiß ich, dass nichts zufällig geschieht und ich bin Gott äußerst dankbar, dass Er diese unwillige Mataji so geführt hat, dass sie dieser großen Seele, Swami Vishwananda, begegnen konnte. Wann immer Swami Vishwanandaji Maharaj hier in Südafrika ist, möchte ich nur zu seinen Füßen sitzen und ich weiß, wie viele andere auch, dass er vom göttlichen Schöpfer gesandt ist, uns zu helfen, spirituell in Richtung unseres höchsten Ziels fortzuschreiten. Heute lasse ich die Gelegenheit, in seiner Gegenwart zu sein, nicht so einfach vorübergehen. Ich habe durch ihn so viel Ermutigung und Willenskraft erhalten, diesen oftmals schwierigen und steinigen Weg zum höchsten Licht weiter zu gehen.

Mögen viele Seelen in diesem Leben damit gesegnet sein, diesem Gottgesandten, Swami Vishwanandaji Maharaj, zu begegnen.

Meine Bekanntschaft mit Swami ist eine endlose Geschichte voller Lektionen und Segnungen. Lang lebe unser geliebter Pujya Swami Vishwanandaji Maharaj.

***

GÖTTLICHE LILAS

Swami VishwaVijayananda (ehemals Pritalananda) – Frankreich

Swami spielt gerne. Er hat die Fähigkeit, einen zu etwas zu begeistern, was man zuvor unbedeutend gefunden hatte. Er kreiert Rollenspiele und wirft sich selbst in sie hinein, rein aus Freude am Leben und am Spielen. Danach zieht dann jeder eine persönliche Lektion aus dem Ereignis. Das ist es, was hier auf Erden geschieht: Wir sind hier, um von jeder möglichen und vorstellbaren Situation leben und lieben zu lernen.

Swami ist sehr nachgiebig und hat eine unglaubliche Geduld. Eines Abends lud er einen Mann in sein Appartement in Mauritius ein. Dieser Mann hatte uns aggressiv endlose Phrasen aus dem Katechismus und kanonische Regeln entgegen geworfen. Es machte mich aufgebracht, diesem Fanatiker zuzuhören. Wann würde er aufhören? Ich schaute demonstrativ auf meine Uhr. Swami, anders als ich, lächelte weiter und hatte seinen Notizblock hervorgeholt, um sich Notizen zu machen! Durch diesen Vorfall war ich gegen jeglichen Dogmatismus geimpft und hatte eine Lektion in Sachen

Geduld erhalten!

Fanatiker existieren in jeder Religion. Gott ist Eins, der Mensch kreiert die Unterschiede. Jede Religion kann zu Gott führen. Sie ist ein Boot auf dem Meer unseres Lebens. In einem Leben sind wir Christen, davor waren wir Muslim, davor Hindu, ein anderes Mal Jüdisch, ein weiters Mal Sufi und wieder Muslim. Und dann werden wir wieder als Hindus, Juden, Sufis geboren, damit die Seele lernt, verschiedene Religionen zu praktizieren und frei von Dogma zu werden.

Swami spielt in der täglichen Kommunikation. Er zeigt noch nicht einmal ein Tausendstel seines Wissens. Viele Male habe ich erkannt, wie automatisch ich Menschen beurteile, die ich kaum kenne. Swami urteilt niemals, er liebt einfach.

Mit ihm wissen wir in der täglichen Kommunikation oftmals nicht, was wir denken sollen. Er kann eine Banalität mit einem sehr ernsthaften Gesichtsausdruck aussprechen, als ob es eine wichtige Offenbarung sei, oder er kann eine wichtige Botschaft auf sehr lässige Weise sagen. Er kennt unsere Vorurteile und jedermanns fixe Ideen.

Weil ich Angst davor habe, einen Fehler zu machen, etwas Falsches zu sagen und ausgelacht zu werden, habe ich einmal, ohne nachzudenken gesprochen und Swamis Ansichten in einer Unterhaltung vertreten, anstatt meine eigene Meinung darzulegen. Zwei Sätze später drehte sich Swami in die entgegen gesetzte Richtung und ich saß mit meiner Bemerkung fest, was mich mit meiner eigenen Heuchelei konfrontierte.

Ein Guru ist jemand, der Ignoranz entfernt und einen zur Selbstverwirklichung bringt. Swami tut dies und hat Spaß dabei. Das Leben ist nicht traurig mit ihm. Ja, wir lachen viel!

Einmal verfuhr sich Pierre, als er Swami chauffierte. Swami brach auf dem Rücksitz in Lachen aus, als Pierre zum dritten Mal um denselben Kreisverkehr herumfuhr. Als Pierre den richtigen Weg gefunden hatte, goss es in Strömen und alle Restaurants waren geschlossen, mit Ausnahme einer teuflischen Pizzeria, die mit Plastikgeistern und –hexen dekoriert war, da Halloween war. Welch leckere Pizza!

Swami singt gerne Bhajans und Gottes Namen in jeglicher Form! Er kennt jeden Ton, Halbton und Viertelton. Er sagt zu meinem Bhajansingen: „Pritala, Du bist immer einen halben Schlag zu spät!"

BÜGELN

Swami hatte gerade eine grandiose Robe aus oranger Seide erhalten. Sie glänzte, wie keine andere in seinem Schrank. Er beschloss, sie mit zum Retreat und Osterdarshan in Lörrach zu nehmen. Das war im April 2006 in Deutschland.

Am Ostermontag kamen ungefähr 150 Menschen zum Darshan. Swami gab mir die Robe zum Bügeln. Ich stellte das Bügelbrett im Korridor auf und steckte das Bügeleisen ein, währenddessen Swami sich auf die Zeremonie vorbereitete. Ich bügelte und einige Leute liefen noch immer durch den Korridor. Swami öffnete die Tür und rief mich und fragte: „Pritala, komm her, bist du fertig?" „Noch nicht, aber die Hosen sind fertig, sie hängen da drüben. Wenn du willst, kann ich sie dir bringen", antwortete ich. Ich lief in Richtung der Hosen, doch Swami schrie: „Pritallllaaaaaa!!!! Es brennt! Sieh! Ahhhhh!!!"

Ich rannte zum Bügeleisen, das ich auf der schönen orangen Robe vergessen hatte, doch es war zu spät, die Robe war verbrannt. Der Abdruck des Bügeleisens war sehr deutlich sichtbar, wie eine dunkelrote Spur auf dem orangen Material. Ich ging in Swamis Zimmer, um es mir näher anzusehen. Doch da war nichts mehr zu machen, es war sehr deutlich. Ich war bestürzt.

„Es tut mir leid", sagte ich. „Sie ist verdorben, ich kann sie nicht mehr tragen", sagte Swami und erhob seine Arme. „Es ist am Rücken der Robe. Wenn du sitzt, werden es die Leute vielleicht nicht bemerken“, schlug ich vor. „Aber wenn ich laufe, werden sie den Abdruck eines Bügeleisens auf meinem Rücken sehen!“ sagte er. „Hast du eine andere Robe?“ fragte ich. „Nein, ich habe nur diese und die anderen sind schmutzig“, sagte er. „Wir könnten sie über dem Verbrannten abschneiden“, sagte ich hoffnungsvoll. „Und du wirst sie jetzt von Hand nähen? Und man kann eine Robe so nicht tragen, es ist nicht ordentlich“, sagte Swami. „Es tut mir wirklich leid. Was tun wir nun?“ „Bügel das Oberteil der Robe zu Ende”, sagte er.

Mit einem lausigen Gefühl bügelte ich das Oberteil. In meinem Kopf versuchte ich nachzuvollziehen, wie das alles passieren konnte. Ich hatte gerade seine Robe zerstört. Als Erstes beschuldigt mein Verstand immer andere: „Warum hat er mich gerufen, als ich am Bügeln war? Er hätte sehen können, dass ich beschäftigt war und dass er mich nicht stören sollte.“

Als zweiten Gedanken gebe ich immer mir selbst die Schuld: „Ich hätte vorsichtiger sein sollen und das Bügeleisen zur Seite stellen sollen.“ Darauf folgte sofort etwas, was mich dazu bringen sollte, damit aufzuhören, mich schuldig zu fühlen: „Ich tat, was er mir zu tun auftrug, er rief mich zu sich und ich gehorchte. Ich gehorchte, also ist es sein Fehler, dass ich das Bügeleisen auf der Robe ließ.“ Der dritte Gedanke war etwas besser: „Nein, ich hätte das Bügeleisen herunternehmen sollen. Auch wenn er mich gerufen hat, ist das kein Grund, es zu vergessen. Ich hätte zu Ende bringen sollen, was ich gerade machte und danach nachsehen sollen, was er wollte.“ Dann brachte ich die gebügelte Robe zu Swamis Schlafzimmer. Jyotirananda kam gerade an. „Weißt du was? Er hat gerade meine Robe verbrannt“, sagte Swami. “Was, deine brandneue Robe?” fragte Jyotirananda. “Ja, sieh dir das an”, sagte Swami und zeigte auf die Robe. Ich hielt die Robe vor dem Fenster in die Höhe, um den Schaden zu zeigen. „Wo, ich sehe nichts“, sagte Jyotirananda.

Er kam näher an die Robe heran und ich schaute auch etwas näher hin, wobei ich die Robe in alle Richtungen drehte. „Wo siehst du, dass sie verbrannt ist? Ich kann nichts sehen“, sagte Jyotirananda. „Ja, sie war am Rücken verbrannt. Da war der Abdruck des Bügeleisens, ganz rot“, sagte Swami. „Da ist nichts mehr zu sehen, keine Spur“, erwiderte Jyotirananda. Es war keine Spur eines Abdrucks mehr auf der Robe zu sehen. Ich konnte es nicht glauben. Ich war erleichtert und ratlos. Ich sah Swami an, der mich fragte: „Wie hast Du das gemacht?“ „Was meinst du ´wie hast du das gemacht`? Du hast sie gerade repariert und fragst mich, wie ich es gemacht habe? Ich habe sie verbrannt und du hast sie repariert. Auf jeden Fall Danke, ich fühle mich jetzt viel besser“, sagte ich. „Ok, lass mich jetzt allein, ich muss mich anziehen“, sagte Swami. Wir verließen den Raum und ich beeilte mich, um mich für die Zeremonie fertig zu machen, die in zehn Minuten beginnen würde. Eine tolle Geschichte, diese Bügelgeschichte!

DIE FRANZÖSISCHE BÄCKEREI

Einmal besuchten wir einen alten Pilgerort namens Liesse, ein Dorf im Norden Frankreichs. Viele große Menschen, einschließlich die Jungfrau von Orléans sind dorthin gekommen, um unserer guten Frau von Liesse, einer schwarzen Madonna, die die Mutter Gottes repräsentiert, ihren Respekt zu zollen. Swami sagte mir: „In dieser Kirche ist eine schöne Energie.“ Darauf sagte ich: „Es ist fast dunkel und es gibt kaum Licht. Das Einzige, was ich sehen kann, ist die Statue unserer guten Frau von Liesse ganz oben.“ Wir knieten nieder und beteten vor der Statue.

Wir gingen hinaus in den Eingang der Kirche und Swami kaufte eine kleine Informationsbroschüre über die Kirche und fing an, sie zu lesen, während wir gingen. „Schau, dort drüben ist eine Bäckerei, wir könnten etwas zu essen kaufen“, sagte er. „Sehr gerne, Frühstück war lange her und wir hatten kein Mittagessen", antwortete ich. Wir betraten die Bäckerei, wobei Swami noch immer die Geschichte der guten Frau von Liesse las. Die Frau, die in der Bäckerei arbeitete, war damit beschäftigt, uns zu bedienen, als Swami plötzlich sagte: „Hör mal, was die Broschüre sagt: „Während der Französischen Revolution verbrannten sie die Statue (die schwarze Madonna, die wir gerade besichtigt hatten) im Ofen der Bäckerei." Swami fragte die Frau in der Bäckerei: „Wurde die Wunderstatue im Ofen dieser Bäckerei verbrannt?" „Nun ja, es war mein Groß- Groß- Großvater, der das getan hat", sagte die Frau hinter der Theke beschämt. Swami bezahlte und wir verließen die Bäckerei. „Sag mir, gibt es Familienkarma, oder Landeskarma oder Rassenkarma?" fragte ich. „Natürlich, man kann es in allen darauf folgenden Generationen spüren", erwiderte er. „Und hast du gerade das Karma dieser Familie beseitigt, als wir in der Bäckerei waren?" wollte ich wissen. Swami nickte, als wir das Auto mit unseren kleinen Spinattaschen erreichten.

BESUCH BEI RAM DASS

Wir besuchten Ram Dass, einen Schüler Neem Karoli Babas, in Maui, Hawaii, USA. Als wir die Straße am Meer entlang fuhren, sah Swami hinaus und sagte: „Vielleicht sehen wir Wale." „Wirklich?" Dann erinnerte ich mich an den Nachmittag 2005, als wir in dem Garten waren, den Yogananda auf einem Kliff über der See bei Encinitas, Kalifornien, USA, angelegt hatte. Swami hatte mir gesagt, dass Delphine in der Nähe seien und einige Minuten später sahen wir Delphine springen und wieder verschwinden.

Plötzlich rief Swami: „Sieh, die Wale dort!" „Ich habe niemals Wale auf diese Art springen sehen", sagte ich. „Sie versammeln sich, um sich zu paaren", erklärte er mir. Nachdem wir einer gewundenen Straße in die Hügel gefolgt waren, erreichten wir schließlich Ram Dass' Villa, die ländlich gelegen ist. „Sag mal, war Neem Karoli

Baba ein Avatar?" fragte ich Swami. „Ja, er war eine Inkarnation von Hanuman. In Wirklichkeit war er eine Inkarnation Shivas. Shiva inkarniert sich sehr selten direkt auf Erden. Wenn er sich inkarniert, tut er es in der Gestalt Hanumans. Wenn Rama zur Erde kommt, inkarniert sich Shiva als Hanuman, um der größte seiner Devotees zu sein", erklärte Swami.

Nach einem herzlichen Willkommen bat Ram Dass Swami, über seine Jugend und über Kriya Babaji zu sprechen. Danach sangen wir Bhajans vor seinem Altar. Vor dem Bild von Neem Karoli Baba erzählte uns Ram Dass die folgende Geschichte: Als sie einmal auf einem Ausflug mit Neem Karoli Baba und anderen Devotees waren, hatten sie einen Autounfall. Die Autoinsassen sahen eine riesige haarige Hand, die sie beschützte. Das Auto war ein Totalschaden, aber keiner der Passagiere wurde verletzt.

Auf Ram Dass Altar gab es viele Heilige und Gottheiten. Swami fragte Ram Dass: „Du hast einen schönen Altar, doch sag mir, warum du das Foto dieses politischen Führers auf deinem Altar hast. Verehrst du ihn?" „Nein, doch weißt du, ich kann zu all den Heiligen und Deities sagen: „'Ich liebe dich.' An dem Tag, an dem ich zu diesem politischen Führer sagen kann ‚ich liebe dich', weiß ich, dass ich ein guter Mensch sein kann." Am Tag, nachdem wir Ram Dass besucht hatten, kam er zu Swamis Darshan. Danach fuhren wir zu seinem Hause zurück. Als Ram Dass zu Hause ankam, wurde er von einer kleinen Gruppe Devotees begrüßt. Wir sangen das Hanuman Chalisa und einige Bhajans. Es war ein göttlicher Moment. Hanumans Präsenz war stark spürbar, als Swami und Ram Dass zusammen waren.

MAYA IGNORIEREN

Während seiner US Tour hielt Swami einen Vortrag über Mudras auf dem Oneness Kongress im Dezember 2006 in Pasadena.

Der riesige Raum mit Balkon konnte bis zu 3000 Menschen fassen. Swami saß auf einer großen Bühne und nur ungefähr einhundert Menschen saßen im Raum verstreut. Er fing an, mit Wärme über Spiritualität zu sprechen. Dann demonstrierte er die Mudras, erläuterte ihre Bedeutung und gab die dazugehörenden Mantras. Vor mir hörten ein paar Mädchen gedankenverloren zu, während ein Junge, der in ihrer Nähe saß, anfing, mit ihnen zu flirten. Dann kamen noch ein paar Leute an, doch sie blieben nicht, da sie etwas Spektakuläreres zu suchen schienen. Es zog eiskalt in diesem Raum und nach und nach gingen ungefähr 30 Menschen. Ich habe mich wegen meines Gurus so schlecht gefühlt, der den leeren Raum und das kalte Ambiente auszuhalten hatte.

Am Ende des Kurses verließen wir den Raum und gingen zur Lobby, wo die wenigen, die noch übrig waren, mit Swami persönlich sprechen wollten. Er sprach mit allen, wobei er sich Zeit nahm. Ich dachte daran, ihn mit einer Tasse Tee aufzuwärmen, doch er ließ mich wissen, dass der Tee warten konnte. Er umarmte jeden, selbst den Türsteher.

Draußen blies der Sturm und Swami trug nur seine Robe und war barfuss in Sandalen. Ich wunderte mich, wie er mit jedem sprechen konnte, ohne sich um den eisigen Wind zu kümmern, der bis auf die Knochen ging. Da erinnerte ich mich an seine Worte im Flugzeug, auf dem Weg in die USA: „Maya ist sehr machtvoll und listig, selbst einige Gurus werden von ihr ausgetrickst. Wohlstand, Ruhm, materielle Annehmlichkeiten verführen einige von ihnen. Der beste Weg, nicht im Netz der Illusion gefangen zu werden, ist demütig zu bleiben und sie zu ignorieren.“ Ich konnte nun sehen, wie Swami in der Lage gewesen ist, Maya zu ignorieren. Er schob persönliche Wünsche zur Seite und konzentrierte sich auf die Bedürfnisse anderer und darauf, was für sie in diesem Moment wichtig war.

***

ER IST MEIN GURUDEV

Sumitra - Claudia Schaaf – Deutschland

Im November 2003 flog ich zusammen mit einigen Freunden, die auch bei Guruji waren, nach Mauritius. Wir wohnten in einem nahegelegenen Hotel und gingen jeden Morgen zum Abishekam in den Ashram. Das wurde meistens von Guruji ausgeführt. Jeden Abend gingen wir zum Aarti. An unserem ersten Tag führte uns Swami durch den Ashram und das Haus, in dem er als Junge gelebt hatte. Viele aufregende Wunder hatten dort stattgefunden. Es gab eine Wand, auf der ein Bild von Shirdi Baba erschienen ist, Murtis, die mit Chandan, Kumkum oder Vibhuti bedeckt waren und es gab auch Amrit und Heiliges Öl, das von Statuen und Bildern rann. Als ich gerade den Raum verlassen wollte, legte Swami etwas in meine Hand. Zu meinem Entzücken war es mein erster materialisierter Ring.

Als ich in meinem Hotelzimmer saß und die Ereignisse des Tages noch einmal in mir ablaufen ließ, konnte ich es einfach nicht glauben. Es war beinahe zu gut um wahr zu sein. Dies war die glücklichste Zeit meines Lebens. Mir wurde auch bewusst, dass ich immer, in jeder Inkarnation, bei Swami gewesen war und dass der Schmerz, den ich in diesem Leben erlebt hatte, ein Folge der Sehnsucht meiner Seele war, wieder bei ihm zu sein. Wenn ich neue Leute mit Swami beobachte, die genau dasselbe erleben, wie ich damals, wird meine eigene Liebe zu ihm immer stärker, wobei ich mich daran erinnere, wie ich mich an meinem ersten Besuch in Mauritius gefühlt habe und dann erlebe ich diese Gefühle noch einmal.

Einige Zeit später hatte ich die Gelegenheit, für Swami bei seinen privaten Interviews zu übersetzen. Ich beobachtete, wie er diesen sehr persönlichen Kontakt mit den Menschen herstellte und wie er in der Lage war, ihnen genau das zu geben, was sie zu diesem Zeitpunkt brauchten. Dies war, wie ich verstand, wahre Liebe, die Menschen genau so zu akzeptieren, wie sie waren, ohne Bedingungen.

Einmal hielt Swami eine Rede während eines Osterfestes, die mich tief berührte. Ich hatte das Gefühl, dass er nur mich ansprach. Ich dachte: „Kann es wirklich sein, dass er nur zu mir spricht?" Später fand ich heraus, dass ich nicht die Einzige gewesen bin, die dieses Gefühl hatte - viele Menschen hatten genau dasselbe erfahren. Swami ist in der Lage, die Menschen in großem Umfang zu erreichen und sie mit einer unglaublichen Menge an Liebe und Geduld zu lehren.

Während des Darshans übermittelt er göttliche Energie sowohl in die Menge als auch auf persönlicher Basis, wenn er den individuellen Segen gibt. Der individuelle Segen ist ein sehr intimer Moment, in dem alles, was man mit sich herumträgt, sei es Kummer oder Krankheit, durch die göttliche Energie transformiert werden kann. Das habe ich bei meinem ersten Darshan in Cape Town, Südafrika, empfunden. Während anderer Darshans habe ich eine unglaubliche Menge an Energie gespürt, manchmal sehr kraftvoll und manchmal sehr weich und zart.

Ich bin auch durch Phasen gegangen, in denen ich Swami als sehr streng erfahren habe. Seine Strenge lässt mich denken, dass er mich nicht mehr liebt, oder dass er jeden anderen viel mehr liebt. Wie ich herausgefunden habe, sind diese immer die Zeiten des Wachstums, des Erkennens und Lernens. Swami jagt uns durch diese Prüfungen und Drangsale, damit wir uns durch unsere individuellen Hindernisse, die uns von Gott abhalten, hindurch arbeiten.

Letztendlich habe ich erkannt, dass Swami an einem alten Schmerz gearbeitet hat, den ich auflösen musste. Es gab dann eine Seite meines Egos, die er mich intensiv hat spüren lassen, damit ich sie wirklich loslassen konnte. In einer solchen Situation ist der schnellste Weg, da hindurch zu gehen, seinen Schmerz hinzugeben und ihn einfach gehen zu lassen, ohne es zu hinterfragen, ohne zu denken: „Oh, was stimmt mit ihm heute nicht? Was habe ich getan, dass er mich so behandelt?"

Ich habe festgestellt, dass er sinnloses Gerede, Tratsch und faulenzen nicht mag. Er liebt es, zu spielen und er liebt das Leben. Er lacht viel und hat das ansteckendste Lachen. Er liebt natürlicherweise alle Heiligen und ihre Geschichten und er liebt es, ihre Geschichten zu erzählen und sie zu malen. Am meisten schätze ich, einfach in seiner Gegenwart zu sein, ohne viel zu reden, doch zur selben Zeit zu spüren, dass ich so sehr geliebt bin. Selbst wenn ich physisch nicht in seiner Gegenwart bin, fühle ich innerlich seine Omnipräsenz und ich habe immer das Gefühl, dass ich mit ihm kommunizieren kann. Ich persönlich spüre, dass es keinen Unterschied macht, ob er physisch anwesend oder auf Reisen um die Welt ist. Ich spüre seine Anwesenheit immer innerlich. Oftmals fühle ich ihn und seine Führung viel stärker, wenn ich nicht bei ihm bin, eine Erfahrung, die ich besonders während meines Indienaufenthaltes gemacht habe.

MEIN LEBEN VERÄNDERTE SICH FÜR IMMER

P. R. – Deutschland

Eines Tages zeigte mir ein Freund ein Bild von Swami Vishwananda. Etwas an diesem Bild ließ tief in mir eine Saite erklingen und ich dachte mir: „Oh, wie gerne möchte ich ihn doch einmal treffen." Im Februar 2003 konnte ich ein Meeting mit ihm vereinbaren und ich kann wirklich sagen, dass sich nach diesem Treffen mein ganzes Leben veränderte.

Ich war so bewegt durch ihn, dass ich wochenlang in Tränen ausbrach, wenn ich nur an ihn dachte. Ich dachte, ich hätte eine Geistesstörung. Es schien mir, als ob dieser junge Mann uns vom

Himmel geschickt worden wäre. Nach jedem der folgenden Treffen mit ihm war mein Herz etwas mehr geöffnet und viel innere Heilung konnte geschehen. Obwohl dieser Prozess noch weiter geht, weiß ich, dass Swami mich durch alles führt. Ich habe meinen wahren göttlichen Lehrer gefunden und dafür danke ich Gott von ganzem Herzen.

Toleranz und Akzeptanz kombiniert mit Liebe sind zu den Eckpfeilern meines Lebens geworden. Die Liebe, die Swami ausstrahlt, scheint von jeder Faser seines Seins auszugehen und ist im Fluss mit seinem ganzen Lebensatem. Es ist eine Liebe, der ich nicht widerstehen kann und welche mein Herz erfasst und mich zu unbeschreiblichen Höhen führt. Er ist wahrlich göttlich. In dieser schwierigen und turbulenten Zeit ist es eine wahre Gnade, den Weg mit einem solch göttlichen Wesen gehen zu dürfen.

***

DEMUT UND GÖTTLICHKEIT

M.N. – Deutschland

Zum ersten Mal traf ich Swami Vishwananda in einem Privathaus, wo meine Familie und ich einen Interviewtermin mit ihm hatten. Als wir die Treppe zum oberen Stock hochstiegen, holte uns ein netter junger Mann ab, der ein Om Namah Shivaya T-Shirt trug. Wir grüßten ihn flüchtig und folgten ihm, denn wir waren sehr gespannt und ungeduldig, diesen großen, heiligen Mann zu sehen. Als wir die Türe zum Interviewraum öffneten, fanden wir ihn leer. In diesem Augenblick realisierten wir beschämt, dass dieser nette, bescheidene Mann, den wir auf der Stiege trafen, niemand anderes war als Swami selbst.

Seine Demut und seine Einfachheit sind wohl die bemerkenswertesten Eigenschaften seiner Persönlichkeit. Swami ist sehr umgänglich und nahe bei den Menschen. Er lehrt uns durch sein Verhalten, dass wir immer erwarten, Gott irgendwo anders zu finden und nicht erkennen, dass Bescheidenheit und Göttlichkeit in den einfachen Dingen in uns und um uns herum sind.

EIN SPIEGEL FÜR JEDERMANN

In den Jahren, in denen ich Swami beobachtete, bot sich mir manche Gelegenheit zu sehen, wie leicht er sich auf die Eigenschaften einer jeden Person, mit der er sprach, einstellen konnte. Wenn er sich mit einem jungen fünfzehnjährigen Menschen unterhielt, begann er die Stimme, die Gesten und das Verhalten einer Person dieses Alters zu übernehmen. Das Gleiche kann gesagt werden, wenn er sich mit einer 90 Jahre alten Frau oder einem Mann unterhält. Er bewegt sich und spricht wie diese. Ich stellte fest, dass sich sogar sein Gesichtsausdruck dem Alter der betreffenden Person anpasst. Es scheint mir, als ob er wie ein Spiegel für diesen Mensch handelt. Er verwendet immer eine ganz spezielle Art der Kommunikation, einzig und allein auf jede Person und ihren Charakter zurechtgeschnitten

BEWUSSTSEIN

Eines Abends, als wir um Swami versammelt waren, beantwortete er auf humorvolle Art spirituelle Fragen, die ihm die Leute stellten. Nach einer Weile stellte ihm ein junger Mann einige Fragen über die Ansicht, dass es für den Durchschnittsmenschen eine sehr schwierige Sache sei, die Erleuchtung zu erlangen. Dabei sagte der junge Mann mit einem Anflug von Ironie zu Swami: „Es ist einfach für Dich, über Erleuchtung zu sprechen, denn Du bist erleuchtet." Swamis Stimme änderte sich nicht, aber die starke Kraft hinter seinen Worten war unbeschreiblich. „Es gibt keinen einzigen Moment, in dem ich mir meiner Mission und meiner Rolle hier auf Erden nicht bewusst bin!", antwortete er. Diese Worte ließen tief in meinem Herzen eine Saite erklingen und durch meinen Kopf ging der Gedanke: „Wer ist Swami?"

DARSHAN

Obwohl jeder Mensch eine ganz spezielle und einzigartige Verbindung mit Swami hat, fand ich, dass seine Liebe und sein Segen auf alle in derselben Weise scheint. Recht oft stelle ich mir die Frage: „Was ist seine wahre Natur? Ist es die, welche er während des Darshans darstellt oder ist es die, welche er zeigt, wenn er ungezwungen mit uns scherzt?"

Als Swami einmal mit einem seiner Schüler arbeitete, genossen beide die gemeinsame Gesellschaft wie zwei gute Freunde, die einander seit Lebenszeiten kennen. An diesem Abend fand ein Darshan statt. Als derselbe Schüler sich Swami näherte, um den Segen zu erhalten, kniete er vor Swami nieder und lächelte ihn an. Wie auch immer, in Swamis Augen war nicht eine Spur des Wiedererkennens oder von Persönlichkeit. Viel mehr zeigte sich Swami so, als ob er gar nicht hier wäre. Er zeigte nur einen ständigen Fluss von großartigem, zeitlosem Bewusstsein. Nach dem Darshan saßen wir mit Swami beim Feuer und er bestätigte uns, dass seine wahre Natur tatsächlich während des Darshans gesehen werden kann.

***

ER STEHT AN MEINER SEITE

Tilakavati - Tatiana Angermeier – Russland

Swami Vishwanandas Präsenz hat mein Leben in vielerlei Hinsicht aufgehellt und verschönert.

Ich hätte nicht gedacht, als ich ihn zum ersten Mal im April 2004 traf, dass dieses Ereignis einen so tiefen Einfluss auf mich haben würde und dass es so viel frische, positive Energie in mein Leben bringen würde.

Meine Begegnung mit Swami hat mir geholfen, eine komplexe Situation, die mir das Leben sehr erschwerte, in einer sehr schönen Weise zu lösen. Abgesichert durch seine bedingungslose Liebe und Unterstützung, konnte ich furchtlos neue Schritte in meinem Leben gehen. Seine Unterstützung ist mehr, als jemals eine weltliche Freundschaft bieten kann.

Je mehr ich ihn kennen lerne, desto besser verstehe ich, was er für mich vollbringt und mit wie viel Liebe er uns alle überschüttet. Viele Wunder sind in meinem Leben seitdem geschehen. Ihn zu treffen, hat so viel Licht und Freude gebracht. Die Vorteile, die ich durch diese Erfahrungen erhalten habe, haben mir ein tieferes Bewusstsein von Gottes Energie und der Göttliche Liebe für mein Leben und für mich gegeben. Ich verstehe jetzt, dass Gottes Liebe immer verfügbar und immer präsent ist.

Meine Sadhana hat sich über die Jahre stetig verbessert und es brachte mir mehr Kraft und Hingabe in meine Meditation. Die Begegnung mit meinem Guru hat mein Leben enorm beeinflusst, da er mich gelehrt hat, wie man alte Dinge loslässt und furchtlos voranschreitet. Es ist das schönste Gefühl, zu wissen, dass Swami Vishwananda während des gesamten Lebens an meiner Seite steht und mich niemals im Stich lassen wird.

***

EIN BILD VON KRISHNA

R.P. – Schweiz

Im Jahre 2000 besuchte uns Swami und sprach mit verschiedenen

Leuten in unserem Haus; damals war ich acht Jahre alt. Endlich war ich an der Reihe, um mit Swami zu reden. Schon seit längerer Zeit hatte mir mein Vater Geschichten über Lord Krishna erzählt und ich fühlte Ihn sehr nahe bei mir. Mein junges Herz sehnte sich danach, Krishna zu sehen und mit Ihm sprechen zu können. Nun war meine goldene Gelegenheit gekommen und ich fragte Swami, ob er mir Lord Krishna zeigen würde. Swamiji sagte mir, dass sich mein Wunsch in drei Tagen erfüllen würde, und dass ich Krishna sehen würde. Mein achtjähriger Verstand dachte, dass Krishna durch das Fenster kommen würde, oder dass Er plötzlich hinter mir erscheinen würde. Ich dachte, mit Swamis Segen würde Lord Krishna Selbst erscheinen und mit mir sprechen, wie ein normales menschliches Wesen. Aber es geschah nicht auf diese Weise.

Am Abend des dritten Tages, als ich gerade zu Bett gegangen war, erschien erstaunlicherweise ein Bild Krishnas vor mir! Ich konnte nur ein Bild Krishnas vom oberen Teil Seines Körpers und dem Gesicht sehen, wie Er auf Seiner Flöte spielte. Nacheinander erschienen Menschen, die mir unbekannt waren als Bilder und ich konnte eindeutig Krishna in ihnen sehen.

Krishna war plötzlich überall! In jedem Gegenstand und in jeder Person konnte ich Ihn sehen. Es war ein ganz spezielles Gefühl und eine besondere Erfahrung; ich fühlte, als ob ich frei wäre und alles wäre eins.

Am Morgen nach diesen drei Tagen rief Swami meinen Vater an und fragte ihn, ob ich Krishna gesehen hätte. Als mein Vater mich fragte, antwortete ich: „Nein", denn ich war enttäuscht, dass ich Ihn nicht so gesehen hatte, wie ich es in meiner Vorstellung wollte. Mein Vater sagte Swami, dass ich Krishna nicht gesehen hätte und Swami lachte.

Später erkannte ich, dass ich nicht nur Krishna gesehen hatte, sondern dass Swami Vishwananda mir meine erste Erfahrung der Einheit mit Gott gewährte!

***

BELEHRUNGEN IM ALLTAG

Sathyananda – Winfried Nuscheler – Deutschland

Zum ersten Mal legte Swami seine Hand auf mein Herz, gleich nachdem ich seinen Darshan erhalten hatte. Er winkte mich näher zu sich heran und flüsterte mein Guru Mantra in mein Ohr. In diesem Moment, als ich mein Guru Mantra erhielt, löste sich jeder Zweifel auf, ob er mein Guru sei. Danach weinte ich fast eine Stunde lang ohne Scham, wie ein Kind. Ich hatte Swamiji nun schon ziemlich lange gekannt, und das war nicht das letzte Mal, dass ich in seiner Gegenwart weinte. Tatsächlich kann allein das Hören seiner Stimme oder der bloße Gedanke an ihn, einen flüchtigen Eindruck seiner Gnade und bedingungslosen Liebe bewirken. Das rührt mich oftmals zu Tränen.

Kurz danach gingen meine Familie und ich nach Flüeli Ranft in der Schweiz, um an einer Yagna teilzunehmen, die Swamiji abhielt. Nach dem Ritual war ich mit der Gelegenheit gesegnet, mit Swami zu sprechen und er sagte zu mir: „Ich möchte gerne, dass Du mit Deiner Familie mit mir in meinem neuen Ashram lebst."

Meine Frau und ich waren voller Freude, wir konnten es kaum glauben! Sobald es möglich war, packten wir unsere Habseligkeiten und zogen in den Steffenshof.

Wir kamen rechtzeitig an, als die erste Bauphase begann. Swamiji startete sie, indem er einen Steinhammer benutzte, um die erste Wand durchzubrechen. Er war ein gutes Vorbild für uns, was ich inspirierend fand. Die nächsten paar Wochen waren wie im Nebel. Wir arbeiteten den ganzen Tag, während Swami manchmal für uns kochte. Ich bin sicher, dass sein Kochen der einzige Grund war, dass wir genug Energie hatten, so hart zu arbeiten! Gelegentlich reichte er den Seva-Leuten auch Prasad. Abends spielten wir Monopoly, schauten spirituelle Filme an, lernten neue Gebete, saßen im großen Wohnzimmer und sangen, tanzten, lachten und hatten Spaß, oder waren einfach in Stille.

Jeder Tag war anders und sehr intensiv. Aber ganz gleich was wir taten, jeder hatte Spaß.

Swami hat nie nach meiner Vergangenheit gefragt, aber er hat mir oft einen Hinweis seiner Allgegenwart und Allwissenheit gegeben.

Einmal gingen Swami, einige Devotees und ich zu einer alten Kirche. Während Swami mit jemand anderem sprach, musste ich dringend zur Toilette. Swami drehte sich zu mir um und sagte: „Die Toiletten sind da drüben, Winfried.“ Winfried war mein Name vor der Brachmachari Einweihung. Ich sagte: „Danke“, und ging in die Richtung, in die Swamiji gezeigt hatte. Ich war erstaunt, dass Swamiji von meinem Drang wusste, und dass er auch genau wusste, wo die Toiletten waren.

Ich habe auch bemerkt, dass Swami manchmal die Frage von jemandem beantwortet, bevor derjenige noch nicht einmal mit der Frage fertig war. Ein Mönchsbruder sagte mir einmal, dass Swami es in seinem Herzen fühlt, sobald eine Frage in unserem Herzen auftaucht.

Swami kennt auch alle unsere Stärken und Schwächen. Bei einer Gelegenheit, als ich meine Eltern in Bayern besuchen wollte, bat ich Swami um Rat, was ich ihnen sagen könnte. Er sagte: „Sag ihnen, dass du sie liebst.“ Einerseits wusste ich, dass es sehr wichtig sein würde, ihnen zu sagen, dass ich sie liebe, aber andererseits würde das nicht einfach werden. Dann erkannte ich, dass ich nie meine Gefühle mit ihnen geteilt hatte.

Swamis einzige Absicht ist es, uns zu lehren, nicht nur während des Satsangs sondern auch während unseres Alltags. Swami wird nie eine Gelegenheit auslassen, um uns über uns selbst zu belehren. Oft lässt er uns geduldig und auf viele Arten wissen, dass Gott in uns ist. Swami sagt, dass Gott reine Liebe, Licht und Frieden ist. Und weil wir nach dem Bild Gottes geschaffen wurden, sind auch wir reine Liebe, Licht und Glückseligkeit.

Gott ist nicht weit weg im Himmel, sondern er ist in jedem von uns und überall um uns herum. Wie oft vergessen wir während des Tages diese einfache Tatsache, dass Gott und der Guru allgegenwärtig sind. Aber wie schön ist es, sich daran zu erinnern, dass Gott und die Gnade des Gurus immer bei uns sind. Ich weiß, dass ich mich durch Gurujis Segen schneller auf mein Ziel der Selbstverwirklichung zu bewege.

***

WER IST SRI SWAMI VISHWANANDA?

Pari – Deutschland

Viele Freunde stellen mir die Frage: „Wer ist Sri Swami Vishwananda?" Das ist eine sehr schwierige Frage und es ist nahezu unmöglich, diese zu beantworten. Wenn ich sein Leben betrachte, seine Lehren und wie er mit den Menschen in seinem Umfeld umgeht, sehe ich nur reine Liebe und Licht. Es spielt dabei keine Rolle, was Swami Vishwananda macht. Er macht alles mit viel Liebe und Geduld. Er liebt alle in der gleichen Weise und würde nie jemanden verurteilen oder schlecht hinter seinem Rücken reden. Manche Menschen verurteilen ihn, weil sie nicht verstehen, wer er wirklich ist. Sie haben ein Bild von einem Guru in ihrer Vorstellung und glauben er muss genauso sein, wie sie ihn haben wollen.

Er liebt es zu lachen, und mit Menschen zusammen zu sein und verhält sich dabei wie jeder andere auch. Swami ist sich dabei stets seiner Mission bewusst. Er führt seine Gebete und Pujas mit so viel Liebe aus, dass man Gottes Präsenz in sich und überall herum wahrnehmen kann. Wenn man Swami Vishwananda mit physischen

Augen betrachtet, sieht man in ihm möglicherweise ein „normales" menschliches Wesen. Ich fühle, dass er nicht viel von einem normalen Menschen hat. Er ist eine direkte Inkarnation Gottes in einem menschlichen Körper. Er ist hier, um uns zu erheben und uns zu helfen, den Weg zurück zu Gott zu finden. Ich bin unendlich dankbar dafür, Swamiji in meinem Leben zu haben. Ich liebe ihn von ganzem Herzen und von ganzer Seele.

***

DAS WUNDER, SEINEN MEISTER ZU FINDEN

Thomas L. - Deutschland

Schon von jungen Jahren an war ich auf der Suche nach so etwas wie Spiritualität und im Großen und Ganzen hatte ich dabei eher Schwierigkeiten. Meine Mutter Kalli und mein Vater Babis sind gebürtige Griechen und haben sich in Deutschland kennen gelernt, wo sie sich niederließen. Auf diese Weise wuchsen mein neun Jahre jüngerer Bruder Kostas und ich in Deutschland, zwischen der griechischen und der deutschen Kultur auf, was für die Familie eine Bereicherung aber vor allem auch einen großen Spagat darstellt.

Während meiner Studienzeit fand ich in einem Esoterikladen das Buch „Autobiographie eines Yogi" von Paramahansa Yogananda. Die Thematik erschien mir äußerst reizvoll und so kaufte ich es. Als ich das Geschäft verließ, hatte ich die Eingebung, dass mir die Physiognomie auf dem Deckblatt des Buches bekannt vorkommt. Dieses Buch las ich mit großer Aufmerksamkeit. Mich faszinierte diese Welt von erleuchteten Meistern und deren Suche nach Gott in solchem Ausmaß, dass ich meiner Mutter ein Exemplar der Autobiographie mit meinen Empfehlungen weitergab. Wie es so kommt, schnappte mein Bruder Kostas sich das Buch und statt unserer Mutter las er die Autobiographie. Nicht viel später empfing ich die Lehrbriefe von Paramahansa Yogananda vom Mutterzentrum in Kalifornien, welche in bestimmte Meditationstechniken einführten und deren Kapitel über ungefähr 18 Monate zugesandt wurden. Mein Bruder wurde vom gleichen Yogananda - Fieber gepackt und auf diese Weise wurde aus uns eine Art spiritueller Minizirkel. Unsere Mutter beobachtete dies mit großer Besorgnis und fragte uns, wieso wir als Griechen nicht mit dem Christentum und der griechischen Orthodoxie zufrieden seien. Ich entgegnete damals: „Das ist doch das Gleiche und andere Jugendliche nehmen Drogen." Wir verstanden uns weiterhin als Christen, doch sie blieb trotzdem befremdet.

Natürlich dachten wir, dass man gegenwärtig keinem solchen lebenden Meister wie Yogananda auf der Erde begegnen könne. So wie die Christen keine physische Begegnung mit Jesus Christus erwarten können. Wenn überhaupt würden wir von solchen Seelen erst dann erfahren, wenn sie die Welt schon lange verlassen haben und Jahrzehnte bis zu ihrer Kanonisation vergangen waren.

Nach einigen Monaten bekam ich die Möglichkeit, Swami Vishwananda im Rahmen eines Interviews zu besuchen Kurz vor der Begegnung war ich sehr nervös. Einer meiner Unsicherheiten war der rechte Umgang mit einer erleuchteten Persönlichkeit und ich fürchtete auch seine Reaktion auf mich. Als ich ihn dann zum ersten Mal sah, fand ich, dass er die Ausstrahlung und das Aussehen eines jungen Yogananda hatte. Der Gedanke kam in mir auf, ob er möglicherweise nur für mich in dieser Form erschien. Während des Gesprächs war er verhältnismäßig streng zu mir – so wie ich es von einem Yogananda, einem Meister der "alten Schule" erwartet hatte. Er sagte unter anderem, dass ihm meine Physiognomie vertraut sei. Außerdem würde er am nächsten Tag nach Griechenland reisen. Mit diesem ersten Kontakt wurde ein neues Kapitel in meiner spirituellen Reise aufgeschlagen.

Ostern 2004 nahm ich an der mehrtägigen Osterfeier mit Swami

Vishwananda in der Grube Louise im Westerwald teil. Während dem Mittagessen setzte sich Swami in meine Nähe und redete mit ein paar Anhängern. Als Nachtisch füllte er etwas Joghurt in eine Schale und goss Honig darüber. Er sagte mir, dass er das sehr gerne isst und bot mir an, es mit ihm zu teilen, was ich selbstverständlich sofort annahm. Daraufhin umarmte er mich innig und ging.

Später, nach einem Vortrag vor einem größeren Publikum, zeigte Swami Vishwananda plötzlich auf mich. Ich schaute ungläubig um mich, ob nicht doch jemand anderes gemeint war. Ich durfte neben ihm sitzen, während er noch die Fragen von ein paar Besuchern beantwortete. Ich dachte, er hat das Wesen eines jungen Königs, voll Weisheit, Demut und Liebe – ein viele Jahrtausende alter zeitloser Archetyp, welcher in der modernen Welt in Vergessenheit geraten ist. Für einen Augenblick entfaltete sich mir eine vollkommen neue Perspektive, die Welt zu betrachten. Als die Fragen beantwortet waren, begleitete er mich zum Altar und wir redeten etwas, während er die Ikonen und Heiligenabbildungen richtete. Ich sagte ihm unter anderem, dass mich angesichts der vielen Jesusdarstellungen interessieren würde, wie Jesus Christus in Wirklichkeit ausgesehen hat. Plötzlich schloss er, für einen kurzen Moment in seine innere Welt blickend, seine Augen und aus einer besonderen Handbewegung heraus brachte er einen Ring hervor, den er mir direkt auf den rechten Ringfinger steckte. „Ist das für mich?“ fragte ich völlig verblüfft. Ich hatte noch nie einen Ring besessen. Das berührte mich zutiefst, auch wenn ich die Bedeutung nicht richtig einordnen konnte. Mich erstaunte, dass der Ring die perfekte Größe für meinen Finger hatte. Das Zeichen auf dem Ring war mir noch unbekannt. Er klärte mich auf, dass es sich um das OM - Symbol handelt. Wie ich später feststellte, hatte der Ring auf der Rückseite ein wie von einem Blitz eingraviertes griechisches „W“ (Omega). Ein paar Stunden später fragte er mich, ob ich gesehen hätte, wie er den Ring materialisiert hatte. Ich war mir nicht bewusst, dass Swami Vishwananda etwas Derartiges tut. Im Grunde genommen hatte ich nur eine schnelle Handbewegung gesehen und meiner Logik zu Folge sagte ich „Nein“. So gab er mir auf dem Flur zum Vortragssaal mit derselben Handbewegung ein kleines Bild von Jesus Christus, Paramahansa Yogananda und Swami Vishwananda. Paramahansa Yogananda ist in diesem Bild im Herzen Jesu Christi und Swami Vishwananda im Herzen von Yogananda. Wieder fragte er mich, ob ich die Materialisation gesehen hätte. Verunsichert sagte ich „Ja“, auch wenn mir eigentlich unklar war, was ich gesehen hatte. Später verstand ich, dass man es vor allem mit dem Herzen sehen muss.

Einige Wochen später lernte auch mein Bruder Kostas bei einer Veranstaltung Swami Vishwananda kennen. Am Ende dieser Veranstaltung sagte mir Swami, dass wir uns bald wieder sehen würden. Mein Bruder und ich besuchten im Oktober 2004 spontan und zum ersten Mal den Darshan einer anderen Heiligen in Mannheim. Als wir uns vor Beginn des Darshans in der menschenüberfluteten Halle dieses großen Events umsahen, erblickte ich aus meinem rechten Augenwinkel Swami Vishwananda, wie er selig lächelnd zu der Göttlichen blickte. Ehrfürchtig davor, keinen Fehler zu machen, suchte ich zunächst räumlichen Abstand. Swami hatte ganz unauffällig nur Jeans und Pullover an und ich war mir nicht sicher, ob ich meinen Augen auch trauen konnte. Außerdem fragte ich mich, inwieweit es in Ordnung sei, ihn auch “privat“ anzusprechen. Ich berichtete meinem Bruder von seiner Anwesenheit und er freute sich und hielt aufgeregt nach ihm Ausschau. Schließlich gingen wir, meine Unsicherheiten ignorierend, zusammen zu ihm und begrüßten ihn. Da sagte er zu mir auf Englisch: „Ich habe dich gesehen!“

Als es im Herbst 2004 die Möglichkeit für Interviews mit Swami Vishwananda in Baden-Baden gab, weckte das auch die Neugier meiner Mutter und sie meldete sich ebenfalls zu einem Interview an. Kostas und ich waren erstaunt über Ihre plötzliche Toleranz.

Mein Vater kam auch gleich mit und so waren wir alle vollzählig. Meine Mutter Kalli war sehr berührt von der ersten Begegnung mit Swami.

Im Winter 2004 hatte Swami die ganze Familie zur Weihnachtsfeier im neuen Ashram in Steffenshof eingeladen. Das Haus war gerade erst erworben worden und aufgrund dessen noch mitten in den Renovierungsarbeiten. Es waren nur etwa 25 Gäste anwesend, darunter auch Winfried mit seiner Familie, und so hatten wir die seltene Gelegenheit Swami in kleinem Rahmen kennen zu lernen. Zu Heiligabend saßen wir alle zusammen an einem langen Tisch im Esszimmer zum Käsefondue. Swami hielt eine bedeutungsvolle Rede und er schien dabei Yogananda und Jesus Christus in einem zu sein. Der Raum wurde von einer tief weihnachtlichen Stimmung durchdrungen. Auf wundersame Weise fühlte ich mich ins letzte Abendmahl Jesu zurückversetzt. Zweifellos war das unsere schönste Weihnachtszeit.

GÖTTLICHE SARASWATI

Naamdev – Deutschland

Eines Tages bin ich mit Swamiji im Auto gefahren und es lief eine alte Aufnahme mit Bhajans. Nach einer Weile sagte Swami: „Oh mein Gott! Da singe ich ja wirklich schrecklich." Ich habe ihn dann gefragt, ob er sich noch daran erinnere, dieses Lied in seinem früheren Leben gesungen zu haben. Seine Antwort war: „Als ob ich jetzt da wäre..." Ich sagte ihm, dass es vielleicht an der schlechten historischen Aufnahmequalität läge und keineswegs an seinen fehlenden vokalen Fähigkeiten. Er hat aber nur gelacht und gemeint, dass er viel Zeit mit der Göttin Saraswati verbracht habe, um seine Stimme zu trainieren, bevor er in diesem Leben auf die Erde zurückgekommen ist.

***

FERTIG!

Dakshini – Deutschland

Es gibt da ein Wort, welches Guruji ausgesprochen liebt und oft benutzt, nachdem er etwas beendet hat. Eine sehr bekannte Eigenschaft von Swami ist, dass er extrem schnell mit all seiner Arbeit sein kann. Dies hat mich bisher in viele unangenehme Situationen versetzt, weil ich niemals so schnell wie Er sein kann, um seine Gedanken, Ideen oder Wünsche an mich zu verstehen. Am Ende einer Aufgabe z. B. beim Ikonen Malen, Anziehen einer Murti oder besonders nach langen Gebeten und Zeremonien kommentiert er nur mit einem lauten und glücklichen ... done (fertig)...

Was auch immer Guruji tut, er macht es mit so viel Liebe und Hingabe. Oftmals scheint es mir, dass dieser spezielle Moment, wenn seine Arbeit beendet ist, auch eine Charakteristik seiner Arbeit mit uns aufzeigt. Er führt und lehrt uns mit so viel Liebe und Hingabe, und wenn wir endlich was kapiert haben ist seine Arbeit ... done.

***

EINIGE ERLEBNISSE MIT MEINEM SATGURUDEVA

Ramita – Finnland

Ich traf Swami Vishwananda das erste Mal während der Feierlichkeiten zu seinem Geburtstag im Juni 2008. Ich war nicht auf der Suche nach einem Guru. Ich wollte nur den spirituellen Meister kennen lernen, von dem ich von einer Freundin gehört hatte. Doch dann geschah etwas Leben Veränderndes während dieser paar Tage, die ich zusammen mit meiner Freundin in Steffenshof, Deutschland, verbrachte. In meiner Seele erkannte ich Swami Vishwananda als einen wahrhaften Avatar und göttlichen Meister. Doch nicht nur das. Ohne jeden Zweifel erkannte ich, dass er mein Satguru ist, derjenige, dem ich den Rest meines Lebens folgen würde. Ich übergebe alles an ihn, an Gott.

Die Erkenntnis, dass Swami Vishwananda mein Satguru ist, war eine vollständig innere Erkenntnis, tief in meinem Herzen und in meiner Seele. Dies war so stark, dass ich am Tag, nachdem ich ihn kennen gelernt hatte, ihm mitteilen wollte, dass ich wusste, dass er mein Guru war. Ich wollte ihn auch fragen, ob er mich als seine Schülerin annehmen würde. Swami gab mir eine Gelegenheit, dies zu tun und er fragte mich, ob ich bereits einen Guru hätte. Ich war verwirrt, warum er mich das fragte, wo ich doch keinen Guru hatte, und er dies natürlich wissen musste. Selbst zu diesem Zeitpunkt wusste ich, dass er allwissend ist. Ich antwortete, dass nur Jesus Christus immer wichtig gewesen sei in meinem Leben. Als ich in seine Augen schaute, während ich das sagte, erschrak ich, denn ich sah, dass Jesus Christus selbst zu mir zurückschaute! Ich werde diesen Moment und das goldene Licht, das aus seinen Augen kam, nie vergessen. In dem Moment erkannte ich, dass Swami Vishwananda alles ist: Christus, Krishna, Babaji, sogar die Göttliche Mutter. Alles ist in ihm und auf wundervolle Weise zeigt er mir immer wieder seine Allwissenheit. Swami Vishwananda kennt jeden meiner Gedanken und er antwortet auf all meine Gebete.

Ich spüre, dass es keinen größeren Segen auf Erden gibt, als Swami Vishwanandas Schülerin zu sein. Zwei Monate nach unserer Begegnung weihte er mich als Brahmacharini ein, und dies war der glücklichste Tag in meinem Leben. Drei Wochen nach meiner Einweihung zog ich in Swamis spirituelles Zentrum in Deutschland und ich lebe noch immer hier, dank seiner Gnade. Ich habe in meiner Heimat viel aufgegeben, damit ich mein Leben vollständig dem Dienst Gottes widmen kann und ich habe diese Entscheidung niemals bereut. Ich bin nun viel glücklicher als jemals zuvor und das Leben hier in der Gemeinschaft und mit ihm ist herausfordernd, interessant und niemals langweilig.

Ich sage, dass ich nur ihn lieben und nur ihm dienen will. Doch eigentlich ist es genau umgekehrt. Er ist es, der stets bedingungslos liebt und seinen Schülern und der gesamten Menschheit dient. Und er tut dies auf eine solch wunderbare und demütige Art, dass wir niemals wirklich verstehen können, wie viel und auf welche Weise er für uns arbeitet. Ich weiß nur, dass er nie etwas gegen die Liebe tun könnte. Alles, was er tut, hat einen tieferen Zweck und Grund. Für mich ist Swami Vishwananda Gott, der auf Erden wandelt und jeden Tag erinnere ich mich daran, wie dankbar ich bin, seine Schülerin zu sein.

***

ER RIEF MICH ZURÜCK

Tamaharini – Irland

2007 brachte ich zu einem Darshan mit Swami Vishwananda eine kleine Krishna Statue mit. Ich wollte Swamiji fragen, ob er sie segnen würde. Ich war ziemlich aufgeregt, als ich im Tempel in Steffenshof saß und überlegte, wie ich Swamiji um den Segen für die Statue bitten sollte. Ich fragte mich, ob ich die richtigen Worte finden würde und solche Sachen. Es wurden viele Bhajans gesungen und ich mochte die Glückseligkeit, die die Musik in uns hervorrief. Dann, plötzlich war der Darshan vorüber und ich hatte Swamijis Darshan nicht bekommen. Ich konnte es nicht glauben! Swami war gegangen und ich saß immer noch mit meiner Krishna Statue und wusste nicht, ob ich lachen oder weinen sollte. Man fing an, den Tempel aufzuräumen und ich konnte es immer noch nicht fassen, was passiert war! Ich hatte meine Chance mit Swami Vishwananda verpasst!

Ich war durcheinander und ging zu einer Mataji, um ihr zu erzählen, dass ich den Darshan verschlafen hatte und dass ich eigentlich Swamiji hatte bitten wollen, meine Krishna Statue zu segnen. Diese Mataji verstand mein Dilemma und sie segnete rasch einige Blüten und legte sie auf meine Statue. Wir schauten, ob Swamiji noch da war, aber offenbar war er bereits gegangen.

Ich saß da mit meinen Blüten und meiner Statue, als plötzlich die Mataji zurückkam und mir sagte, dass Swamiji noch da sei und er meine Krishna Statue jetzt segnen würde! Swamiji war sehr freundlich und er ließ mich die Statue halten, während er Kumkum auftrug, und er sprach sehr sanft über Krishna. Ich war sehr erstaunt über die Dinge, die mir geschahen.

Als ich anschließend hinausging, rief Swami mich zurück und fragte mich nach meinem Namen und gab mir einen Ring. Ich hatte niemals zuvor irgendwelchen Schmuck getragen, da ich aus irgendeinem Grund meinte, es nicht wert zu sein. Swamis Ring war so schön und ich trage ihn jetzt, weil er ihn mir gegeben hat. Der Tag, an dem ich Sri Swamiji das erste Mal begegnet bin, hat meine ganze Sicht der Dinge verändert und auch meine Wahrnehmung, wie die Dinge sind und wie sie Schritt für Schritt verändert werden müssen. Als ich ihn das erste Mal sah, dachte ich, ich hätte einen Fehler gemacht, als ich seinen Segen verpasste. Es fühlte sich an, als hätte ich alles verloren, doch Swami Vishwananda kam zurück und veränderte mein Leben zu einem Wunder.

***

VERÄNDERT EURE HERZEN

Tarakeshwari – Niederlande

„Was sollen wir tun?" fragt die Menge Johannes den Täufer in einem Film über Jesus Christus. Und Johannes antwortet: „Ändert Eure Herzen!" Es war Swami Vishwananda, der mir geholfen hat zu verstehen, was diese Veränderung im Herzen für mich zu sein hatte.

Vor einigen Jahren rief mich jemand an, um mir zu sagen, dass ein junger Swami zu Besuch kommen würde und fragte mich, ob ich hingehen wolle. „Oh nein, ich möchte niemanden mehr in meinem Leben in orange haben“, war meine unmittelbare Reaktion. Denn es kommt eine Zeit im Leben, wo man erkennt, dass wir die Hilfe eines Lehrers sicherlich brauchen, dass aber die eigentliche Veränderung nur von uns selbst vollzogen werden kann. Ich hatte mich in mehreren spirituellen Gruppen mit deren Lehrern und Lehren engagiert, hatte zahlreiche Bücher gelesen, verschiedene Übungspraktiken ausgeübt und mich für viele Jahre für die Armen, Kranken und Unterdrückten eingesetzt. Jetzt, endlich, hatte ich das dringende Bedürfnis, mit meiner göttlichen Quelle zu sein, mit dem Selbst – mit großem „S“. Und so schien mein „nein“ endgültig. Die Person jedoch, die mich einlud, den jungen Swami aufzusuchen, war hartnäckig und rief immer wieder mit derselben Aufforderung an. Schließlich willigte ich ein, mitzukommen.

Als ich Swami Vishwananda dieses erste Mal sah, gefiel mir seine Einfachheit. Im Laufe der Zeit wurde ich zunehmend vertrauter mit seinem „einfach nur Liebe“ - Ansatz von Spiritualität. Dies erwies sich als mein fehlendes Bindeglied. Der Lauf der Natur zeigte mir die Nicht - Dualität: nicht gut, nicht böse, nur Sein. Dann, eines Tages, müde von der Arbeit, setzte ich mich in meinen Sessel, um mich auszuruhen. Plötzlich erfuhr ich diesen göttlichen Zustand der Nicht-Dualität tief in meinem eigenen Herzen, einen Zustand reiner Liebe. Und wenn man die wahre Göttliche Liebe erfährt, gibt es kein Gut und kein Böse, kein Ego oder keinen Egoismus, weder Gier noch klammerndes Bedürfnis. Wenn wir diese Liebe erfahren, gibt es nur Geben und Teilen.

Diese Erfahrung veränderte mein Herz. Auch wenn diese Transformation ein Zustand ist, der kommt und geht, arbeite ich ständig daran, ihn bewusst in jedem beliebigen Moment erfahren zu können. Ich möchte wie Swami Vishwananda werden, der stets wahrhaftig liebt und in dessen Herz und Geist kein Gedanke aufkommt, außer dem der Göttlichen Liebe. Die Fähigkeit, dies zu sehen und zu erfahren, kam nicht über Nacht. Die Erkenntnis brauchte etwas Zeit, bevor sich eine Luke öffnete, die einen besseren Blick auf Swami Vishwananda ermöglichte, darauf, wer er in Wahrheit ist und wer wir alle in Wahrheit sind! Und dies ist für mich das größte Wunder.

KAPITEL ZWEI

Wie ich Swami Vishwananda begegnet bin

„Sieh, nichts ist Zufall!“

Sri Swami Vishwananda

MIT MEINEM GURU DURCH DIE FELDER WANDERN

L.N. – USA

Als ich elf Jahre alt war, fuhr ich in ein Camp, wo wir jede Nacht an einem Lagerfeuer gesungen haben. Ich hatte ein Lieblingslied, das ich niemals vergaß. Es hat mir als Kind viel bedeutet.

Obwohl ich mir dessen nicht bewusst war, inspirierten die Möglichkeiten, die es in mir wachgerufen hat, eine lebenslange Suche nach Gott.

> Mein Gott und ich gehen zusammen durch die Felder.
> Wir gehen und sprechen wie gute Freunde es tun.
> Er nimmt meine Hand.
> Unsere Stimmen vereinen sich im Lachen.
> Mein Gott und ich - für immer werden wir umherstreifen.

Später im Leben führte mich diese Suche dazu, 30 Jahre auf dem spirituellen Pfad zu verbringen, in der Hoffnung, einen Lehrer zu finden, der mich führen würde und der fähig wäre, mich in diesem Leben zur Erleuchtung zu bringen.

Eines Tages, im Juni 2005, rief mich ein Freund an und erzählte mir, dass ein junger *Guru* aus Mauritius zum ersten Mal nach Amerika käme. Obwohl meine Freundin und ihr Partner den *Guru* noch nicht kennen gelernt hatten, planten sie, eine Woche mit ihm zu verbringen, in der er auch öffentlich *Darshan* geben würde. Der Partner meiner Freundin wollte während dieser Woche auch seinen Geburtstag feiern und er fragte, ob ich kommen und mit ihm, seiner Partnerin und dem *Guru* im ´Alders Gate` feiern würde, das fünf Minuten zu Fuß von meinem Haus lag. „Ja, ich werde da sein", versprach ich spontan meiner Freundin.

Nachdem ich zugestimmt hatte, den *Guru* zu sehen, wurde ich neugierig auf ihn und beschloss, mir seine Webseite anzuschauen. Als ich auf sein Bild blickte, fühlte ich einen Strom von *Shakti* meine Wirbelsäule hinaufströmen und intuitiv spürte ich, dass ich eine Menge Zeit mit diesem Swami verbringen würde.

Als ich am 2. Juli das Gebäude betrat, wo ich meine Freunde und den *Guru* treffen sollte, fühlte ich die Aufregung spürbar in der Luft liegen. Ich fühlte mich nervös, aufgeregt und irgendwie zögerlich. Zu meiner Überraschung bemerkte ich, dass meine Freunde nicht dort waren. Ich setzte mich so nah wie möglich an den Sessel heran, der offensichtlich für Swami Vishwananda vorbereitet worden war. Als er hereinkam und sich hinsetzte, strahlte Liebe von ihm aus. In seiner Präsenz fühlte ich, dass ich für den Rest meines Lebens sicher sein würde.

Swami führte uns für eine kurze Weile beim Singen an und gab dann *Darshan*. Als ich vor ihm kniete und in seine Augen sah, fing ich an zu zittern durch die *Shakti*, die durch meinen Körper ging. Ich erfuhr einen tiefen Frieden, Stille und eine Präsenz, die ich niemals zuvor empfunden hatte, während Liebe durch mich hindurchströmte. Ich kehrte zu meinem Platz zurück und ging in eine tiefe Meditation. Ich hörte die Worte: „Dies ist derjenige, nach dem du gesucht hast."

Der *Darshan* endete, als Swamiji aufstand, mich direkt anschaute und zu allen sagte: „Findet Krishna in euch." Swami ging. Zu meiner Überraschung tauchte er nach kurzer Zeit wieder auf. Er grüßte jeden mit Liebe und unterhielt sich lässig mit den Menschen. Ich stellte Swami eine Frage und er antwortete einfach und direkt: „Alles was du zu tun hast ist, die kleine Tür zu deinem Herzen aufzuschließen." Meine Freunde haben sich an diesem Tag nicht blicken lassen, aber sie haben mir das größte Geschenk meines Lebens gemacht, meinen geliebten Swamiji. Diese erste Begegnung mit Swami Vishwananda war der Anfang davon, mit meinem *Guru* in den Feldern zu wandern.

LIEBE HAT MEIN LEBEN VERÄNDERT

M.N. – Deutschland

Meine erste Verbindung zu Swami Vishwananda ergab sich irgendwann bevor ich ihn wirklich traf. Es war Ende 1999, als ich einen seltsamen Traum hatte. Im Traum befand ich mich oben in einem Gebäude, das mich an die Schule erinnerte, die ich in meiner Jugend besucht hatte. Der Raum war rundum von einer Menschenmenge gefüllt. Als ich zum Eingang kam, blieb ich stehen und schaute einfach. Plötzlich begann ein Mann auf mich zuzugehen, der aussah, als ob er von indischer Nationalität sei und der in ein langes weißes Gewand gekleidet war. Er kniete vor mir nieder und begann, meine Schnürsenkel zu öffnen. Der Traum endete damit, dass der Mann mir ein Stück Schokolade gab, das in Silberpapier gewickelt war. Ich fand diesen Traum sehr eigenartig. Nachher dachte ich, dass der Mann in meinem Traum, mich an Babaji erinnerte, aber etwas, was es war konnte ich nicht sagen, war auch anders an ihm.

Zwei Wochen nach meinem Traum kam mir ganz impulsiv der Gedanke, am nächsten Tag ein spirituelles Zentrum in Deutschland zu besuchen. Ich war manchmal am Sonntagmorgen hingegangen, um an den *Yagnas* teilzunehmen, aber ich war schon längere Zeit nicht mehr dort. Als ich am nächsten Morgen beim Zentrum ankam, sah ich, dass gegenüber dem Tempel zahlreiche Autos geparkt waren. Ich dachte, dass ein spezieller Anlass stattfinden müsse und näherte mich zögernd dem Tempeleingang. Als ich zur Türe kam, sah ich, dass daran eine Notiz klebte mit der Mitteilung “Interviews mit Swami Vishwananda, erster Stock”. Als ich den Hinweis las, fühlte ich mich augenblicklich eingeengt. Der Gedanke, gleich zurück zum Auto zu gehen und heim zu fahren, ging mir durch den Kopf. Doch es war ein weiter Weg nach Hause und ich fühlte, dass Gott mich aus irgendeinem Grund an diesem Ort haben wollte. Schlussendlich ging ich in den Tempel und kurz darauf begann das *Arati*. Dann kündigte jemand an, dass nach einer kurzen Teepause ein *Satsang* mit Swami folgen würde. Während der Pause begannen meine Hände zu zittern und mein Herz klopfte. Ich fühlte mich, als ob ich gleich in Ohnmacht fallen würde, obwohl das nicht meiner Natur entspricht. Ich schaffte es, die ganze Situation Gott zu übergeben. Genau in diesem Moment trat Swami in den Tempel und schaute in meine Augen; mein Herz schmolz in Liebe. Tränen begannen über meine Wangen zu rollen, als ein sanfter Rosenduft die Luft um ihn herum erfüllte. Alle Menschen saßen in einem Kreis und für Swamiji wurde ein spezieller Sessel hergerichtet. Doch er ignorierte den Stuhl, welcher wunderschön mit Blumen dekoriert war und setzte sich sofort zu uns allen auf den Boden. Ich war plötzlich berührt von seiner Einfachheit und Bescheidenheit. Unversehens fiel sein Blick auf mich und er berührte mich tief. Ich fühlte, wie ein inneres Erwachen der Liebe eine Saite in meiner Seele zum Erklingen brachte. Wieder rannen Tränen über mein Gesicht und ich befand mich in einem Zustand göttlichen Segens, der während der nächsten zwei Tage anhielt.

Sechs Jahre sind vergangen, seit ich Swami Vishwananda das erste Mal sah. Während dieser sechs Jahre hat das Feuer der Transformation und Liebe mein Leben total verändert. Nur einmal in diesen sechs Jahren habe ich es geschafft, Swami zu sehen. Wie auch immer, ich fühle, dass Swami Vishwananda immer in derselben Weise bei mir ist, wie Babaji und die Göttliche Mutter, die immer ihre schützenden Hände über mich gehalten haben.

***

DEIN GURU WIRD DICH FÜHREN

Therese – Schweiz

Am Morgen des 18. September 1998 rief mich ein Freund an, um mir die Telefonnummer des Hauses in der Schweiz zu geben, in dem Swami Vishwananda sich aufhielt.

Die Stimme, die meinen Anruf entgegen nahm, sagte: „Ich bin Swamiji. Ich werde auf Dich warten; komm aber schnell, denn ich fliege heute Abend nach London. Ich bin zum ersten Mal in der Schweiz, deshalb kann ich nicht genau erklären, wo ich gerade bin. Da ist ein See am Fuß des Berges; ich glaube er heißt Thuner See. Komm vom See den Berg hinauf, bis Du eine Arztpraxis siehst mit einem Parkplatz davor. Auf der rechten Seite siehst Du ein gelbes Haus und dahinter ein Chalet, in dem ich sein werde. Ich kenne weder die Namen der Straßen noch die Hausnummer, aber Dein *Guru* wird Dich führen."

Als ich am Chalet ankam und vor Swami stand, jagte ein Gedanke durch meinen Kopf: Dies ist mein lieber Bruder, nach dem ich ein Jahrhundert lang gesucht habe. Augenblicklich wusste ich, dass ich nicht mehr länger in Indien weiter zu suchen brauchte, wo ich bisher gesucht hatte.

Swami Vishwananda gab mir neue Hoffnung, zeigte mir den Weg zur Liebe und heilte mich auf wundersame Weise von einer ernsten Herzerkrankung. Meine Liebe und meine Dankbarkeit gehören für immer ihm.

***

ER TRAT IN MEIN LEBEN

J.G. C. – USA

Ich begegnete Swami Vishwananda am 10. März 2006 in Santa Cruz, Kalifornien. An diesem Tag begrüßte ich Swami, der mein nächster Massagekunde war, indem ich ihn fragte: „Ist ihr Name

David?“, da dies der nächste Name auf meinem Terminkalender war. Er schüttelte den Kopf und lächelte einfach warm. Als wir den Massageraum betraten, bemerkte er das *Shri Yantra*, das ich um den Hals trug und zeigte mir dann jenes, welches er trug. Durch diese erste Begegnung fingen wir eine Freundschaft an.

Üblicherweise erlaube ich meinen Massagekunden, in einen entspannten oder meditativen Zustand zu driften. Wie auch immer, ich fing an, mich während der Massage mit der Vertrautheit alter Freunde, mit ihm zu unterhalten. Von dem Moment an, als ich ihn sah, hatte ich ein überwältigendes Gefühl, ihn zu kennen. Ich fühlte sogar so, als ob ich ihn in meinem Leben vermisst hätte. Er erzählte mir, dass er ein Yogalehrer sei und von der Insel Mauritius käme, und dass er viel Zeit auf Reisen verbrächte. Wir sprachen ausführlich über Spiritualität. Er sagte mir einige Dinge über das *Shri Yantra*, das ich seit Jahren trug, die ich nicht gewusst hatte. Unsere Unterhaltung erstreckte sich über die gesamten anderthalb Stunden der Sitzung. Ich empfand die Offenheit zwischen uns als frappierend und dachte immerfort bei mir: Ich muss diese Person irgendwie in meinem Leben haben. Dieser Gedanke war irgendwie merkwürdig, wenn man bedenkt, dass ich an meinem Arbeitsplatz war, wo meine Verbindung mit Klienten immer auf die Massagesitzung beschränkt war.

Ich habe mich immer für eine sehr offene Person gehalten, aber ich fand schnell heraus, dass dieser Mensch vor mir wirklich offen war. Gleichzeitig gab er keinen Hinweis darauf, eine Person von größerer Wichtigkeit zu sein, noch spielte er darauf an, dass er eine große Anzahl Anhänger weltweit habe. Er sprach kurz über ein bescheidenes Zentrum in Deutschland und darüber, dass er plane, in Zukunft mehr Zentren einzurichten. Ich habe nicht erkannt, wer er sein könnte, selbst als er mir sagte, dass er kein Geld und keinen Besitz, sondern nur die Kleider habe, die er bei sich trage. Ich dachte nur: Dies ist ein sehr weiser Mann, der eine Menge über die Themen Wahrheit und Glück weiß. Ich hatte keine Vorstellung davon, dass ich einen großen Meister und Lehrer für diejenigen vor mir hatte, die nach seiner Weisheit suchten.

Ich wollte nicht, dass die Sitzung endete. Ich fühlte mich energetisiert, voll lebendig und wollte mich einfach weiter unterhalten, doch ich beendete die Sitzung auf meine übliche Weise, dankte ihm für seine Zeit und verließ den Raum. Ich wartete vor der Tür auf ihn und dann wurde ich mir eines sehr merkwürdigen Gefühls bewusst; ich hatte das überwältigende Gefühl, ihn wieder zu sehen.

Als Swami aus dem Umkleideraum herauskam, erschien er sehr glücklich. Er sagte mir, dass der Schmerz in seinem Nacken verschwunden sei, und dass er sehr dankbar dafür sei. Ich reichte ihm die Hand, um seine Hand zu schütteln und wir griffen uns gegenseitig am Unterarm, was nicht die übliche Art des Händeschüttelns war, doch irgendwie erschien dies als richtig. In diesem Moment schauten wir uns tief in die Augen und ich spürte einen Energiestrom meinen Arm hinauf und direkt in mein Herz laufen. Es war, als ob die Zeit anhielte und ich fühlte, als ob wir dieselbe Person seien. Ich sagte zu ihm: „Ich werde dich bald wieder sehen, mein Freund." Er lächelte mich mit derselben Wärme an, wie bei unserer ersten Begegnung und dann ging er.

In dem Jahr, bevor ich Swami Vishwananda traf, war ich durch eine sehr schmerzvolle Scheidung gegangen, meiner Mutter war eine fünfzig Pfund schwere Kiste auf den Kopf gefallen, als sie einkaufen war, wovon sie einen Gehirnschaden davongetragen hatte und mein Stiefvater war brutal von einer Gang zusammen geschlagen worden. Aufgrund dieser Umstände war meine gesamte Familie erschüttert und ich fühlte mich völlig verstört.

Überraschender Weise schnappte ich völlig aus diesen negativen Gefühlen heraus, nachdem ich diesen vertrauten Fremden, Swami Vishwananda, getroffen hatte. Ich fühlte mich, als sei ich aus einem sehr langen Schlaf erwacht.

Nachdem ich Swami die Massage gegeben hatte, dachte ich, als ich in die Stadt ging: Was für ein interessantes Erlebnis. Ich setzte mich hin, um einen Bagel zu essen und mich ein wenig auszuruhen. Auf dem Tisch lag eine Ausgabe unserer lokalen Zeitung. Ich öffnete sie und fing an hindurchzublättern und las überraschender Weise etwas darin, das erklärte, was zehn Minuten zuvor mit Swami angefangen hatte hindurch zu sickern. ´Erfahre Liebe jenseits aller Worte` stand über einem ganzseitigen Farbbild von Swami Vishwananda, dem Mann, dem ich gerade eine Massage gegeben hatte und mit dem ich eine eineinhalbstündige Unterhaltung hatte. Weiter las ich in dem Artikel, dass in einem Zentrum, zehn Minuten zu Fuß von meinem Haus entfernt, eine kostenlose Veranstaltung stattfinden würde, die für alle Glaubensrichtungen offen sei.

Natürlich entschied ich mich, dorthin zu gehen. Als ich an diesem Abend an dem Zentrum ankam, fand ich hunderte von Menschen vor, die darauf warteten, Swami zu sehen. Ich entdeckte einen Platz weiter vorne und setzte mich. Die Zeremonie begann mit schöner Musik und Gesang und dann wurde angesagt, dass Swami angekommen sei. Als er den Raum betrat fühlte ich seine Präsenz genauso, wie ich sie früher am Tag empfunden hatte, nur zehnfach verstärkt. Er trug eine schöne orangefarbene Robe und bewegte sich mit unvergleichlicher Anmut. Ich verstand nun vollkommen, wer dieser Mann war, als ich sah, wie er all diese Menschen in den Raum seines Bewusstseins einbezog. Er war die Verkörperung bedingungsloser Liebe. Als er sprach, klangen all seine Worte bis in die Tiefe meines Seins als Wahrheit wider.

An diesem Abend leitete Swami eine Gruppenmeditation und begann dann mit dem *Darshan*. Zu diesem Zeitpunkt war ich mit einer solchen Zeremonie nicht vertraut, dennoch reihte ich mich in die Schlange ein, um den Segen zu empfangen. Während ich die

Menschen dabei beobachtete, wie sie ihre verschiedenen Erlebnisse hatten, wurde mir klar, wie viel Glück ich hatte, so viel Zeit mit diesem so besonderen Menschen verbracht zu haben. Als ich vorne ankam und vor ihm kniete, tat Swami überrascht, mich dort zu sehen. Er lachte und fragte: „Wusstest du heute, wer ich bin?" Ich lächelte bloß und schüttelte den Kopf. Er gab mir seinen Segen und ich ging zurück in die Menge. Ich blieb ein wenig länger und entschied mich dann, nach Hause zu gehen. Es waren so viele Menschen dort, dass ich nicht glaubte, dass ich noch einmal die Gelegenheit haben würde, mit Swami zu sprechen.

Als ich aus dem Gebäude heraustrat, fühlte sich die Luft ziemlich merkwürdig an. Ich begann nach Hause zu gehen, als es aus heiterem Himmel anfing zu schneien. Ich habe viele Jahre lang in Santa Cruz gelebt und niemals gesehen, dass es schneite! Ich lebte am Strand und es war Mitte März. Ich fühlte mich ekstatisch. Es war eine unglaubliche Elektrizität in der Luft, als ich durch den Schnee nach Hause ging.

Am nächsten Morgen, nach Swamis *Darshan*, wachte ich vom Klingeln des Telefons auf, als meine Freundin Mary aus dem Erholungsbad, in dem ich arbeite, anrief. Sie sagte: „Ein Mann namens David rief an und sagte, dass der Swami dich so bald wie möglich sprechen möchte." Sie gab mir die Telefonnummer und ich rief sofort an. Swami nahm das Telefon ab und fragte mich, warum ich den *Darshan* so früh verlassen hatte, und dass er nach mir gesucht habe, nachdem er zu Ende war. Ich erklärte, warum ich gegangen war, und dass ich wünschte, dass wir mehr Zeit zum Sprechen hätten.

Er sagte, darum hätte er mich angerufen, und dass er sich wünsche, dass ich nach San Francisco käme, damit wir reden könnten. Ich vereinbarte, mich mit ihm zu treffen.

Die Begebenheiten, die folgten, führten zu einer Begegnung mit all den wunderbaren Menschen, die mit Swami reisten, einer

Teilnahme an zwei sehr tiefgehenden Ritualen, einem Ring, der einem Zweck diente und einer Verbindung mit Swami, die uns gewiss zu Freunden fürs Leben macht.

Wunderbarer Weise erwachte mein Stiefvater zu voller Gesundheit, zwei Wochen nachdem ich Swami getroffen hatte. Die Ärzte konnten diesen Vorfall nicht anders erklären, als zu sagen: „Dies ist ein Wunder."

***

MEINE SEHNSUCHT IST ERFÜLLT

Anuprabha – Sabine Hehner - Deutschland

Lange Zeit schon spürte ich eine tiefe Sehnsucht in mir. *Yoga* und Meditation halfen mir, absolut still in mir selbst zu werden, dies war der einzige Weg, wirklichen Frieden in mir zu finden. Obwohl ich diese Momente des Friedens genoss, fehlte mir immer noch etwas, um mich wirklich zufrieden zu fühlen. Es war, als läge ein altes Wissen über Glückseligkeit in mir verborgen. So kam es, dass ich das Verlangen verspürte, einen lebenden Meister kennen zu lernen. Ich wusste, ich würde finden was ich suchte, wenn ich Kontakt zu einer Person hätte, die dieses leise, fast vergessene Gefühl der Glückseligkeit ausstrahlte. In meiner Unzufriedenheit wünschte ich mir nichts sehnlicher, als einen lebenden Meister zu finden, der zu mir sprechen würde und zu dessen Füßen ich sitzen könnte.

Ich ging durch viele Türen, erfuhr viel Führung in meiner Suche nach einem Meister und innerer Zufriedenheit. Meine Sehnsucht nach Gott wuchs. Manchmal war es kaum zu ertragen, doch durch die letzte dieser vielen Türen kam Swami Vishwananda in mein Leben. Eine liebe Freundin hatte einen wunderschönen Anhänger von Swami materialisiert bekommen und dieser zog mich wie magisch an. Ich konnte kaum meine Augen von der funkelnden Schönheit des Schmuckstückes wenden. Und meine Freundin erzählte mir alles über den jungen Heiligen, der dies materialisiert hatte.

Bald danach fuhr ich mit meiner Freundin zu meinem ersten Interview mit Swami Vishwananda in die Schweiz. Als ich an der Reihe war und zu meinem Interview den Raum betrat, sah ich einen jungen Mann mit langem schwarzem Haar in einer blauen langen Robe. Er hatte eine sehr liebevolle Ausstrahlung. Unser Interview war ziemlich kurz, ich war viel zu aufgeregt und konnte gar nicht viel sagen. Aber irgendetwas hatte mich in meinem tiefsten Innern berührt, wie noch nie zuvor. Und ich wollte wissen, was das war. Also ging ich wieder hin, um ihn zu sehen, besuchte einige *Darshans* und hatte weitere Interviews. Wenn Swami *Darshan* gibt, dann singt er *Bhajans* am Anfang und es war so schön, mit ihm singen zu dürfen! Jedes Mal wenn ich Swami Vishwananda sah, war ich sehr glücklich und meine tiefe Sehnsucht war für eine kleine Weile gestillt. Während der Interviews war ich überglücklich, dass ich zu seinen Füßen sitzen durfte und mit ihm sprechen konnte. Swami strahlt eine sehr spezielle Energie aus, die mich tiefer in mein inneres Selbst führt.

In einem der folgenden Interviews fragte ich Swami endlich, ob er mein *Guru* sei. Er sagte nur: "Höre auf dein Herz". Aber ich hatte schon lange in mich hineingehorcht und so war es mir klar! Mein Herz sagte „ja" und so sagte ich es ihm und Swami antwortete: „Ja, ich bin dein *Guru*". Sofort musste ich anfangen zu weinen, vor lauter Glück und Erleichterung. Swami fragte mich, warum ich denn weine und ich sagte ihm, dass ich weinen müsse, weil ich endlich das gefunden hatte, nach dem ich so lange gesucht hatte . Ich fühlte mit meinem ganzen Herzen, dass ich zu Hause angekommen war. Seitdem bin ich glücklich. Natürlich gibt es immer Hochs und Tiefs im Leben, doch das tiefe Gefühl der Zufriedenheit in mir ist geblieben. Es ist ein Segen, dass Swami hier und in meinem Leben ist und ich bin ihm und der Göttlichen Mutter dafür zutiefst dankbar.

***

AM FLUGHAFEN

Dany Kaviraj Ramdass - Mauritius

Im September 2005 arbeitete ich als Zollbeamter am internationalen Flughagen in Mauritius. Ein junger Mann mit dunkler Hautfarbe ging durch den Zoll und ich hielt ihn an, um ein paar Fragen zu stellen. „Wo leben sie?", fragte ich. „Ich bin ein Bürger der Welt", antwortete er. Ich beharrte: „Aber etwas genauer, wenn sie in Mauritius sind, wo leben sie dann?" Er sagte: „In Quatre - Bornes." Ich fragte weiter: „Leben sie hinter dem Plantagenturm?" Ich stellte ihm diese Fragen, als in mir etwas „klick" machte. Er lächelte einfach und so fragte ich: „Swami?" Er lächelte noch einmal und sagte nichts. Ich hatte vor drei Jahren von ihm durch einen meiner Freunde gehört, bin ihm aber niemals begegnet. Da er gerade vor mir stand, fragte ich ihn: „Was muss ich auf meinem spirituellen Pfad tun?" – „Du musst nur deinem Herzen folgen. Ich werde im September ziemlich beschäftigt sein, daher bleibe ich nur drei Tage", antwortete er. Er schaute unverwandt in meine Augen und ich fühlte, dass er tief in mich hinein sah. Dann sagte er: „Ich werde dich im Februar sehen. Ich werde zu *Shivaratri* zurück sein." Swamiji kam im Februar 2006 nach Mauritius zurück. Ich arbeitete in der Abflugshalle am Flughafen, die ein Stockwerk über der Ankunftshalle liegt. Es war ein Sonntagmorgen, als er durch die Zollstelle kam und meinen Kollegen Ajay fragte: „Wo ist dein Freund, mit dem du jede Woche schwimmen gegangen bist?" „Er ist oben in der Abflug Lounge", antwortete Ajay.

In diesem Moment hatte ich Probleme mit einem Passagier, der undeklarierte Waren bei sich trug und ich benötigte die Zustimmung meines Vorgesetzten, um ihm eine freie Zollabfertigung geben zu können. Ich eilte nach unten, um meinen Vorgesetzten zu finden, nur um Ajay wild nach mir winkend vorzufinden. Ich ging zu ihm und er erzählte mir, dass Swami nach mir gesucht habe. Sofort lief ich aus dem Gebäude heraus und fand Swami gleich darauf. Er gab mir das aufrichtigste Lächeln. In genau diesem Moment dachte ich: „Ich kenne diese Person von je her." Wir begrüßten uns herzlich, er gab mir seine Telefonnummer und sagte mir, ich könne ihn jederzeit anrufen.

Später traf ich ihn zusammen mit meinem Freund Ami, der nun auch sein Schüler ist und wir sprachen mehr als zwei Stunden lang. Swami sagte mir, dass wir uns tatsächlich von je her kennen. Er beantwortete all meine Fragen. Manchmal gab er mir sogar Antworten, ohne dass ich fragte. Am darauf folgenden Tag gab er mir einen wundervollen Ring und ich wurde sein Schüler. Ich brachte auch meine Frau und zwei Freunde mit, die auch seine Schüler wurden.

Somit fing meine göttliche Liebesgeschichte mit Swami Vishwananda an. Anderthalb Jahre sind vergangen und mein Leben hat sich drastisch zum Besseren verändert. Obwohl ich viele Schwächen hatte, habe ich immer Vertrauen in Gott und er sandte mir den allerliebevollsten *Guru*. Ich werde niemals damit aufhören, dem Herrn für diesen wundervollen Segen zu danken.

***

SEIN NAME RUFT NACH MIR

C.R. – USA

Nach einer Yogaveranstaltung in Palm Springs, USA, kam eine Freundin zu mir nach Hause. Bei ihrem Besuch bewunderte sie einige Marmorstatuen, die ich aus Jaipur, Indien, importiert hatte: Ganesh, Shiva, Hanuman, Radha and Krishna. Sie erwähnte, dass sie einen Freund in Mauritius habe, der die Fähigkeit habe, Statuen wie die meinen, genannt *Murtis*, zu erwecken und die erweckten *Murtis* würden manchmal Rosenöl absondern. Neugierig fragte ich sie: „Wer ist dieser Mann?“ Sie erzählte mir, dass Swami Vishwananda ein junger spiritueller Lehrer aus Mauritius sei, sein Haupt*ashram* aber in Deutschland sei. Er habe die Fähigkeit, heilige Asche, genannt *Vibhuti*, zu materialisieren, und sie gab mir ein Päckchen seines *Vibhutis*. Ich glaube an Wunder und ich habe das Unerklärliche gesehen, daher erschienen mir Rosenöl absondernde Statuen als möglich, sogar als normal. Als ich von Swami Vishwananda hörte, interessierte ich mich sofort für ihn und ich wusste, dass ich ihm eines Tages begegnen würde. Bereits zwei Wochen später saß ich im Flugzeug nach Deutschland, um ihn für ein privates Interview in Düsseldorf, Deutschland, zu treffen und dann an einem Oster-Retreat in ´Grube Louise` teilzunehmen.

In meiner ersten Begegnung mit Swami Vishwananda sprach ich über die frühen 1990er, und wie ich seither die *Mantras: Shree Ram, Jai Ram, Jai Jai Ram; Jai Hanuman, Jai Sita Ram* gechanted hatte. Gemeinsam sangen wir die *Mantras* eine Weile lang. Ich wusste, dass Swami Vishwananda und ich offensichtlich eine Verbindung miteinander hatten und ich war froh, dass ich gereist bin, um ihm zu begegnen.

Bei dem ´Grube Louise` Oster - *Retreat* empfand ich die Leute um Swami Vishwananda als meine erweiterte europäische Familie. Während des *Retreats* erarbeitete ich mir eine sorgfältig durchdachte Frage für Swamiji und hatte später die Gelegenheit, ihm diese Frage vor 150 Menschen, die an dem Retreat teilnahmen, zu stellen. Ich dachte, warum nicht die höchstmögliche Frage stellen, die ich mir ausdenken konnte. Ich wollte die Frage auf eine Weise formulieren, die Swamis Weisheit testen sollte. Ich fragte ihn: „Wie lebt man im gegenwärtigen Moment mit vollkommener Hingabe und Liebe, und ist gleichzeitig nicht an das Ergebnis gebunden, bleibt aber dennoch offen für das Feld der Möglichkeiten?“ Er antwortete mir im Bruchteil einer Sekunde: „Akzeptanz.“ An diesem ersten Wochenende, als ich ihn traf, beantwortete Swami jede Frage mit kristallklarer Klarheit.

Er antwortete jedem mit derselben Reinheit und Weisheit. Nachdem ich ihm begegnet war, wusste ich, dass es Zeit für mich war, meinen Verstand weiter zu beruhigen und mein Herz zu öffnen.

Seit ich Swami Vishwananda begegnet bin, habe ich ein tieferes Verständnis meines Sinns im Leben: Ihm in seiner weltweiten Mission zu dienen.

Ich weiß, dass die Liebe, die Gott ist, nicht nur für einige wenige von uns zu verwirklichen ist, sondern dass wir alle sie in uns haben. Durch die Gnade Gottes und Swami Vishwanandas ist es mir erlaubt, teil zu haben und zu dienen. Liebe, Liebe, Liebe! *Jai Gurudev*!

***

WIE EIN MAGNET

Nitin - Premananda Gunnoo - Mauritius

Es heißt, dass, wann immer wir etwas wirklich von Herzen wünschen, das Universum mit uns zusammen arbeitet, um unser Bedürfnis zu befriedigen. Als Antwort auf mein Bedürfnis traf ich im Februar 2006 Swami Vishwananda. Ich habe immer gespürt, dass das Leben eine Bedeutung hat, wenn man den Zweck im Leben selbst erkannt hat. Solange ich mich erinnern kann, habe ich auf etwas oder jemanden gewartet, um meinem Leben einen Sinn zu geben.

Swami Vishwananda begrüßte mich: “Nitin, hey, ich kenne dich!“ Es fing mit diesem einfachen, dennoch so fesselnden Gruß an. Die Anziehung war unmittelbar. Unglaublicherweise wusste ich einfach, dass Swami dieses Etwas war, wonach ich mich so verzweifelt gesehnt hatte. Als er das erste Mal mit mir sprach, war ich sprachlos, da mein Herz anfing zu rasen. Tief in mir jubilierte meine Seele, denn endlich fühlte ich mich vollkommen in der Gegenwart des Göttlichen.

Swamiji bestätigte mir später: „Ja, ich bin derjenige, auf den du gewartet hast und ja, ich kenne dich." Wieder war ich sprachlos, da nichts zu sagen bleibt, wenn deine Seele weiß, dass du nach Hause gekommen bist. Ich blieb eine Weile bei ihm, wobei ich über meinen geliebten Meister kontemplierte. Was mich am meisten am ihm anzieht, ist seine Einfachheit, Demut und bedingungslose Liebe, die er in einem konstanten Fluss an jeden und alles aussendet.

Ich begegnete Swami während der Festlichkeiten zu *Maha Shivaratri* und in dieser einen Woche, die ich mit ihm verbrachte fühlte ich, dass ich ihn seit Ewigkeiten kenne. Es ist ein Gefühl, das nicht mit Worten erklärt werden kann. „Folge deinem Herzen", sagte Swami zu mir. Diese Worte wurden zu meinem Motto, denn das Herz weiß und spricht die Wahrheit. Die kostbarsten Momente, die ich mit ihm hatte, waren die wenigen Male, in denen er mich umarmte. In diesen Momenten stand die Zeit still. Vom gesamten Kosmos in die Arme genommen zu werden, ist das wunderbarste Gefühl der Welt. Mein Herz wird wie ein Magnet zu seinem gezogen.

Es gibt auch eine spielerische Seite an Swami und er macht Spaß mit uns. Er neckt uns und erzählt uns fesselnde Geschichten. Er zeigte mir das Kind, das in mir verborgen liegt. Dies sind die wahren Wunder Swamis, uns zu zeigen, wie das Leben lebendiger in seiner Einfachheit ist. Lieber Swami, ich liebe Dich.

***

DIE MUTTER KOMMT, UM NACH IHREM KIND ZU SUCHEN

Kalyani – Mona Bauknecht – Deutschland

Ich habe Swami Vishwananda zum ersten Mal im Jahre 2004 in Baden-Baden getroffen, wo er im Haus eines *Devotees* Interviews gegeben hat. Mein damaliges Bild von einem *Guru* war das eines weißhaarigen, bärtigen, alten Mannes.

Die Eltern eines Freundes nahmen mich mit, um Swami zu treffen. Als wir in Baden-Baden ankamen, war ich ziemlich aufgeregt und nervös und auf leisen Sohlen folgte ich meinen Freunden in einen Raum, wo wir warten sollten. Es hingen viele schöne Bilder an den Wänden und es duftete nach Räucherstäbchen. Meine Gedanken wurden von einer sanften, freundlichen Stimme unterbrochen: „Hallo." Ein schöner, junger Mann stand vor uns. Mein Freund und ich folgten Swami in das Interviewzimmer und setzten uns vor ihn auf den Boden. Ich musste mich zusammenreißen, um Swami nicht die ganze Zeit anzuschauen, denn seine Schönheit, Reinheit und das Strahlen, welches von ihm ausging, nahmen mir den Atem. Ich dachte: Jetzt weiß ich, wie sich die Leute vor 2000 Jahren gefühlt haben müssen, wenn sie mit Jesus zusammen saßen.

Swami fragte meinen Freund, wer ich sei und schenkte mir ein warmes Lächeln. Vor dem Interview hatten mir die Eltern meines Freundes erklärt, dass ich Swamiji Fragen stellen könne zu meinem spirituellen Weg, meiner Gesundheit oder etwas anderem. Da mir nichts Besseres eingefallen war, hatte ich mir vorgenommen, ihm von einer Warze, welche ich am Fuß hatte, zu erzählen. Doch als ich nun vor ihm saß und er mich so freundlich anschaute, kam mir meine Frage doch sehr unpassend, wenn nicht gar lächerlich vor. Wir sprachen also über Wichtigeres als Warzen und am Ende des Interviews segnete Swami uns.

Bevor wir wieder nach Hause fuhren, kaufte ich mir ein kleines Bild von Swamiji, welches ich bei mir tragen wollte, um mich an seine

Schönheit und sein Lächeln erinnern zu können. Ich fühlte mich glücklich und angefüllt mit Liebe. Ich fühlte mich, als wenn ich einen neuen Freund gewonnen hatte. Diese erste Begegnung mit Swami Vishwananda war so einfach und natürlich, dass sich alle meine Bedenken, welche ich vorher gehabt hatte, in Luft auflösten und das einzige, was blieb, war ein tiefes Gefühl des Glücks.

Ich bin Swami Vishwananda ohne jegliche Erwartungen begegnet, denn ich wusste damals kaum etwas über spirituelle Meister oder *Gurus*. Ich hatte schon lange ein Sehnen im Herzen gespürt, gleich einer Vorahnung, dass es irgendwo irgendwas geben muss, dass einem dieses Gefühl von Harmonie und Ganzheit geben kann. Manchmal, wenn ich sehr verzweifelt war, rief ich innerlich, aus den Tiefen meines Herzens: Jesus, wenn es dich wirklich gibt, wenn du wirklich der Erlöser der Menschen bist, dann komme und rette mich, oder sende mir jemanden, der mir helfen kann. Ich hatte immer das Gefühl gehabt, irgendwann einmal einen spirituellen Lehrer zu haben. Ich hatte mir vorgenommen, nach meinem Schulabschluss nach Amerika zu gehen, um ihn zu finden. Auf wunderbare Weise jedoch war der Lehrer nun zu mir gekommen. Es war nicht das Kind, welches sich aufmachte, um die Mutter zu finden - es war die Mutter, welche sich aufmachte, um ihr Kind zu finden!

***

ER SIEHT IN MEIN HERZ

E.E. Schweiz

Vor sieben Jahren begegnete mir auf der Treppe eines Hauses in Bern zum ersten Mal jenes göttliche Wesen Swami Vishwananda. Damals arbeitete ein englischer Heiler in diesem Haus, und ich hatte mich als Übersetzerin und als Betreuerin der Patienten zur

Verfügung gestellt.

Der Heiler sagte uns an einem Morgen, dass uns später eine sehr hoch entwickelte spirituelle Seele besuchen werde. Er war voller Vorfreude über diesen Besuch und erwartete den Gast sehnsüchtig. Ich wollte gerade einen neuen Patienten aus dem Wartezimmer holen, als ich diesem jungen Mann begegnete. Es war mir natürlich sofort bewusst, wen ich da vor mir hatte und bat ihn mir zu folgen. Er begrüßte mich mit einer liebevollen Umarmung, die mir irgendwie vertraut schien, und seltsamerweise empfand ich tiefe Freude über die Nähe, die ich zwischen uns spürte. Ich brachte ihn zu dem Heiler und hörte, wie sich die beiden herzlich begrüßten. Als ich Swami nach ein paar Minuten wieder begegnete, hatte ich gerade eine lebensmüde, kranke junge Frau in meinen Armen. Er fragte mich, ob ich eine Heilerin sei, was ich jedoch verneinte, er aber antwortete mir, doch du bist eine Heilerin, du heilst mit deinem Herzen. Er nahm zuerst die Patientin in den Arm und materialisierte *Vibhuti*, welches er ihr in die Hand und auf das Haupt streute. Anschließend drehte er sich zu mir, gab auch mir *Vibhuti*, machte dann eine kreisende Bewegung mit seiner Hand, und materialisierte einen Ring für mich, den er mir an den Finger steckte, und der wunderbarerweise auch noch die richtige Größe hatte. Ich wusste nicht wie mir geschah, von Materialisation hatte ich zuvor noch niemals etwas gehört, es war ein ungläubiges Staunen, aber auch eine nicht fassbare Glückseligkeit in meinem Herzen. Ich fühlte diese unendliche Liebe, die von diesem Wesen ausging, und meine Seele war bereit, diesem göttlichen Wesen zu folgen, wohin es mich auch immer führen möge. Seit dieser Begegnung bin ich mit Swami tief verbunden, ich fühle mich in seiner Liebe geborgen und weiß, dass sich unsere Seelen seit Äonen nahe sind.

***

SANFTES ERWACHEN

B. – S. – USA

Anders als andere, hatte ich keine Träume von Swami Vishwananda, bevor ich ihm begegnet bin und ich habe nicht endlos nach einem Lehrer gesucht. Wie auch immer, ich habe nach Heilung und Verstehen gesucht. Ich bin tief nach innen getaucht, wobei ich mich zahllosen Möglichkeiten geöffnet habe. Dann kam Swami Vishwananda in mein Leben, fand mich und erweckte mich sanft, wofür ich ewig dankbar bin.

Meine erste Begegnung mit Swami war kurz, aber ich fand sein Herz so groß wie die Ewigkeit. Ich arbeite in einer Kunstgalerie und es geschah, dass eines Tages ein auffälliger, langhaariger, östlich aussehender Mann in Begleitung eines anderen Mannes in den Shop rauschte. Er ging sofort zu einem ungewöhnlich geformten Stück und fragte mich, was das sei. Ich erklärte ihm, dass nach der Absicht des Künstlers die vier Punkte an dem Stück Geburt, Tod, Materialismus und Spiritualität repräsentieren sollten. Ein Pendel war an den Seiten von Materialismus und Tod befestigt. Der Künstler fühlte, dass das Pendel frei schwingen sollte, aber es schien so, dass die Menschheit zurzeit fest stecke. Nachdem er die Skulptur betrachtet hatte, verließ der ungewöhnliche Besucher, der, so wie ich später herausfand Swami Vishwananda war, den Shop so schnell wie er hereingekommen war. Zu jener Zeit hatte ich keine Ahnung davon, wer er war, oder dass ich ihn jemals wieder sehen würde. Es erscheint mir jetzt als recht lustig, dass ich ein solches Objekt Swami zu erklären hatte.

Einige Monate vor der Begegnung mit Swami Vishwananda in der Kunstgalerie, bin ich von einem Freund eingeladen worden, einen gewissen Swami für ein Interview zu treffen und ihm jegliche Fragen zu stellen, die ich in meinem Kopf hatte. Ich dachte, dass ich das tun wolle und versuchte mir einige Fragen auszudenken, die ich an ihn richten könnte. Zur verabredeten Zeit trat ich ein und setzte mich auf einen Stuhl, dem Swami gegenüber, der in eine orange Robe gekleidet war. Ich fühlte mich sehr komisch, doch er bedeutete mir, mich näher an ihn heran auf den Boden zu setzen. Es war ganz anders als die Begegnung mit allen Personen, die ich zuvor getroffen hatte, obwohl ich vielen spirituellen Lehrern begegnet war.

Trotz der Fragen, die ich für dieses erste Interview vorbereitet hatte, war alles, was aus meinem Munde herauskam, dass meine Tochter verstorben war. Ich weinte und weinte wobei ich gleichzeitig versuchte dem zuzuhören, was er zu sagen hatte. Ich erinnere mich, dass ich mich in seiner Gegenwart unglaublich getröstet fühlte, obwohl ich gleichzeitig das Empfinden hatte, als sei ich von meinem üblichen Orientierungspunkt in der Welt abgekoppelt. Erstaunlicherweise hatte ich keine Erinnerung und stellte keine Verbindung von ihm zu der Person her, die ich am vorhergegangenen Tag im Shop getroffen hatte. Später bei einem Abendessen mit einigen seiner *Devotees* und Swami, stellte ich die Verbindung her. Er sah anders aus in seiner orangen Robe verglichen mit seiner lässigen Kleidung, die er im Shop trug.

Am folgenden Abend nahm ich meinen achtzehnjährigen Sohn mit zu Swamis *Darshan* und *Kirtan*. Ich ging früh an diesem Abend, da ich mich nicht wohl gefühlt habe und fand das ganze Erlebnis eher ziemlich merkwürdig, da ich *Kirtan* bisher nicht kennen gelernt hatte. Mein Sohn hingegen fand das ganze Geschehen großartig und genoss es in vollen Zügen. Als ich vorging, um meinen Segen zu empfangen, direkt nach meinem Sohn, flüsterte ich Swami zu: „Dies war mein Sohn." Später, als ich herausfand, dass man während des *Darshans* nicht sprechen sollte, es sei denn, Swami spricht zuerst, fühlte ich mich sehr schlecht damit, das Protokoll gebrochen zu haben.

Am folgenden Tag setzte ich mich hin, um zu meditieren, immer noch mit einem schlechten Gefühl darüber, dass ich zu Swami während des *Darshans* gesprochen hatte, als ich plötzlich ein mächtiges Gefühl der Liebe mit der Botschaft „es war in Ordnung" über mich kommen spürte.

Ungefähr eine Woche später sah ich Swami wieder in Los Angeles, wo mein Ehemann und ich zwei *Darshans* besuchten. Wir wurden von lieben Freunden eingeladen, dorthin zu gehen, und obwohl ich mich wegen Kopfschmerzen nicht gut fühlte, entschied ich mich, dorthin zu gehen. Eine der Veranstaltungen, die stattfanden, war *Gurupurnima*. Obwohl ich keine Ahnung hatte, was das war, konnte ich die kolossale Energie göttlicher Präsenz in diesem Raum spüren und die Ausstrahlung, die von Swami ausging.

Als ich zu ihm ging, um meinen Segen zu empfangen, verbeugte ich mich vor ihm, was in sich eine völlig neue Erfahrung war, und ich hörte mich innerlich sagen: „Du bist mein Lehrer." Ich habe nicht nach einem Lehrer gesucht, daher war ich über die Intensität dieser Erkenntnis ziemlich überrascht, die von irgendwo tief in mir kam. Ich fand den gesamten *Darshan* sehr erhebend und ich erinnere mich, dass ich später sehr stark Swami anstarrte, um zu versuchen, sein Bild für immer in meinen Geist einzubrennen, damit ich ihn niemals vergessen würde. Es kam mir nicht wirklich in den Sinn, dass ich die Gelegenheit haben würde, ihn wieder und wieder zu sehen.

DAS MITGEFÜHL DES GURUS UMHÜLLT MICH

Als ich mit Swami nach dem *Darshan* sprach, sagte er: „Das war also dein Sohn?" In dieser Nacht gab er uns ein *Mantra* und ein schönes Gemälde eines blauen Krishnas. Er gab uns beiden, meinem Mann und mir, eine Umarmung, die sich anfühlte, als ob ich alle Liebe der gesamten Welt in diesem kurzen Moment empfange. Zur gleichen Zeit fühlte ich, wie sich diese Liebe von Swami spürbar auf alle ausdehnte, so weit wie ich es wahrnehmen konnte, in alle Richtungen, alle einschließend. Das Gefühl der Liebe, das ihn umgab, war so stark. Es fühlte sich zutiefst friedvoll, mitfühlend und allumfassend an.

Als ich nach Hause zurückkehrte, spürte ich, dass das schöne Erlebnis, Swami zu begegnen, weiterging und ich wusste, dass ich für immer so sanft erweckt wurde, zu einer neuen Realität, die zuvor nur eine entfernte Ahnung irgendeiner Art gewesen war. Ich erwachte am nächsten Morgen und dankte Gott überschwänglich dafür, dass dieses erleuchtete Wesen mein Leben berührt hatte. Ich war wahrhaftig sehr dankbar. „Ihr habt in diesen Tagen so viel Liebe empfangen, geht nun und teilt sie mit den Menschen", sagte Swami zu uns.

***

DIE KRAFT DER LIEBE

B. J. – England

Zu dem Zeitpunkt, als ich Swami Vishwananda im Juni 2003 begegnete, war ich an einem Punkt in meinem Leben angekommen, wo ich wahrhaftig erkannte, dass das Einzige, was ich im Leben wollte, Gott war. Ich hatte einen spirituellen Meister und suchte daher nicht nach einem anderen, um ihm zu folgen. Zu der Zeit erzählte mir ein sehr guter Freund von Swami Vishwananda, aber ich war nicht interessiert. Wie auch immer, einige Tage nachdem mir mein Freund von Swami Vishwananda erzählt hatte, hatte ich einen faszinierenden Traum, in dem sowohl mein Meister als auch Swami Vishwananda anwesend waren. Ich bin immer durch Träume geführt worden und somit verstand ich, dass der Traum ein positives Zeichen für mich gewesen ist, Swami Vishwananda zu treffen.

Merkwürdigerweise, nachdem mich mein Freund über Swami Vishwananda informiert hatte und ungefähr zwei Wochen bevor ich ihn tatsächlich traf, fing ich an, seine Präsenz zu fühlen. Von dem Moment, wenn ich morgens mein Haus verließ bis ich abends zu Bett ging, fühlte ich seine Anwesenheit bei mir. Ein eindringliches Gefühl in meinem Hinterkopf schien zu sagen: „Ich weiß zwar nicht warum, aber ich bin mir sicher, dich zu kennen."

Eines Montagnachmittags im Juni rief mich mein Freund an, um mir mitzuteilen, dass Swami Vishwananda ganz in der Nähe von uns Interviews geben würde. Er fragte mich, ob ich zu einem Interview gehen wolle. An diesem Punkt war ich ziemlich aufgeregt und mehr gefesselt als sonst etwas. Dennoch sagte ich ihm, da wir keine Termine hatten, glaubte ich nicht, dass es eine gute Idee sei, mit der Tür ins Haus zu fallen. Mein Freund benutzte seine Überzeugungskraft und letztendlich gingen wir doch. Meine Mutter begleitete uns, da meine Eltern nicht so begeistert von der Idee waren, dass ihre 20-jährige Tochter irgendeinen Swami besuchen wollte.

Während wir darauf warteten an die Reihe zu kommen, fing mein Herz an schneller zu schlagen, meine Nervosität und Aufregung erreichte einen Höhepunkt und ich dachte wirklich, mein Herz würde mir aus der Brust springen. Ich konnte diese Gefühle, die ich bezüglich einer Person hatte, der ich niemals begegnet war, nicht verstehen.

Ungefähr eine halbe Stunde später kam Swami in den Raum. Es waren zu dem Zeitpunkt etwa fünf oder sechs Menschen da, aber ich erinnere mich, vollkommen von seiner Großartigkeit eingenommen gewesen zu sein. Er hatte die Präsenz von einer Millionen Königen. Seine Augen trafen meine, als er hereinkam. Ich stand langsam auf, wobei meine Knie zitterten. Plötzlich wurde mir bewusst, dass niemand sonst in dem Raum aufgestanden war, und so setzte ich mich ziemlich beschämt wieder hin.

Ungefähr fünfzehn Minuten später wurden meine Mutter und ich aufgefordert, in Swamis privaten Interviewraum zu gehen. Ich trat ein und nahm den Platz, der am nächsten zu ihm stand. Als ich mich hinsetzte und Swami anschaute, fingen Tränen an zu laufen. Ich schaute in seine Augen und dachte: „Mein Gott, du weißt alles." Seine Augen strahlten in einer Schönheit und Strahlkraft, wie ich sie nie zuvor gesehen hatte. Er fragte mich nach meinem Namen, doch aus irgendeinem Grund kam meine Stimme einfach nicht heraus. Schließlich musste meine Mutter diese Frage für mich beantworten und als er meinen Namen wiederholte, schmolz ich einfach dahin. Niemand hatte jemals meinen Namen so liebevoll ausgesprochen, und das ließ mich nur noch mehr schluchzen. Zwischen uns stand ein Tisch und ich erinnere mich, dass ich dachte: „Ich will wirklich nur zu deinen Füßen sitzen." Genau an diesem Punkt forderte er mich auf, zu ihm zu kommen und zu seinen Füßen zu sitzen. Für die restliche Zeit in diesem Raum weinte ich nur. Ich erinnere mich, als unsere Zeit sich dem Ende neigte und ich dachte: „Das kann es nicht sein, ich will jetzt nicht gehen!" Ich ging schweren Herzens, aber mit dem Versprechen, dass er mich wieder sehen würde. Als ich nach Hause kam, sinnierte ich über die Geschehnisse des Tages und ich dachte: „Ich weiß nicht, wer dieser Swami ist, doch ich weiß, er ist jemand Großes." Mir wurde bewusst, dass ich mich nicht wirklich mit ihm unterhalten hatte, und dass ich die ganze Zeit nur geweint hatte.

Ein paar Monate später kam Swami wieder nach London und dieses Mal, gewappnet mit einem Termin, gingen meine beiden Freunde und ich, um ihn zu sehen. Wieder wurde ich von denselben Emotionen überwältigt wie zuvor und ich fand mich wieder unfähig, seine Fragen zu beantworten. Meine Freunde fanden das amüsant und fingen an, Fragen für mich zu beantworten. Dann stand Swami plötzlich auf und sagte: „Gut, ihr beiden raus jetzt , ich will mit ihr alleine sprechen." Mein Herz hielt wirklich an und ich dachte: „Oh mein Gott, ich werde nicht in der Lage sein, irgendetwas zu sagen." Innerlich sagte ich: „Swami, bitte sprich durch mich, da ich nicht glaube, dass ich die Kraft haben werde, mit dir zu sprechen."

Als er sich hinsetzte stellte er mir allgemeine Fragen über meine Universität und wie das Leben so allgemein verlief. Zu meiner Überraschung fand ich heraus, dass ich in der Lage war, seine Fragen zu beantworten und tatsächlich eine richtige Unterhaltung mit ihm aufrechterhalten konnte. Als ich unsere Unterhaltung später an diesem Tag reflektierte, realisierte ich, dass mich niemand jemals diese alltäglichen Fragen mit solch großer Liebe gefragt hatte.

***

MEIN LETZTER BIG MAC

Indrajet - Ukraine

Meine Geschichte fing im Mai 2008 mit einem Brief an, den ich an meine Tante in Moskau schickte. In meinem Brief schrieb ich, dass es mir gut ginge, und dass mein Leben eigentlich gut verlief mit der Ausnahme, dass immer noch etwas wirklich Wichtiges fehlte. Ein paar Wochen später informierte sie mich mit unaussprechlicher Wonne, dass Swami Vishwananda nach Moskau kommen würde, und dass ich kommen solle, um ihn zu sehen.

Zunächst hatte ich Zweifel, da ein Ausflug nach Moskau lang und kostspielig sein würde, und ich hatte eine Menge Arbeit zu erledigen. Darüber hinaus wusste ich nichts über Swami Vishwananda. Meine Tante versuchte mich zu überzeugen, indem sie sagte: „Stell dir einfach vor, du hast die seltene Gelegenheit, Christus zu begegnen. Hast du gewusst, dass Christen sogar zu Fuß reisen, um heilige Plätze aufzusuchen. Wir betrachten ihn als Christus." Das war der Moment, wo ich mich entschied, zu fahren.

Ich habe nichts Besonderes von meiner ersten Begegnung mit Swami Vishwananda erwartet. All die spirituellen

Zusammenkünfte, an denen ich zuvor teilgenommen hatte, haben mich niemals inspiriert, doch ich fasste den Entschluss, mich auf den gegenwärtigen Moment zu konzentrieren und vollkommen darin zu sein.

Wir kamen lange vor Beginn des *Satsangs* an, also nahmen wir Plätze in der ersten Reihe ein und verbrachten einige Zeit damit, die Vorbereitung für den *Darshan* zu beobachten sowie die Musik und die schönen Gesänge zu genießen.

Mit der Zeit kamen mehr und mehr Menschen an, bis die große Halle gerammelt voll war und jeder wartete mit Ungeduld auf Swamis Ankunft. Endlich kam er an! Mit einem Mal veränderte sich die Atmosphäre in der Halle und einige Leute wurden sehr aufgeregt, während andere ruhig und bewegungslos wurden, als sie Swami den Raum betreten sahen.

Es war, als ob die Zeit anhielt. Ich wusste nicht, was ich tun sollte oder wie ich mich verhalten sollte, als Swami an mir vorüber ging. In diesem Moment passierte etwas Merkwürdiges in mir, doch keiner meiner Verwandten bemerkte irgendetwas, obwohl sie nahe bei mir standen. Tränen flossen aus meinen Augen, ich fühlte eine Gänsehaut meine Wirbelsäule entlang laufen und mein gesamter Körper fing an zu zittern. Zu meiner großen Überraschung konnte ich nichts tun, um diese Reaktion zu kontrollieren. Ich fühlte starke Vibrationen in meinem ganzen Körper, als ob ich durch eine eigenartige Transformation ginge. In diesem Moment erkannte ich, dass ich mich selbst überhaupt nicht kannte. Einmal hat mir jemand gesagt, dass Gott Schwingung ist und das war genau, was ich fühlte, als Swami an mir vorüber ging.

Ich hatte den Eindruck, dass viele der Menschen in der Halle ebenfalls etwas Persönliches und Tiefgreifendes in diesem Moment erlebten. Es war ein langer *Satsang* und jeder der Anwesenden hatte die Gelegenheit, eine Antwort auf seine Fragen zu erhalten, egal wie dumm sie erschienen. Einige konnten sogar die Antworten zu ihren unausgesprochenen Fragen hören.

Aus irgendeinem mir unbekannten Grund hatte ich Angst davor, mich Swami für einen Segen während des *Darshans* anzunähern. Als dann der *Darshan* dem Ende zuging und Swami sich vorbereitete zu gehen, lief ich, nicht fähig, mich länger zurückzuhalten, zu der Bühne und bat ihn, meine Hand zu halten. Swami segnete mich und sagte mir, dass wir uns wieder sehen würden.

Am nächsten Tag ging ich mit meiner Mutter zu McDonalds. Sie bestellte einen vegetarischen Salat und einen Saft und ich bestellte meinen üblichen riesigen Hamburger mit Fritten. Nachdem ich bezahlt hatte, verschwand der Kassierer plötzlich und ein anderer Kassierer nahm seinen Platz ein, schien von mir aber keine Notiz zu nehmen. Ich wartete zehn Minuten lang auf meine Bestellung, jedoch umsonst. Schließlich verlor ich meine Geduld und bat ihn, mir den Hamburger zu geben, für den ich bereits bezahlt hatte. „Welchen Hamburger?" fragte er in Verwunderung. „Den, den ich bezahlt habe", antwortete ich. Er sagte mir, dass er von mir niemals eine Bestellung erhalten hätte oder jemals den Mann bemerkt hätte, der zuvor mein Geld entgegengenommen hätte. Ich bestand weiterhin darauf, dass ich für meinen Hamburger bezahlt hatte und nach einem Gespräch mit dem Manager erhielt ich meinen lang ersehnten Hamburger.

Jetzt verstehe ich, dass ich den Hamburger nicht hätte essen sollen. Er infiltrierte meinen Subtilkörper mit toter Energie und es fühlte sich falsch an, besonders nach solch einem wundervollen Erlebnis in der Gegenwart einer heiligen Person. Dies ist die Geschichte meiner ersten Begegnung mit Swami Vishwananda und das war auch der letzte Hamburger, den ich jemals gegessen habe. Danach ist mein Leben niemals wieder dasselbe gewesen.

***

ÜBERWÄLTIGT VON SWAMI VISHWANANDA

Rolf – Deutschland

Vor einigen Jahren war ein Freund nach Indien unterwegs. Bei der Reise traf er jemanden, der ihm von Swami Vishwananda erzählte und dass man Gesprächstermine vereinbaren könnte. Mein Freund kam aus Indien zurück, erzählte von seinen Erlebnissen und auch von diesen Gesprächsterminen. Ich fühlte mich davon angesprochen und vereinbarte einen Termin.

Diese erste Begegnung war für mich überwältigend. Das, was von Swami ausging, diese intensive Liebe und göttliche Schwingung war unbeschreiblich und durchflutete mich vollkommen. Tränen flossen in Strömen aus meinem Gesicht, ich rang nach Luft und war nicht in der Lage, überhaupt irgendetwas zu sagen. Etwas später konnte ich ein wenig sprechen und erfuhr, dass Swami mich gerufen hatte. Wie wundersam sind die Wege des Herrn, der die Menschen lenkt und mir über einen Freund diese Botschaft zukommen ließ. Mittlerweile weiß ich bestimmt, dass Swami mein *Guruji* war, ist und immer sein wird. Swami ist immer an meiner Seite und wenn ich es nicht spüren kann, liegt es an mir, dann ist mein Herz nicht weit genug geöffnet.

***

DAS SEHNLICHST ERWARTETE TREFFEN

Bhavani – England

Ich hatte soeben meinen *Guru* verlassen. Es war Zeit, weiterzugehen und Zeit, dass ein Lehrer in mein Leben käme, der mein Herz verstehen würde. Das Buch "Autobiographie eines Yogi" war schon lange mein Lieblingsbuch. Meine Ausgabe fiel vom vielen Lesen über die Jahre schon auseinander. Yogananda ist mir so lieb. In dieser Zeit des Wandels rief ich ihn an. In meinem Kopf und aus der Tiefe meines Herzens rief ich aus: „Yogananda, wo bist du? Ich brauche dich!"

Nicht viel später erhielt ich einen Anruf von Freunden, die in Indien waren. Sie informierten mich, dass sie nach England kommen würden, um mich zu besuchen. Ich war froh, dass alte liebe Freunde zurückkamen, um Nachrichten aus dem geliebten Indien zu bringen, dem *Guru-L*and, wo wir Monate zusammen in heiligen *Ashrams* verbracht hatten. Der Tag ihrer Ankunft kam und ich öffnete ihnen die Tür und bekam gleich ein Foto mit den Worten vor mein Gesicht gehalten: „Rate mal, wer das ist! Er ist zurück!“ Ich war glücklich, von meinen Freunden zu hören, dass der schöne junge Mann auf dem Bild mein Yogananda war, der wieder zurückgekommen war! Er hatte nun einen neuen Namen, Swami Vishwananda und er war zu jener Zeit fünfundzwanzig Jahre alt.

Meine Freunde kamen frisch aus seiner Gegenwart. Sie sagten, sie hätten ihn sehr ungezwungen in jemandes Lounge in Bath getroffen und es wären nur eine Handvoll Menschen da gewesen. Ich rief dort an, wo Swami Vishwananda gewesen war, als meine Freunde ihn gesehen hatten und mir wurde gesagt, dass er das Land verließe und ich ihn für vier Monate nicht sehen könne. Ich war verzweifelt, aber ich wusste, dass es Gottes Plan war, dass ich ihn später treffen würde.

Diese vier Monate zogen sich hin und ich rief ihn innerlich immerfort. Seine Antwort war: „Warte Bhavani, ich komme“!

Ich war krank und brauchte ihn mehr als sonst. Endlich kam der Juni und die vier Monate waren vorbei.

Ich fühlte, wie seine Energie mit jedem Schritt half, als ich in dem Wartezimmer des Hauses saß, wo er mich sehen würde. Ich saß dort allein mit niemandem um mich. Ich war erschöpft und mein Kopf hing herunter.

Dann hörte ich ein Rascheln. Ich schaute auf und sah, dass das Geräusch von einem silbergrauen Gewand verursacht wurde, das durch zwei heilige barfüssige Füße über den Boden geschleift wurde. Er schaute mir in die Augen und deutete mit dem

Zeigefinger an: „Folge mir." Ich stand auf und tat genau das. Hinter ihm ging eine Dame, die dort arbeitete und er war drauf und dran ihren Behandlungsraum zu segnen. Er wirbelte seine Hand herum und produzierte *Vibhuti*, das er benutzte, um das *OM* Zeichen und das christliche Kreuz auf die Wand zu zeichnen. Er produzierte dann noch mehr heilige Asche und gab sie der anderen Dame und mir zu essen. Er deutete mir dann wieder an, ihm in den zuvor vorbereiteten privaten Interviewraum zu folgen. Während dieses Interviews heilte mich Swami Vishwananda von meinen physischen Problemen und er materialisierte einen schönen Mutter Durga Anhänger für mich, den ich zum Schutz tragen sollte. Ich trug ihn zwei Jahre lang und dann entfernte er den Anhänger, da sein Zweck erfüllt war.

Ich wusste, dass er mein *Guru* war von dem Moment an, als ich ihn anrief. Es war in perfektem göttlichem Timing, perfekter Liebe und es sollte alles so sein. Ich rief, und Yogananda, Swami Vishwananda kam! *Jai Gurudev.*

***

DER MUT, MEINER SEELE ZU FOLGEN

Pari – Deutschland

Ich bin Swami Vishwananda unendlich dankbar für den tiefen Einfluss, den er auf mein Leben gehabt hat. Durch ihn darf und durfte ich schon so viele schöne und spirituelle Dinge erleben. Es ist eine große Ehre für mich, meine persönlichen Erfahrungen mit den vielen Menschen zu teilen, die auf einer ähnlichen Suche sind – auf der Suche nach ihrem inneren Selbst. Ich bin jetzt 27 Jahre alt und meine wichtigste Reise – meine Reise zu Gott begann 2002. Während dieser Zeit hatte ich meine Leichtigkeit verloren und hatte ein tiefes Gefühl der Leere in mir.

Ich hatte viele materielle Dinge, die mich für eine kurze Zeit glücklich machten und auch zufrieden stellten. Jedoch überkam mich immer wieder ein Gefühl innerer Leere. Es ist nicht einfach, diese Leere zu akzeptieren, wenn man nicht weiß, woher diese kommt. Ich bin in keinem spirituellen Umfeld aufgewachsen und so hat Gott nicht wirklich eine große Rolle in meinem Leben gespielt. Wie die meisten Menschen habe ich nur dann gebetet, wenn es mir schlecht ging und sobald es besser wurde, habe ich Gott wieder vergessen.

Meine Suche nach Gott begann, als ich eines Tages spürte, dass es mehr im Leben geben muss als diesen nüchternen Alltag, der uns umgibt.

Wenn ich zurückdenke, wie mein Leben früher war, kommt es mir unglaublich hoffnungslos und traurig vor. Ich habe mich immer alleine und irgendwie verlassen gefühlt und wusste nicht, wie ich damit umgehen sollte. Im Laufe der Zeit habe ich unzählig viele Bücher gelesen, im Internet recherchiert, Kurse besucht, mich mit anderen spirituellen Suchern ausgetauscht und so hat sich Schritt für Schritt eine Art Vertrauen in Gott entwickelt. Das Buch "Autobiographie eines Yogis" war für mich eines der wichtigsten Bücher auf meiner Suche. Dieses Buch beschreibt klar und prägnant die große Wichtigkeit einer *Guru*–Schüler Beziehung.

SELBSTLIEBE

Eines Tages surfte ich im Internet, als ich durch Zufall auf der Homepage von Swami Vishwananda landete. Dieser göttlich aussehende Mann mit leuchtenden Augen faszinierte mich und ich spürte den starken Wunsch, ihn persönlich zu treffen. Es schien göttliche Fügung zu sein, als es mir möglich war, ein Interview mit ihm zu haben. Ich hatte sehr viele Fragen vorbereitet, die ich ihm unbedingt alle stellen wollte. Als ich vor ihm stand, hatte ich jedoch einen kompletten Black Out und konnte mich an keine einzige Frage mehr erinnern. Trotzdem war mein erstes Interview sehr entspannt und freundlich. Wir wechselten ein paar Worte miteinander, er segnete mich und gab mir ein Päckchen *Vibuthi* mit. Ich war überwältigt von dieser Liebe und wollte ihm unbedingt dafür danken. Während der Verabschiedung habe ich ihn einfach spontan umarmt, was er auch sehr liebevoll annahm. Wenn ich an mein erstes Interview zurückdenke, muss ich lachen, denn heute habe ich nicht mehr den Mut, so ungezwungen mit ihm umzugehen. Was ich von meinem ersten Treffen mit ihm gelernt habe, ist, dass niemand perfekt ist und es auch nicht schlimm ist, wenn man Fehler macht. Es sind die Fehler, aus denen wir lernen und danach können wir unser Leben auf einem viel stabileren Fundament aufbauen.

Ich durfte schon oft erleben, wie Swami meine tiefsten Herzenswünsche erfüllt hat. Während einer Zeit, in der Swami viel in anderen Ländern unterwegs war, hatte ich das starke Verlangen ihn wieder zu sehen. Ich habe innig Gott darum gebeten, er möge ein Wunder geschehen lassen und Swami für ein paar Tage nach Deutschland senden. Kurze Zeit später, als ich wie immer auf Swamis Homepage unterwegs war, konnte ich nicht glauben, was ich sah. Der Tourplan hatte sich geändert und Swami sollte für drei Tage nach Deutschland kommen.

Swami materialisiert häufig Dinge für Menschen und eines Tages hat meine Mutter von ihm einen *Lingam* bekommen, den ich in einer kleinen Box auf meinem Altar aufbewahre. Manchmal legen wir den *Lingam* für ein paar Stunden in ein Gefäß mit Wasser. Es ist total faszinierend, das Wasser zu beobachten. Sobald der *Lingam* im Wasser ist, beginnt dieses zu sprudeln. Wenn ich den Lingam während der Meditation in meine rechte Hand nehme, wird meine Hand kochend heiß und ich kann fühlen, wie die Energie von dem *Lingam* direkt in meine Hand fließt.

***

VERSCHIEDENE ERSCHEINUNGEN

Tamaharini – Irland

Ich traf Sri Swami Vishwananda in Dublin 2006. „Seine Augen waren die schönsten, die liebevollsten Augen, die ich jemals gesehen hatte. Ich sah das gesamte Universum in diesen Augen leuchten." Dies waren die Worte, die Yogananda nach einer Vision von Jesus Christus geschrieben hat. Ich habe diesen Satz hier zitiert, denn ich konnte keine Worte dafür finden, was bei einem *Darshan* mit Sri Swamiji geschah, als ich zum ersten Mal in seine Augen blickte. Das mag ziemlich außergewöhnlich klingen, doch in diesem Moment hat es sich so angefühlt. Es war einfach die Ewigkeit in seinen Augen. Als ich wieder zu Hause war, las ich diese Worte in meinem Buch und es war, als habe mir jemand diese Worte für das gegeben, was gerade mit Swami Vishwananda geschehen war.

Ich fühle mich immer ein bisschen zittrig, wenn ich Sri Swamiji näher komme. Ich fühle mich als ob ich weglaufen wolle, dennoch ist da ein intensives Gefühl der Liebe, die mich hält. Manchmal denke ich, dass es ganz gut ist, dass der Verstand nicht wirklich zu erfassen vermag, wer er wirklich ist, sonst wüsste ich nicht, wie ich vor seine Augen treten könnte.

Bevor ich meinen ersten *Darshan* mit Sri Swamiji erfahren durfte, haben meine Schwestern und ich ihn zufällig in der Innenstadt von Dublin getroffen. Wir waren gerade aus dem Bus ausgestiegen und hielten nach dem nächsten Bus Ausschau, der uns dahin bringen sollte, wo Swami Vishwananda *Darshan* geben würde, als plötzlich Swami mit einigen *Devotees* vorbeikam.

Ich fühlte, dass ich am liebsten hinter ihm her gerannt wäre wie ein kleines Mädchen, aber eine Stimme in mir sagte: „Das kannst du nicht tun, es ist unangebracht."

Wir haben eine freundliche Frau getroffen, die uns einlud,

Darshan mit Swami zu erleben! Hätte sie nicht bei der Arbeit mit Swami geholfen, ich denke, ich hätte dann nicht den Mut gehabt, seinen *Darshan* zu empfangen. Mein arroganter Verstand versuchte, die Schönheit durch Angst zu stoppen. Mein Herz hämmerte, ein Teil von mir wollte bei ihm sein, ein anderer Teil fürchtete sich einfach. Ich weiß, einige werden ihren Kopf schütteln, wenn sie das lesen, aber manchmal ist es schwierig, den Verstand zu missachten und sein Herz sagen zu lassen, was man tun sollte! Meine beiden Schwestern und ich sprachen später darüber, wie wir Sri Swamiji zum ersten Mal begegnet sind. Wir entdeckten, dass jede von uns ihn unterschiedlich gesehen hatte; eine sah ihn in einer Robe, eine andere hatte so etwas wie einen Black-out und die Nächste hat ihn in Jeans gesehen.

***

SO VIEL SÜSSE UND EINFACHHEIT

Harshala – Portugal

Als ich Swamiji zum ersten Mal begegnet bin, konnte ich mir nicht vorstellen, wie dieser anscheinend so einfache Vorfall mein Leben so sehr verändern konnte. Während meines ersten *Darshans* schaute ich ihn immerzu unverwandt an und ich konnte den Raum bis zum Ende nicht verlassen. Ich fing an, die Segen zu zählen und es waren viele. Als mir jemand vorschlug, ihn zu fragen, ob er mein *Guru* sei, erkannte ich, dass die Antwort tief in meinem Herzen vorhanden war. Ich habe ihm nie diese Frage gestellt, denn es bestand nicht die Notwendigkeit, ihn etwas zu fragen, was mir so offensichtlich erschien.

Seither erlebe ich jedes Mal eine unterschiedliche Erfahrung, wenn ich bei Swami Vishwananda bin. Es ist kein Platz für Erwartungen, da das, was ich mir vorstellen könnte oder was ich denken könnte, niemals geschieht. So lerne ich, jeden Tag einzeln für sich zu leben und mich so viel wie möglich hinzugeben, und das mit all meiner Liebe ohne Erwartungen.

Swami Vishwananda tut diese wunderbare Arbeit, die Menschen mit Göttlicher Liebe zu erfüllen und er tut das mit so viel Süße und Einfachheit.

Ich bin immens dankbar, dass Sri Swami Vishwananda in meinem Leben ist! Ich bin zutiefst dankbar für seine Liebe und dafür, dass er die Göttliche Liebe in mir erweckt. Möge die unendliche und bedingungslose Göttliche Liebe bald von allen ohne Schranken und Ausnahmen gefühlt werden. Amen.

***

ALS SWAMI VISHWANANDA IN MEIN LEBEN TRAT

Payoja - Schweiz

Jahre bevor ich Swami Vishwananda persönlich begegnen durfte, erzählten mir Patienten von einem jungen, indischen Heiligen, der Ringe, *Vibhuti* und *Lingams* materialisierte. Da ich als Therapeutin immer sehr viel höre, hörte ich mir die Geschichten ein wenig skeptisch an und beschäftigte mich nicht weiter damit. Ich hatte meinen Lehrer, praktizierte seine vedischen Techniken und studierte die *Veden*, so wie er ihn uns lehrte. Trotz dieses großartigen Wissens fehlte mir etwas und ich suchte andere Heilige auf, in der Hoffnung, Antwort auf mein Suchen zu bekommen. Viele Jahre ging ich regelmäßig zu ihren *Darshans*. Allmählich passierte etwas in meinem Herzen und Sehnsucht entstand nach etwas, was ich noch nicht benennen konnte.

Der Wunsch nach „meinem" Meister wurde immer stärker, der *Satguru*, der mich dahin führen konnte, wohin meine Sehnsucht ging. Bei einem dieser *Darshans* lernte ich eine Frau kennen, die von einer Begegnung mit einem jungen, indischen Heiligen berichtete, die für sie wohl außergewöhnlich berührend gewesen war. Allmählich fing mich dieser junge Heilige an zu interessieren und ich fragte sie, wo ich ihm begegnen könne und wie er denn hieße. Sie sagte mir, sein Name sei Swami Vishwananda und zog ein Foto aus ihrer Tasche. Als ich das Gesicht sah, passierte etwas in mir, das ich nicht einordnen konnte. Was ich allerdings von dem Moment an wusste, war, dass ich ihn unbedingt sehen musste. Damals besuchte Swami Vishwananda mehrere deutsche Städte und gab *Darshans*. Ich hatte Gelegenheit zu einem dieser *Darshans* zu gehen, und ihm persönlich zu begegnen. Als ich Swami sah, fing mein Herz sehr stark an zu pulsieren und der *Darshan* war für mich von so einer starken Intensität, wie ich es zuvor noch nie erlebt hatte.

Ich war zutiefst im Herzen von seiner Liebe berührt worden und von da an wusste ich, was ich gesucht hatte. Es stand für mich fest, ich musste ihm wieder begegnen. Ich hatte das Glück, dass Swamiji kurz darauf in die Schweiz kam und wir versammelten uns in sehr privatem Rahmen, um mit ihm *Bhajans* zu singen. Zur Freude aller gab er anschließend noch *Darshan*, und hatte mich der erste *Darshan* schon tief berührt, so fühlte ich jetzt, dass ein Feuer in mir entfacht worden war, dem ich mich nicht mehr

***

KAPITEL DREI

Die frühen Jahre

„Perfekt zu sein bedeutet alles, was uns widerfährt, jeden Tag, als von Gott kommend, als Seinen Willen, zu akzeptieren. Es hat alles mit Liebe zu tun. Siehst Du, es ist ganz einfach."

Sri Swami Vishwananda

VISHAM

B.D. - England

In seiner frühen Kindheit lebte Swami im Haus seiner Eltern in Rose Hill auf Mauritius. Ihre Wohnung war im hinteren Teil des Hauses seiner Großeltern, und so wuchs er mitten unter Tanten und Onkeln und vielen Familienmitgliedern auf.

Auf Mauritius ist es üblich, dass die Eltern kurz nach der Geburt eines Kindes einen Priester aufsuchen, der sie bezüglich der Sterne und der Planetenkonstellationen zum Zeitpunkt der Geburt berät, wegen eines Namens und so weiter. Der Priester der Familie sagte, dass Swamis Name Mahadev sein solle, der Name von Lord Shiva. Der Priester sagte ihnen, dass zum Zeitpunkt der Geburt Parvati und Shiva auf ihrem täglichen Spaziergang im Universum waren und dass sie genau zu dieser Stunde vorbei kamen. Der Zeitpunkt seiner Geburt war sehr verheißungsvoll! Die Eltern nannten ihn liebevoll Visham.

Vom Alter von zwei Jahren an begleitete Swami seine Großmutter jeden Morgen eine Stunde lang bei ihren täglichen Gebeten. Er folgte ihr nach draußen, wo sie Surya und Hanuman Gebete darbrachte. Swami versäumte keinen Tag. Er betete mit Räucherstäbchen und Blumen. Als er im Schulalter war, musste seine Mutter ihn daran erinnern, sein Frühstück zu essen und dafür sorgen, dass er nicht zu spät zur Schule kam.

DIE PUJA

Schon in jungen Jahren liebte Swami es, zu beten und er begleitete seine Großmutter (meine Mutter) bei ihren täglichen Ritualen. Mein Vater half meiner Mutter stets bei der Vorbereitung ihrer *Puja*, aber eines Tages war meine Mutter überrascht als sie bemerkte, dass ihre *Puja* schon bereit war, noch bevor sie damit fertig war, ihre Opfergaben zu ordnen. Sie schaute sich um und wollte herausfinden, wer da gewesen war, um den Altar so liebevoll vorzubereiten und dann wusste sie, dass es Swami gewesen sein musste.

Als kleines Kind hatte Swami Freude daran, *Murtis* aus Ton zu formen und sie dann mit großer Liebe und Sorgfalt zu bemalen. Als Teenager ging er gerne zum *Shirdi Baba* Tempel in Cure- Pipe und bot dort immer eine Kokosnuss, Räucherstäbchen und Blumen als *Prasad* dar. Anders als die anderen Jugendlichen in seinem Alter zog er es vor, sich mit dem Singen von *Bhajans* zu beschäftigen. Von frühester Kindheit an fand seine Liebe zu Gott stets ihren Ausdruck.

Während der Ferien auf Mauritius lud mich Swami zu einer *Puja* ein, die bei ihm zu Hause abgehalten wurde und ich kam gerne. Als ich zur Wohnung meiner Schwägerin kam war ich sehr überrascht als ich sah, dass es kein Priester war, der alle die Gebete sprach, sondern Swami mit Ravi, und sein Freund an seiner Seite blies das Muschelhorn. Selbstbewusst sprachen die drei alle Gebete draußen im Hof. Als die *Puja* vorbei war, wurde *Prasad* herumgereicht. Es war eine wunderschöne *Puja*. Ich konnte es nicht glauben, denn er war zu dieser Zeit erst dreizehn Jahre alt.

DIE KOKOSPALME

Im November 1992 war ich in den Ferien auf Mauritius. Ich war mit meiner Mutter dort und Swami besuchte uns fast jeden Tag. An einem sehr heißen Tag kam er bei uns vorbei, um uns zu besuchen. Wir setzten uns und teilten erfrischende Kokosmilch, die uns der Nachbar herübergeschickt hatte. Später ging Swami in den hinteren Garten. Er schaute hoch in unsere Kokospalme, deren Zweige herabhingen mit mehreren schweren Bündeln von über fünfzig Kokosnüssen und er sagte zu meiner Mutter: „Warum holt der Onkel diese schönen Kokosnüsse nicht für die Tante herunter, damit sie die Milch trinken kann?“

Mutter antwortete: „Wir müssen warten bis sie reif sind.“

„Aber sie sehen schon sehr gut aus."
Mutter beharrte darauf: „Nein, nein, sie sind noch nicht reif. Sie haben noch nicht die richtige Farbe."
„Mhmhmhmh! Mhmhmhmh", war alles, was er sagte.

Wir aßen Jackfrucht und Mangos. Nach einer Weile beschloss Swami zu gehen und sagte auf Wiedersehen. Als er auf das Tor zuging, hörten wir hinter dem Haus einen großen Aufprall. Wir rannten alle in den hinteren Garten. Ich kam als erste dort an und zu meiner großen Überraschung war der Ast, der die ganzen Kokosnüsse trug, abgebrochen und ein Bündel mit fünfzig Kokosnüssen lag am Boden!

Swami sagte: „Auf, los, holt jetzt eine Axt." Er fing an, die Kokosnüsse zu öffnen. Sie waren gut und cremig mit viel Milch. Wir setzten uns alle hin und genossen die schmackhaften Kokosnüsse und die Kokosmilch.

Ich traute meinen Augen nicht. Das war eines der ersten Wunder, dessen Zeuge ich war. Zu dieser Zeit war er vierzehn Jahre alt. Die Kokospalme steht noch immer da, um mich an diese Erfahrung zu erinnern, die noch so lebhaft in meinem Gedächtnis ist.

VIBHUTI ÜBERALL

Swami war ungefähr vierzehn Jahre alt und besuchte das College, als er mich auf der Arbeit anrief. „Tante, weißt Du, dass heute *Vibhuti* in meinem Zimmer aufgetaucht ist?" Er klang ziemlich verwirrt und er verstand nicht, was passiert war.

Ich sagte ihm, er solle sich keine Sorgen machen und dass wir nach der Arbeit mit der Familie sein Zimmer inspizieren würden, um zu sehen, was passiert war. Als wir ankamen waren alle erstaunt als sie sahen, wie *Vibhuti* den Raum bedeckte und aus den Wänden kam. Zunächst dachten alle, dass es eine dünne Schicht sei, die wegen der Feuchtigkeit aus der Wand kommt. Eine Tante, die im gleichen Hof wohnte, versuchte, das *Vibhuti* mit einem Tuch wegzuwischen, schaffte es aber nicht und es wurde ihr schwindlig. Als sie zurück zu ihrem eigenen Haus ging, war das Pflaster vor der Tür auch mit *Vibhuti* bedeckt. Swamis Mutter war schockiert und überrascht über das, was passierte. Aber bald nach dem Erscheinen des *Vibhuti* kamen Leute aus der Nachbarschaft und aus der Umgebung und bald aus allen Ecken von Mauritius, um selbst die Wunder zu sehen, die sich ereigneten.

Als Swami etwa dreizehn oder vierzehn Jahre alt war, besuchten wir ihn zu Hause. Die Älteren plauderten im Wohnzimmer und alle Kinder waren zusammen in Swamis Zimmer. Zehn oder elf Kinder hüpften auf seinem Bett. Sie hatten das Licht ausgemacht, aber sie waren alle begeistert vom *Vibhuti*, das Swami im Überfluss materialisierte und über sie rieseln lies. *Vibhuti* war überall auf ihren Köpfen, Gesichtern und Körpern. Als wir das Licht anmachten, sah das Zimmer aus wie ein Nebel aus *Vibhuti*. Es war drei Uhr morgens und die Kinder hatten noch immer Spaß.

Kurz danach überzeugte Swami seinen Vater, mit dem Bau eines Tempels neben dem Haus zu beginnen. In sehr kurzer Zeit war der Tempel mit der Hilfe von Freiwilligen von der ganzen Insel fertig gestellt und ordnungsgemäß eingeweiht. Swami organisierte verschiedene Aktivitäten und Programme, einschließlich *Bhajan*-Singen zweimal pro Woche und *Bhajan*-Unterricht für Kinder, die dort *Bhajans*, Gebete und andere religiöse Zeremonien und Rituale lernen konnten.

MAHA SHIVARATRI

Swami war sechzehn Jahre alt, als er *Maha Shivaratri* im Tempel in Rose Hill auf Mauritius feierte. Fast 200 *Devotees* hatten sich dort versammelt, um die ganze Nacht das *Shiva Abishekam* zu zelebrieren. Am Morgen von *Shivaratri* ereignete sich eine denkwürdige Begebenheit. Swamis Mutter bemerkte, dass das Wasser, das sie in einen Kupfertopf in Swamis Zimmer gefüllt hatten, sich selbst auffüllte und am Rand stoppte.

Nach einer Weile ersetzte sein Vater den kleinen Kupfertopf durch einen größeren und wieder passierte das gleiche – der Topf füllte sich selbst und stoppte am Rand, so dass das Wasser nicht auf den Boden überlief. Die Nachricht verbreitete sich schnell und die Leute brachten immer größere Gefäße, die wundersam eines nach dem anderen mit Wasser gefüllt wurden. Die anwesenden *Devotees* waren mehr darauf konzentriert, ihre leeren Flaschen zu füllen, um sie mit nach Hause zu nehmen als auf die *Puja* selbst.

Swami verwendete dann das Wasser, um damit *Shiva Abishekam* zu machen.

SEVA AKTIVITÄTEN
(freiwilliger Dienst am Nächsten)

Swami tat viel um anderen zu helfen. Dabei war er sehr diszipliniert. Einmal im Monat besuchte er ein Waisenhaus, organisierte regelmäßige Blutspenden und unternahm viele Ausflüge zu spirituellen Orten. Wir fuhren zu vielen vergnüglichen Picknicks und sangen auf der ganzen Strecke *Bhajans* im Bus. Zur Feier seines zwanzigsten Geburtstags wurde eine Picknick-Party geplant und drei Busladungen *Devotees* waren mit großer Freude dabei.

Wir nutzten auch diese Gelegenheit, um einige behinderte Kinder mit ans Meer zu nehmen. Der *Bhajan*-Lehrer organisierte passende Spiele und alle hatten viel Spaß!

Bei einer Gelegenheit besuchte Swami das Haus seiner Tante in Beau Bassin. Dort sah er ein hübsches Bild an der Küchenwand und sagte: „Ich möchte dieses Bild haben. Ich brauche es."

– „Hier ... Du kannst es haben", antwortete seine Tante.

Bald darauf begaben sich alle zum *Ashram* in Rose Hill, wo Swami seiner Tante einen Bilderrahmen im Austausch für das Bild gab. Sie stellte ihn hinter die Tür und als sie kam, um den Rahmen zu holen bevor sie ging, war das Bild zu ihrem Erstaunen mit fuchsiafarbenem *Vibhuti* bedeckt.

Swami hat uns den Weg des Lichts gezeigt und unser spirituelles Bewusstsein auf eine höhere Ebene gehoben. Ich fühle mich gesegnet, dass ich die Gelegenheit hatte, einige der Erfahrungen zu erzählen, die uns mit Swami verbinden.

Danke für alles, Swami! Mit meinem ganzen Respekt, mit Liebe und Demut gebe ich meine Unwissenheit und meinen Hochmut hin. Segne mich mit Deiner Liebe. Jai Gurudev!

***

MEIN SOHN IST AUSSERORDENTLICH GESEGNET

Bindow, Swamis Mutter - Mauritius

Mein Sohn Visham wurde am 13. Juni 1978 auf Mauritius geboren. Und er wuchs auf dieser kleinen Insel auf. Heute ist Visham weltweit bekannt und respektiert als Swami Vishwananda. Auch ich bin auf Mauritius aufgewachsen. Wie in Indien kennt auf Mauritius jeder jeden, der in der Nachbarschaft lebt. Anders als in Städten, in denen die Leute ihre Nachbarn nicht kennen, sind auf Mauritius die Menschen in der näheren Umgebung wie eine große Familie und jeder redet mit jedem.

In seiner Jugend spielte Visham mit allen Kindern, die in der Nähe wohnten. Die Jungs aus der Nachbarschaft hänselten Visham wegen seines spirituellen Wesens und seiner Gepflogenheiten und machten sich über ihn lustig, indem sie ihn *Hari Om* und *Jai Gurudev* nannten, aber er beachtete das nicht. Er war auch oft in der Gesellschaft von Erwachsenen. Nicht weit von unserem Haus war ein kleiner Wald, in dem ein alter Mann namens Lala allein lebte. In der uralten Tradition, nach der ein Nachbar dem Nachbarn hilft, kochte jemand aus der Nachbarschaft für Lala. Mein Sohn besuchte diesen alten Mann oft. Lala sprach nicht viel - meistens saß er schweigend vor seiner Hütte.

Visham war ein ungezogener Junge und wenn er mit den Kindern aus der Nachbarschaft spielte, machte er Unfug, aber er war kein schlimmes Kind, nur ein kleiner Schelm. Zum Beispiel legte er eines Tages ein kleines Stück Seife in den Topf, als ich Linsen kochte. Ständig kletterte er überall herum, was einer Mutter schon Sorgen bereiten konnte, dass er nicht fiel und sich verletzte. Ich schlug Visham, wenn er diese ungezogenen Dinge tat. Als er das Seifenstück in die Linsen tat schlug ich ihn zu sehr, das ist mir heute klar. Heute bin ich wirklich traurig wegen all der Schläge.

Bereits im Alter von einem Jahr war es offensichtlich, dass Visham anders war als andere Kinder. Normalerweise bittet ein Kind um Süßigkeiten, Kuchen oder Spielzeug, aber mein Sohn bat nie um diese Dinge. Er sagte immer: „Gib mir Räucherstäbchen, gib mir Kampfer für *Yagnas* und Gebete." Wenn ich ihm antwortete, dass ich diese Dinge nicht habe, sagte er: „Geh und kaufe sie", oder „lass uns einkaufen gehen." Wenn ich mit ihm einkaufen ging bat mich Visham darum, Ingredienzien für seine *Yagna:* zu kaufen: Agarbathi, Räucherstäbchen und Kampfer.

Im Alter von eineinhalb Jahren fing Visham gerade an zu laufen. Anders aber als andere Kinder in seinem Alter betete und betete er ständig. Vishams Großmutter ging jeden Morgen und jeden Abend zum Tempel. Schon von klein an konnte man Visham an der Seite seiner Großmutter sehen, auf dem Weg zum Tempel zu den Morgen- und Abendgebeten. Meine Schwester sagte immer: „Wie kannst Du nur so einen Sohn haben? Du betest nie." Ich pflegte ihr zu antworten: „Ich weiß es wirklich nicht; er war schon immer an Gott interessiert."

Ich glaubte an Gott, aber ich fühlte nicht den inneren Drang zu beten oder zum Tempel zu gehen und Wasser über den *Shiva Lingam* zu gießen. Zu dieser Zeit sah ich, wie die Leute an unserem Haus vorbei zum Tempel gingen, aber ich verspürte nie den Drang selbst zu gehen.

Kurz danach begann Visham *Havan* zu zelebrieren, die Feuerzeremonie, die *Yagna* genannt wird. Mitten in der Küche machte er ein großes Feuer, das die Küche in Brand zu setzen drohte. Alle anwesenden Leute hatten Angst, aber ich hatte keine Angst und tatsächlich ist nichts Schlimmes passiert. Dann, als er zwei oder drei Jahre alt war, begann er zu spielen, dass er Krishna sei. Manchmal wünschte sich Visham etwas zu Weihnachten, aber meistens spielte er *Puja* und sagte: „Ich mache *Puja* mit *Krishna*."

Eines Morgens, als ich noch schlief, spielte Visham in der Küche. Vielleicht war er durstig. Er nahm eine Flasche Benzin und trank davon. Ich dachte, er würde sterben und fand schnell jemanden, der uns wieder einmal ins Krankenhaus fuhr. Später sah ich, dass ich noch immer mein Nachthemd und Schlappen anhatte und ich fragte mich, wie ich so gekleidet mit Würde zurück nach Hause gehen könnte.

Von klein an bis zum Alter von fünf Jahren war Visham regelmäßig krank. Oftmals hatte er hohes Fieber und Krämpfe. Etwa jeden Monat hatte er hohes Fieber und wir brachten ihn ins Krankenhaus bis er sich erholt hatte. Manchmal aß er ungenießbare Dinge und wir brachten ihn ins Krankenhaus, manchmal bewusstlos. Die Ärzte versorgten ihn. Es war eine schwere Zeit, sowohl für Visham als auch für uns, seine Familie. Das Krankenhaus war während dieser Phase seines Lebens wie ein zweites Zuhause für ihn.

Einmal, als Visham drei Jahre alt war, wollten wir an einem bestimmten Wochenende gerade zur Hochzeit eines Cousins von Vishams Vater gehen. Er spielte mit den anderen Kindern im Garten, wo er einen kleinen weißen Samen aß, der wie eine Nuss schmeckte, tatsächlich aber hochgiftig war. Statt zur Hochzeit zu gehen, brachten wir Visham wieder einmal ins Krankenhaus, wo er dieses Mal drei Tage lang blieb. Es war während dieser Zeit, dass er einen Mann vor dem Fenster des Krankenhauses sah, der allen

Kindern Süßigkeiten gab. Später verriet er, dass dieser Mann Babaji war, sein *Guru*.

Visham war sehr hilfsbereit und gehorsam, aber ungezogen. Er half mir, das Haus sauber zu halten, indem er Dinge tat wie abwaschen oder den Boden putzen. Seine jüngere Schwester Tina sagte immer: „Nein, das mache ich nicht." Aber Visham sagte niemals nein zu mir.

Am ersten Tag im Kindergarten spielte Visham *Puja*. Der Lehrer sagte mir: „Ihr Sohn hat allen Kindern beigebracht, wie man *Puja* spielt. Sie haben alle Spielsachen in der Mitte des Raumes zusammengetragen und haben ein *Yagna* Feuer imitiert. Mit Vishams Ermunterung verbrachten alle Kinder den ganzen Nachmittag damit, *Mantras* und Gebete zu wiederholen, die Ihr Sohn buchstäblich laut rief, damit sie sie wiederholten!"

Mein Sohn leitete auch immer die Spiele, die er mit seiner jüngeren Schwester Tina spielte. Eines Tages machten sie eine *Yagna* in meinem Zimmer. Visham warf viele Dinge in das Feuer. Das ungehindert brennende Feuer trat über das Gefäß hinaus und der Vorhang fing Feuer und verbrannte zur Hälfte.

Als Visham sieben Jahre alt war, kleidete er sich eines Tages wie Krishna in ein kleines rosafarbenes Kleid und sagte mir, dass Krishna Kajal um seine Augen auftrug. Er trug ein *Chunri*, einen Umhang und viel Schmuck. Er mochte Krishna sehr. Er tanzte mit seiner Schwester Tina im Haus herum als ob sie Krishna und eine von Krishnas *Gopis* seien.

Während Vishams Jugend dachte ich nur, dass er ungezogen sei; ich erkannte nicht, wie außergewöhnlich er war und dass alles, was er tat außergewöhnlich war, selbst die ungezogenen Dinge. Er betete ständig. Ich weiß nicht, wo Visham all die *Mantras* und Gebete in diesen frühen Jahren lernte. Es kam mir und allen anderen seltsam vor, dass ein so kleines Kind ständig betete und *Mantras* sang. Jedoch schien jeder aufrichtig bewegt von einem kleinen Kind, das all die Gebete und *Pujas* darbrachte. Ich fragte ihn: „Wie viel kannst

Du beten? Du betest ständig; höre jetzt auf zu beten!" Er schien erschreckt, dass ich ihn so anschrie, er solle mit dem Beten aufhören, aber Visham hörte nie auf zu beten.

Ich war gegen seine religiösen Neigungen, vielleicht weil ich nicht religiös war; ich weiß es nicht. Ich schrie ihn an: „Hör mit den *Pujas* auf." Er antwortete: „Aber es ist nur ein Gebet."

Als Visham zehn Jahre alt war, benahm er sich wie ein *Pandit* – er ging täglich zum Tempel und brachte seine *Puja* dar. Ich schrie ihn an: „Was machst Du? Jeden Morgen bietest Du *Pujas* dar wie ein *Pandit*." Er sagte mir: „Ja, ich will ein *Pandit* werden." Ich sagte zu ihm: „Nein, Du wirst kein *Pandit* werden, das ist kein Beruf."

Visham sparte sein Geld, das er für die Schule bekam und verwendete es für Dinge die er für seine Gebete brauchte. Eines Tages kaufte er eine große *Murti* und versteckte sie im Haus seiner Tante, denn er wusste, dass ich mit ihm schimpfen würde. Er kaufte Ton und Zement, um kleine *Murtis* zu formen.

Ich war so ärgerlich als ich hörte, dass er *Murtis* formte, dass ich zum Haus der Dame ging, die ihn lehrte, sie zu machen. Ich schrie sie an: „Wie können Sie es wagen meinen Jungen diese Dinge zu lehren. Ich will nicht, dass er das macht. Er wird kein *Pandit* werden." Später sagte mir Visham, das er *Murtis* fertigen und sie verkaufen wollte, dies sei die Arbeit, die er tun wollte.

Wenn ich aus dem Haus ging, spielte Visham Aufnahmen von *Pujas* und Gebeten und er spielte sie sehr laut ab. Wenn er sah, dass ich zurückkam, schaltete er schnell alles aus. Er bot auch überall mit seinen Freunden *Pujas* dar. Oft nahm er eine Flasche Milch und andere Zutaten mit zum Haus eines Freundes und machte eine *Puja*. Bei einer solchen Gelegenheit suchten sein Vater, seine Großmutter und ich ihn in der ganzen Stadt und konnten ihn nicht finden; ich hatte große Angst. Schließlich rief uns jemand an und sagte uns, wo er war und Gebete sprach.

Während dieser frühen Jahre hatte ich oft Angst. Ich wollte einen

Sohn haben wie andere Mütter, einen, der zur Schule ging, seine Abschlüsse machte, eine gute Stellung bekam und vielleicht in einem Büro arbeitete. Visham wollte nur seine *Pujas* machen und ein *Pandit* werden. Ich sagte ihm, dass er eine Lehre als Mechaniker machen müsste, sobald er die Schule abbrechen würde. Mit fünfzehn brach er die Schule ab. Während der nächsten sechs Monate machte er eine Lehre als Mechaniker. Als ich ihn jeden Tag nach Hause kommen sah, mit schmutziger Kleidung und schmutzigen Händen, war ich traurig und begann nachzudenken, dass ich nicht wollte, dass mein Sohn diese schmutzige Arbeit tat. Nach sechs Monaten hörte er mit der Arbeit als Mechaniker auf und begann ein *Pandit* zu werden. Heute ist er viel mehr als ein *Pandit*.

Als Visham sechzehn Jahre alt war, begannen die Materialisierungen und Manifestationen. Eines Morgens las er ein Buch und er rief mich, ich solle kommen und mir das anschauen. Er zeigte mir in dem Buch Bilder einiger Heiliger, auf denen sich *Vibhuti* gebildet hatte.

Während ich mich noch darüber wunderte, warum Visham mir die Bilder zeigte, bemerkte ich plötzlich, dass die Bilder, die in unserem Haus hingen, von kleinen *Vibhuti*-Häufchen bedeckt waren. Wir gingen in jedes Zimmer des Hauses und wir konnten kleine Häufchen von *Vibhuti* auf allen Bildern sehen. Ich sagte zu ihm: „Du hast *Vibhuti* auf die Bilder gemacht, damit ich glaube.“ Aber Visham bestand darauf: „Nein Mutter, ich habe nichts auf die Bilder gemacht.“ Ich sagte ihm, er solle alles *Vibhuti* von den Bildern abwischen und er tat es. Fünf Minuten später, nachdem Visham das Haus verlassen hatte, waren die Bilder wieder mit *Vibhuti* bedeckt. Ich war alleine zu Hause und setzte mich hin und fragte mich, warum Gott wollte, dass ich das Phänomen sehe, das in dem Buch beschrieben wurde, das Visham mir gezeigt hatte.

Als mein Sohn begann, Dinge zu manifestieren, war das seltsam. Am Morgen, nachdem das *Vibhuti* zum ersten Mal erschienen war, kam eine ganze Menge *Vibhuti* aus seiner Hand und oben aus seinem

Kopf. Als das *Vibhuti* aus seiner Hand kam sagte er, dass es gejuckt habe und dass dann das *Vibhuti* heraus rieselte. Eines Tages tropfte Honig von seinen Füßen und Händen. Dann tropften Honig und *Vibhuti* gleichzeitig aus seinen Händen und Füßen. Zwei Wochen bevor die Manifestationen begannen, hatte ich am Telefon mit meiner Schwester gescherzt: „Weißt Du, Visham betet so viel, dass *Vibhuti* aus ihm heraus kommen könnte, genau wie das bei *Shirdi Sai Baba*, dem berühmten indischen Heiligen, war. Wenn aus ihm *Vibhuti* kommt, dann werden die Menschen Schlange stehen und für einen Besuch bezahlen." Dann, als mein Scherz wahr wurde, lachte ich überhaupt nicht.

Zunächst wussten nur unsere Familie und meine Schwester von den Manifestationen. Aber ich konnte nicht schlafen bei dem Gedanken, was mit meinem Sohn geschah. Ich sprach mit einer alten Nachbarin. Ich sagte ihr, dass ich ihr etwas erzählen wollte wenn sie verspricht, es niemandem zu sagen. Sie versprach es, aber am Mittag bemerkte ich eine Menschenschlange vor meinem Haus. Von da an standen die Menschen jeden Tag Schlange, um Visham zu sehen.

Eine Dame brachte ein kleines Bild und bat Visham, es in sein Zimmer zu stellen und zu segnen, was er auch tat. Ich sagte der Dame: „Ich möchte dieses Bild nicht in seinem Zimmer haben. Wir haben genug Bilder in unserem Haus, nehmen Sie es also wieder mit." Aber als Visham das Bild in sein Zimmer stellte, wurden zwei Bilder daraus. Die Dame ging und ließ die beiden Bilder bei Visham. Ich lief ihr nach und sagte ihr: „Sagen Sie niemandem, was Sie hier gesehen haben." Bald wusste jeder davon! Dann begannen die Menschen, sich in einer langen Schlange vor unserem Haus anzustellen, Tag für Tag, sogar schon vor sieben Uhr morgens bis spät in die Nacht. Ich wurde krank und war gestresst, weil die ganze Zeit Leute in meinem Haus waren. Ich hatte keine Zeit zu kochen und keine Zeit mehr für mich selbst. Ich hatte das Gefühl, dass mein Leben geendet hatte und dass da nur noch Leute den ganzen Tag überall in meinem Haus waren!

Die Menschen sagten zu mir: „Ich möchte den *Pandit* sehen." Ich antwortete: „Welchen *Pandit*? Da gibt es keinen *Pandit*." Ich sagte Visham: „Du musst das alles beenden. Ich will all diese Leute nicht in meinem Haus haben." Schließlich rief ich einen „echten" *Pandit*, damit er in mein Haus komme. Ich erzählte ihm alles, was mit Visham passierte, und dass seine Familie sich darüber ängstige. Er sagte: „Ich bin ein *Pandit*, ich kümmere mich darum." Er hatte noch nie so etwas gesehen wie das, was mit Visham geschah. Er kam mit einer Rose in der Hand und sprach einige Gebete. Der *Pandit* sagte mir, dass das alles in einer Woche vorbei sein würde. Aber nach einer Woche waren die Manifestationen sogar noch ergiebiger. Später sah ich, wie derselbe *Pandit* die Füße von Visham berührte.

Nachdem der *Pandit* da gewesen war, gab es sogar noch mehr *Vibhuti* als vorher, und dann kam Honig und dann Anhänger und Ringe! Eines Tages gab Visham jedem, der ihn besuchte, ein Geschenk aus seiner Hand. Es machte Spaß und ich war gestresst, lachte aber und war glücklich. Ich ging in die Küche, um etwas zu essen zu kochen. Visham kam in die Küche und aß das Essen so schnell, wie ich es zubereiten konnte. Im Scherz sagte ich zu ihm: „Du hast allen etwas gegeben, aber mir hast Du nichts gegeben." Ich berührte seine Wange und sagte: „Nichts für mich?" Augenblicklich drehte er seine Hand und gab mir einen schönen Ring. Ich weinte und sagte zu ihm: „Nein, darum habe ich Dich nicht gebeten. Ich bin glücklich, dass Du allen etwas gegeben hast."

Visham begann den ganzen Tag *Bhajans* zu singen mit den Menschen die kamen, um die Manifestationen und Materialisierungen zu sehen. Überall in unserem Haus waren Menschen und es schien keinen Platz mehr zu geben für die Familie. Ich wurde müde und war fertig! Während dieser Zeit brachte er auch *Lingams* hervor. Während eines besonderen Festtages materialisierte er vierunddreißig *Lingams*. Wenn die Person nicht da war, wenn er den *Lingam* hervorbrachte, schluckte er ihn wieder und brachte ihn wieder hervor, wenn die

Person kam. Ich weinte als ich sah, wie müde er wurde und wie blutig und schmerzhaft es für ihn war, die *Lingams* aus seiner Kehle zu bringen. Er gab jedem einen *Lingam*. Weil es so schmerzhaft war fragte ich ihn, warum er jedem einen *Lingam* gebe und dass vielleicht eines für jede Familie genug wäre. Er sagte: „Was kann ich machen, wenn sie darum bitten?" Er war so müde und mein Sohn tat mir leid.

An *Shivaratri* passierte etwas Besonderes. Jedes Gefäß, das in Vishams Zimmer gestellt wurde, wurde mit Wasser gefüllt. Niemand war im Raum und man konnte sich umdrehen und wenn man sich wieder umdrehte, war das Gefäß mit Wasser gefüllt. Den ganzen Tag brachten die Leute Gefäße, die gefüllt werden sollten. Und dann hörte es auf. Einmal wurde alles, was man in Vishams Zimmer stellte, mit *Vibhuti* in verschiedenen Farben bedeckt. Ein anderes Mal begannen *Murtis* sich unter seinem Bett zu bilden. An einem Tag war das Haus voll von *Bindis*, den roten Punkten, die Hindu Frauen auf ihre Stirn machen. Sie waren sowohl an der Wand als auch in der Luft hängend in jedem Zimmer.

An einem anderen Tag hingen überall im Haus Räucherstäbchen, *Agarbathis*, in jedem Zimmer. Er manifestierte jede Art von Schmuck für jeden.

Jeden Tag geschah etwas Neues und ich fragte mich jeden Morgen beim Aufwachen, was es neues an diesem Tag geben würde. An einem Tag war Visham nicht zu Hause. Ich ging in sein Zimmer und sah vier große *Ladoos*, runde indische Süßigkeiten, auf seinem Bett liegen. Ich hatte noch nie solche *Ladoos* gesehen, denn sie waren so groß wie Tennisbälle, so heiß, als ob sie gerade erst gekocht worden wären, und sie waren bedeckt mit Honig und Mandeln. Visham kam gerade da nach Hause und rief: „Wer hat *Ladoos* auf mein Bett gelegt?" Ich sagte: „Ich war es nicht und ich war die ganze Zeit allein im Haus!"

Schließlich kam die Zeit, als Visham achtzehn Jahre alt wurde und er begann die Welt zu bereisen. Zu dieser Zeit wollte er nach Indien gehen, aber er hatte nicht das nötige Geld. Eines Morgens wachte er auf und da waren ein Flugticket für den Tag, an dem er gehen wollte und 700$ auf seinem Altar.

Visham war immer ehrlich. Einige Leute dachten, er würde die Ringe kaufen, die er den Menschen gab, um ihnen zu helfen zu glauben. Ich fragte: „Mit welchem Geld sollte er sie kaufen? Er bittet niemanden auch nur um einen Penny." All dies geschah vor meinen Augen. Ich kenne meinen Sohn - er ist kein Betrüger. Wenn ich höre wie jemand Unsinn über Visham erzählt, werde ich böse, denn so ist er nicht. Die Leute reden manchmal ohne etwas zu wissen oder zu verstehen. Während dieser ganzen Zeit, als das passierte und sich entwickelte, war ich Tag und Nacht mit ihm zusammen. Es ist die Wahrheit. Mein Sohn Visham ist außerordentlich gesegnet. Es fällt mir nichts ein, was ich ihm wünschen könnte. Gott hat ihm alles gegeben.

***

SWAMIS FRÜHE HINGABE

Ravi - England

Ich kenne Swami Vishwananda seit er ein Kind war, denn er ist mein Cousin. Meine früheste Erinnerung an Swami ist, als ich sieben Jahre alt war und in den Ferien nach Mauritius ging.

Ich erinnere mich daran, dass Swami ein sehr hart arbeitender Junge war. Jeden Tag stand er sehr früh am Morgen auf und betete mit unserer Großmutter. Dann erledigte er alle seine häuslichen Pflichten, bevor er am Morgen zur Schule ging und machte damit nach seiner Rückkehr von der Schule weiter.

Wenn ich Mauritius besuchte, hatten wir immer viel Spaß, machten viel Unfug und spielten. Eine meiner frühesten Erinnerungen war eine Aufführung der *Ramayana.* Swami spielte die Rolle des Ram, seine Schwester Tina war Sita und ich war Lakshmana. Aus Zweigen machten wir Pfeile und Bogen und wir versuchten, die Spezialeffekte aus der Fernsehserie *Ramayana* nachzumachen! Zusammen schossen wir die Pfeile ab, an deren Ende Feuerwerkskörper angebracht waren und wir taten so, als ob wir Dämonen im Garten meiner Großeltern angreifen würden.

Bei verschiedenen Anlässen zu denen ich Mauritius besuchte, kam ich mit neuen kostbaren Erinnerungen zurück. Als ich elf Jahre alt war und nach längerer Zeit wieder nach Mauritius zurückkam, stellte ich fest, dass Swami sich ziemlich verändert hatte. Er war nicht mehr als Papou bekannt und wurde Visham genannt. Er war sehr gewachsen. Einhergehend mit den äußerlichen Veränderungen hatte Swami auch seine Interessen verändert.

Im Allgemeinen haben Teenager seines Alters Poster von Fußballspielern oder Filmstars an ihren Wänden. Swamis Schlafzimmerwände waren jedoch vollkommen bedeckt mit verschiedenen Bildern von hinduistischen Gottheiten. Wenn wir zusammen einkaufen gingen stellte ich fest, dass er sein ganzes Taschengeld für Bilder von Gottheiten ausgab.

Einmal sah Swami einen riesigen 25 kg schweren *Shiva Lingam* aus schwarzem Marmor in einem Schaufenster, den er wirklich haben wollte. Er war jedoch zu teuer und er musste sein Taschengeld sparen, um ihn zu kaufen. Er konnte seine Eltern nicht um das Geld bitten, weil es eine so große Summe war, nur um einen Lingam zu bezahlen. Daher hungerte Swami und sparte sein Geld für das Mittagessen auf für den *Lingam,* bis er genug hatte, um ihn zu bezahlen. Swami brachte dann den *Lingam* heimlich in einem Koffer nach Hause und versteckte ihn hinten im Garten und machte jeden Morgen *Puja* bevor er aus dem Haus ging.

Immer wenn ich nach Mauritius kam, schlief ich in Swamis Zimmer zusammen mit ihm. Anfangs fand ich es in der Nacht unheimlich mit den Bildern der verschiedenen Gottheiten an der Wand. Swami erzählte mir jedoch Geschichten von den verschiedenen Gottheiten, um mich zu entspannen. Ich war erstaunt, dass er im Alter von vierzehn Jahren in der Lage war, mir diese Geschichten so detailliert zu erzählen.

Seine Hingabe an Gott war selbst in diesem Alter so offenkundig und inspirierend. Innerhalb einiger Tage wollte ich auch so sein wie mein älterer Bruder und ich bat meine Mutter um Geld, so dass ich mir selbst Bilder von Gottheiten kaufen konnte!

DER WESTLICHE WEISE

Während der gleichen Reise nach Mauritius hatte meine Mutter mir gesagt, dass wir meine Tante, die Schwester meines Vaters, in Vacoas, einer kleinen Stadt auf Mauritius, besuchen müssen. Ich war nicht glücklich darüber, den Rest meiner Ferien mit Familienbesuchen zu verbringen und ich weigerte mich, mitzukommen! Meine Mutter war jedoch hartnäckig. Ich schloss mit meiner Mutter einen Kompromiss und sagte, dass ich nur mitkäme, wenn Swami mit uns kommt, und er war gerne damit einverstanden.

Es war an einem Donnerstag. Wir fuhren recht weit in einem heißen und stickigen Bus und kamen schließlich am Haus meiner Tante an. Als wir dort ankamen, begrüßte uns meine Tante und entschuldigte sich: „Es tut mir wirklich leid, aber es ist Donnerstag und ich gehe jede Woche zum *Bhajan*singen, ich muss also gehen." Diese Worte waren Musik in meinen Ohren! Wir konnten wieder nach Hause zurückfahren und Swami und ich konnten weiterspielen! Sehr zu meiner Enttäuschung setzte meine Mutter diesen Gedanken ein schnelles Ende. Sie sagte uns, dass wir zum *Bhajan*singen mitkommen würden, weil wir den ganzen Weg hierher gefahren waren und dass wir danach wieder gehen würden.

Wir kamen am Veranstaltungsort für das *Bhajan*singen an. Dies war das erste Mal, dass wir beide, Swami und ich, einen *Bhajan*abend besuchten. Meine Mutter saß mit meiner Tante auf der Frauenseite und Swami und ich saßen auf der Männerseite. Typisch war, dass bei derartigen Ereignissen die Frauenseite der Halle bis ganz nach hinten voll war, und auf der Männerseite waren nur ein paar Sänger und Musiker ganz vorne in der Halle. Da wir unsicher waren, wo wir sitzen sollten, entschlossen wir uns, in der Mitte der Halle auf der Seite der Männer zu sitzen.

Seltsamerweise ließen wir eine Lücke zwischen uns als wir uns hinsetzten. Das *Bhajan*singen fing tatsächlich an uns Spaß zu machen und wir klatschten und sangen, als wir plötzlich beide den Drang verspürten, nach hinten zu schauen. Wir bemerkten, wie ein seltsam und auffällig aussehender Mann die Halle betrat. Er war von großer Erscheinung, westlicher Herkunft und war mit einem hellen ocker-orangefarbigen *Dhoti* und einem Tuch bekleidet. Als ob dies nicht schon ungewöhnlich genug gewesen wäre, war sein Haar unglaublich lang und grau und in einem Dutt auf dem Kopf zusammengebunden, der mit *Rudrakshas* umwickelt war. Er hatte grelles *Chandan* auf seiner Stirn und auf den Armen aufgetragen. Er hatte auch weitere *Rudrakshas* an seinen Armen und Handgelenken. Der Herr beschloss, zwischen Swami und mir zu sitzen, obwohl der ganze Raum leer war. Ich erinnere mich, dass ich Swami in diesem Moment anschaute und wir lächelten uns an. Nach kurzer Zeit beschlossen meine Mutter und ich, dass es Zeit sei, das *Bhajan*singen zu verlassen und uns auf den Heimweg zu machen.

Die Rückreise war ruhig. Ich denke, wir waren alle erstaunt und eingenommen von den *Bhajans*. Als wir an unserer Bushaltestelle ankamen erklärte Swami, dass er nun jede Woche zum *Bhajan*singen gehen würde. Meine Mutter empfahl ihm, er solle seine Eltern um Erlaubnis fragen, bevor er alleine so weit fahren würde, um am *Bhajan*singen teil zu nehmen.

Einige Zeit später erhielt meine Mutter einen Anruf von ihrem Bruder, Swamis Vater auf Mauritius, der sie darüber informierte, dass Swami heimlich jede Woche am *Bhajan*singen in Vacoas teilgenommen hatte und dass er nun im Alter von vierzehn Jahren beschlossen hatte, sein ganzes Leben Gott zu widmen. Meine Mutter, wie auch der Rest der Familie, war erstaunt über seine starke Hingabe an den Herrn in einem so jungen Alter.

Einige Jahre später beschloss Swami, zum ersten Mal nach London zu kommen. Als ich ihn traf bemerkte ich, dass er sich schon wieder verändert hatte. Er hatte sein Haar lang wachsen lassen und er konnte Gegenstände aus dem Nichts materialisieren. Er materialisierte heißes, stark duftendes *Vibhuti* für alle, die am Flughafen anwesend waren. Als wir zu Hause ankamen, saßen wir zusammen und sprachen über seine neu entdeckten Fähigkeiten. Swami fragte mich, ob ich einen Ring möchte und ich antwortete: „Ja, bitte!" Dann materialisierte er einen goldenen Ring für mich und erklärte, dass er identisch sei mit Mata Parvatis *Chakra* und er sagte, dass er sehr kraftvoll sei.

Dann fragte mich Swami: „Kannst Du Dich an den Tag erinnern als wir zum *Bhajan*singen in Vacoas gingen?" Ich antwortete: „Ja, Bruder." Und er fragte weiter: „Kannst Du Dich an den Mann erinnern, der wie ein Weiser gekleidet war, der sich zwischen uns setzte?" Ich antwortete lächelnd: „Wie könnte ich den vergessen?"

Swami fuhr fort und erklärte, dass dies das erste Mal gewesen sei, dass Sri Shirdi Sai Baba ihm erschienen sei. Er hatte Swami gefragt, ob er sich daran erinnere, ihn getroffen zu haben. Swami antwortete jedoch: „Nein". Shirdi Sai Baba erklärte Swami, dass er ihn und seinen Cousin beim *Bhajan*singen in Vacoas besucht habe. Ich fühlte mich äußerst geehrt bei dem Gedanken, dass Shirdi Sai tatsächlich der Weise war, der zwischen Swami und mir gesessen hatte.

***

GEMEINSAM SPASS HABEN

Amal Bholankarao Nattoo - Mauritius

Ich kenne Sri Swami Vishwananda seit meiner Kindheit als wir zusammen zur Schule gingen. Zu dieser Zeit kannte ich ihn als Visham. 1990 war ich zwölf Jahre alt und Mitglied einer Gruppe von vier Freunden: Visham, Arwin, Rose Noel und ich. Wie üblich bei Jugendlichen dieses Alters, hatten wir viel Spaß zusammen und haben viel gemeinsam unternommen. Selbst damals schon hatte Visham die Angewohnheit, kleine Statuen zu erwerben. Eines Tages fragte ich ihn: „Warum kaufst Du alle diese Statuen, sammelst Du sie?" „Ja", antwortete er, „ich liebe *Murtis* sehr." Er liebte auch Blumen sehr.

Obwohl wir noch Schüler waren, zierten wir die Klassenzimmer selten mit unserer Anwesenheit! Anstatt zu lernen gingen wir Fische fangen in den nahe gelegenen Flüssen. Wir genossen auch lange Spaziergänge durch das Dorf mit unseren Freunden. In der Zeit, in der wir in der Schule waren, machten wir einmal so viel Lärm und redeten so viel, dass uns unser Französischlehrer aus dem Klassenzimmer warf. Wir liebten es, Scherze zu machen und gemeinsam Spaß zu haben.

Als Visham fünfzehn geworden war, kam er mehrere Monate lang nicht zur Schule. Ich hatte ihn seit fast einem Jahr nicht mehr gesprochen, als ich einen unerwarteten Anruf von ihm erhielt. Er sagte mir, dass sich seltsame Dinge ereigneten. Er hatte begonnen, *Vibhuti* aus seinem Körper zu bilden und konnte auch Gegenstände materialisieren. Er beschloss das Gespräch damit, dass er mir sagte, er werde nach Indien gehen. Ich war sehr überrascht, denn ich hatte nie etwas Ungewöhnliches bemerkt und auch er hatte nie etwas dergleichen vorher erwähnt. Ich war kein spiritueller Mensch und war auch nicht im Entferntesten an diesem Thema interessiert. Alles in allem war ich sehr unglücklich über das, was Visham mir gesagt hatte, denn ich fühlte, dass ich einen sehr guten Freund verlor. Wir konnten uns nicht mehr sehen, denn er war zu beschäftigt mit anderen Dingen in seinem Leben.

Ein Jahr später nahm mich ein Freund mit nach Rose Hill, um Visham zu besuchen. Zu dieser Zeit war er sechzehn oder siebzehn und die Statuen in seinem Zimmer waren bedeckt mit vielfarbigem *Vibhuti*. Wir sind bis heute gute Freunde und jetzt helfe ich bei der Vorbereitung der Rituale und Feste in seinem *Ashram* in Quatre Bornes.

***

DIE BEDEUTUNG VON VIBHUTI

Arwin - Mauritius

Ich kenne Visham, seit er dreizehn Jahre alt war. Er, Amal, Rose und ich waren gute Freunde und wir waren unzertrennlich. Visham war lebhaft, lustig und sehr ehrlich. Wir gingen auf das College in Rose Hill und manchmal verließen wir die Schule, um zu ihm oder zu mir nach Hause zu gehen, aber wir hatten nie Probleme mit unseren Lehrern. Bald verließ er das College, um eine Berufsausbildung in Vaqua zu beginnen. Aber wir blieben gute Freunde und an Sonntagen trafen wir uns. Der *Mandir* in Vaqua faszinierte Swami. Zunächst war ich nicht sehr daran interessiert dorthin zu gehen, denn ich dachte, das beste Gebet sei der Dienst an der Menschheit. Aber er wollte am *Bhajan*singen teilnehmen und so gingen wir an einem Sonntag zum ersten Mal dorthin und danach gingen wir regelmäßig hin.

Eines Tages hörte Swami damit auf, mir *Vibhuti* zu geben. Ich fragte nicht nach dem Grund und schenkte dem nicht viel Aufmerksamkeit.

Einmal fragte er mich: „Weißt Du, warum ich Dir ein Jahr lang kein *Vibhuti* gegeben habe?" Als ich ihm sagte, dass ich es nicht wüsste, antwortete er: „Weil Du es nicht brauchst. Es ist nur wichtig für Leute, die die Bedeutung von *Vibhuti* nicht verstehen."

Swami ist eine ständige Mahnung, dass alles Materielle, dem wir anhängen, unausweichlich zu Asche werden wird.

UNMÖGLICHE TRÄUME WERDEN WAHR

1996 schloss ich das College ab und wartete auf meine Abschlussnote. Dann wurde ich zu einem Vorstellungsgespräch für die Stelle eines Pflegedienstleiters eingeladen. Als Swami und ich eines Nachmittags darüber sprachen sagte ich, dass dies mein Traumjob sei. „Warum machst Du Dir Gedanken darüber?" fragte er. Ich sagte, dass es viele Bewerber für die Stelle gäbe und er sagte beruhigend: „Mach' Dir keine Gedanken, Du hast den Job schon bekommen." Ich machte mir keine Sorgen mehr und vertraute auf das, was er sagte.

Später nahm ich an dem Bewerbungsgespräch mit dem Gremium teil, welches über die möglichen Kandidaten entschied und ihre abschließenden Worte am mich waren: „Betrachten Sie den Job als den Ihren." Als ich Swami das nächste Mal sah, sagte ich ihm glücklich, dass ich den Job bekommen habe und er sagte: „Das ist erst der Anfang. Ich verspreche es Dir, Du wirst sehr bald ein Arzt sein." Seine Behauptung war vollkommen unerwartet und scheinbar unmöglich für mich, denn meine Finanzen erlaubten kein weiteres Studium.

Ich arbeitete also weiter in meinem Job als Pflegedienstleiter und in meiner freien Zeit arbeitete ich als Mitarbeiter der Ersten Hilfe. Ich widmete dieser Arbeit meine ganze Zeit, aber bald hatte ich Probleme mit der Organisation, die mich dann entließ. Ich fühlte mich total niedergeschmettert und verloren. Dies war ein so großer Teil meines Lebens und ich wusste nicht was ich tun sollte.

Dann rief mich eines Tages ein Freund an und schlug vor, da ich so gut in der Ausbildung in Erster Hilfe abgeschnitten hatte, dass ich mich bei der Medizinischen Fakultät bewerben könnte, um Arzt zu werden. Ich sagte ihm, dass ich nicht das Geld dazu hätte. Er schlug vor, dass ich die Ausbildung in Russland machen und jährlich bezahlen solle. Er sagte, er würde das für mich an der Universität in St. Petersburg organisieren. Ich nahm also zur Universität in St. Petersburg Kontakt auf, schickte meine Bewerbung und wurde angenommen. Während dieser Zeit arbeitete ich in einem Krankenhaus als Pflegedienstleiter und konnte meinen Vertrag nicht brechen. Niemandem wurde eine Auszeit gewährt, aber ich schrieb einen Brief an das Krankenhaus und bat um eine unbezahlte Freistellung, um meine Ausbildung voranzutreiben und kaufte mir ein Flugticket nach Russland. Der Tag des Abflugs kam näher und es war noch keine Antwort von der Krankenhausverwaltung gekommen. Ich vertraute einfach auf das, was Swami mir gesagt hatte und dachte, dass es mir egal ist, ob sie meinen Antrag auf Freistellung bewilligten oder ablehnten. Der Tag meines Abflugs kam und ich reiste nach St. Petersburg ab. Das war ein Samstag. Zwei Tage später, am Montag, kam der Brief mit der Genehmigung meines Antrags an. Als Student in Russland hatte ich großes Glück und ich hatte eine gute Beziehung zu meinem neuen Professor. Ich wohnte bei ihm, was sehr ungewöhnlich war. Die anderen Studenten hatten ihren Kurs zwei Jahre eher begonnen. Trotz dieses Hindernisses schloss ich bei meinem Abschlussexamen als Bester ab, was ich auf das Vertrauen zurückführe, das mein Professor in mich hatte.

***

MEIN BESTER FREUND

Kumaraguptananda – Suraj Tejpal Soorjorowa – Mauritius

Meine Beziehung zu Swami ist wie die zum besten Freund. Dennoch sprach er bei einer bestimmten Gelegenheit ziemlich streng mit mir. Ich wurde sehr ärgerlich und ging nach Hause. Als ich in meinem Schlafzimmer war, begann ich darüber nachzudenken, was passiert war. Überraschend und plötzlich erschien Swami vor mir. Seine Haut und seine Kleider waren blau gefärbt und er lächelte mich einfach an und dann verschwand er.

Ich war so verwirrt, dass ich direkt zurück zu seinem Haus ging. Sobald ich ihn sah sagte er zu mir: „Du solltest nicht so weggehen. Manchmal ist es normal, dass ich so mit dir spreche." Augenblicklich sah ich meinen Irrtum ein und antwortete: „Ja, es ist dumm, dass ich so ärgerlich wurde. Du bist mir in meinem Schlafzimmer erschienen und deshalb bin ich hierher zurückgekommen." Er lächelte und sagte: „Verstehst du, wenn ich nichts sage, wenn du einen Fehler machst, dann wirst du anfangen, die gleichen Dinge wieder zu tun." Ich habe also nicht nur einen göttlichen Freund, sondern, was sogar noch wunderbarer ist, ich habe einen Meister, der mich durch den Dschungel des Lebens führt. Einmal waren Swami und ich in seinem Zimmer und sprachen über *Yoga* und *Samadhi*. Swamiji sagte mir: „Schau her." Er hörte plötzlich vollkommen auf zu atmen! Er nahm meine Hand und legte sie unter seine Nasenlöcher und ich konnte keinen Atem spüren. Er war im *Samadhi*-Zustand mit halb geschlossenen Augen und schaute auf sein drittes Auge. Sein Körper war ganz steif und er hatte keinen Herzschlag! Ich hatte den deutlichen Eindruck, dass seine Präsenz über seinen Körper und den umgebenden Raum hinausreichte und dass er allgegenwärtig war.

Mehrere Jahre lang war ich Asthmatiker gewesen. Eines Tages rief mich Swamiji: „Suraj, komm her! Lege dich auf das Bett." „Aber ich bin nicht müde!" rief ich zurück. „Ich sage nicht, dass du schlafen sollst, sondern dass du dich hinlegen sollst! Du Faulenzer, du denkst nur ans schlafen!" antwortete er.

Er legte seine Hand auf meine Kehle und dann auf meine Brust. Ich spürte, wie eine starke Hitze in meine Kehle und in meine Brust eindrang. Langsam wurde meine ganze Brust taub durch die Hitze. Dann sagte er mir, ich solle aufstehen. Ich konnte meine Brust nicht spüren und dieses Gefühl dauerte etwa eine Stunde an. Von diesem Tag an quälte mich mein Asthma nie wieder.

***

LEICHT WIE EIN BLATT

Yogeshini - Arpana - Mauritius

Einmal, als Swami in Rose Hill war, wollte er etwas vom Dach des Lastwagens holen, aber er konnte es nicht erreichen, weil das Dach für ihn zu hoch war. Er fragte mich, ob ich ihm helfen würde. Ich faltete meine Hände so, dass er sie als Leiter benutzen konnte, um an das Dach des Lastwagens zu reichen. Ich war erstaunt, dass ich sein Gewicht kaum spüren konnte!

DER FISCHSCHWARM

Seit Swami in Quatre Bornes lebte, hatte er immer ein Aquarium in seinem Haus. 1998 organisierte Swami einen Ausflug für seine Freunde aus der Schweiz, die Mauritius besuchten. Da Swami Fische mag, fuhren wir zu einem Fluss und er begann Bhajans zu singen. Nach fünf Minuten schwammen eine ganze Menge roter Fische neben uns. Als er aufhörte zu singen, schwammen alle Fische wieder weg.

DIE GROSSE WELLE

Auf Mauritius gibt es eine Stelle, wo das Meer immer sehr bewegt ist. Es gibt eine Klippe, auf der man stehen und auf das Meer schauen kann. Während wir dort waren, machte jemand in unserer Gruppe Späße mit Swamiji. Swamiji sagte ihm, er solle aufhören, sonst würde er von den gewaltigen Wellen nass werden.

Derjenige hörte nicht darauf, und plötzlich bewegte Swamiji seine Hände hoch und runter und die Wellen begannen, sich auf und ab zu bewegen, wobei sie den Mann vollkommen durchnässten! Alle gingen zu Swami und baten ihn, dies zu wiederholen, denn sie wollten die riesige Welle nochmals sehen. Er tat dies für uns mehrere Male und wir alle hatten viel Spaß daran. Die Wellen fielen auf uns herab wie eine riesige Dusche! Wir waren alle nass, aber sehr glücklich und zufrieden.

ERSCHEINUNGEN DER MUTTER MARIA AUF MAURITIUS

Eine Zeit lang, während Swami Vishwananda von 1999 bis 2000 auf Mauritius lebte, gab es jeden Freitag genau um 21.15 Uhr eine Erscheinung der Mutter Maria in der Kapelle in Rose Hill. Devotees kamen in die Kapelle, um den Rosenkranz von 21.00 Uhr an bis die Göttliche Mutter erschien, zu beten. Jedes Mal, unmittelbar vor der Erscheinung, sah ich blaue Funken und Lichtkugeln. Swamiji sagte, dass die Lichter Engel seien, welche die Mutter Maria begleiten. Nachdem Sie erschien, sprach Swamiji mit Ihr. Seine Worte waren für uns nicht zu hören, aber wir konnten deutlich sehen, wie sich Swamis Lippen wie in einem Gespräch bewegten. Während dieser Zeit unterbrachen wir den Rosenkranz und versuchten, die Gegenwart der Mutter zu fühlen. Swamis Gespräche mit Mutter Maria dauerten gewöhnlich etwa zehn Minuten und dann übermittelte uns Swamiji Ihre Botschaft.

Während einer Ihrer Erscheinungen bat Mutter Maria darum, dass eine kleine Kapelle im Garten gebaut würde. An diesem Tag gab Sie Swami ein *Scapular*. Kurz bevor der *Ashram* auf Mauritius im Jahr 2000 eingeweiht wurde, betete eine Gruppe von etwa fünfzehn

Menschen den Rosenkranz im Garten an einem Freitagabend zu der Zeit, zu der immer die Mutter Maria erschien. Als die Göttliche Mutter an diesem Abend kam, sahen alle Anwesenden, wie ein Lichtball an einem Ast eines Baumes herunter glitt, der dicht bei der Kapelle stand.

An einem Freitagabend auf Mauritius, vor der wöchentlichen Erscheinung der Mutter Maria und während wir auf den Beginn des Rosenkranzes warteten, hörten wir einen lauten Aufprall. Alle drehten sich um und sahen wie Swamiji in tiefer Ekstase kniete. Seine Lippen bewegten sich wie üblich, wenn er eine Erscheinung hatte. Rasch versammelten sich alle Menschen dort und sahen, wie eine Hostie durch die Luft in Swami Vishwanandas Mund schwebte. Obwohl die Anwesenden nicht sahen, wer Swami die Hostie gab, sagte er später, dass es der Heilige Michael gewesen sei.

EIN NEUES LEBEN

Am 15. August 2001 wurde ich Zeuge eines Wunders, das ich nie in meinem Leben vergessen werde. Meine Mutter war plötzlich sehr krank geworden und litt an Herzproblemen. Als ich mit ihr im Krankenhaus war, rief ich Swami an und beschrieb ihm die gegenwärtige Situation. Während ich mit ihm sprach versuchten die Ärzte, das Herz meiner Mutter mit Elektroschocks wieder zum Schlagen zu bringen. Swami war sehr bestürzt und sagte, dass sie wie seine eigene Mutter sei und ließ ihr ausrichten, dass er kommen würde, um sie zu sehen und dass sie auf ihn warten solle.

Am nächsten Tag kam er ins Krankenhaus und ging direkt zu meiner Mutter. Sie war seit der vergangenen Nacht ohne Bewusstsein gewesen.

Swami kam und stand an ihrem Bett und sie öffnete die Augen und sagte zu ihm: „Du bist es. Du bist gestern gekommen und hast mich besucht!" Swami versicherte ihr, dass sie sich keine Sorgen machen solle und dass sie bald geheilt sein würde. Ihr Gesundheitszustand wurde allmählich besser, aber dann, nach einer Woche, wurde sie wieder ernsthaft krank und alle ihre Organe versagten. Die Ärzte sagten uns sogar, dass sie in den nächsten Tagen ihren letzten Atemzug tun würde. Während sie ohne Bewusstsein war, sah sie den Heiligen Antonius von Padua und Lord Ganesha. Am nächsten Tag arbeiteten ihre Organe wieder normal. Die Ärzte bezeichneten das als Wunder!

***

BILOKATION VON SWAMI
(Swami an zwei Orten gleichzeitig)

B. G. S. - Mauritius

Ich habe Swami Vishwananda zum ersten Mal 1995 getroffen, als er erst siebzehn Jahre alt war und noch bei seinen Eltern in Rose Hill auf Mauritius lebte. Zu einem späteren Zeitpunkt gingen einige meiner Familienmitglieder und ich in einen indischen Nachtclub. Wir tanzten vergnügt als ich plötzlich sah, wie uns Swami Vishwananda aus einigen Metern Entfernung beobachtete. Ich war mir nicht sicher, ob ich mir eingebildet hatte, Swamiji zu sehen und fragte meine Schwester, ob sie ihn gesehen hatte. Sie bestätigte, dass sie Swami auch gesehen hatte. Am nächsten Tag, als wir ihn zu Hause besuchten, war das erste, was Swami sagte: „Hat euch das Tanzen Spaß gemacht gestern Nacht?" Wir waren sprachlos über seine Worte und von diesem Tag an haben wir nie mehr einen Nachtclub betreten!

ERSCHEINUNG IM HOF

Während der Zeit von 1999 bis 2000, als sich der *Ashram* von Swami Vishwananda auf Mauritius noch im Bau befand, waren meine Mutter, meine Schwester Arpana und ich eines Nachmittags im Hof des *Ashrams*. Zu meinem Erstaunen wurde Swami Vishwananda plötzlich sichtbar und stand drei bis vier Meter entfernt vor uns. Ich wusste mit Sicherheit, dass er nicht im *Ashram* war, sondern durch die Schweiz reiste. Eine Zeit standen wir drei still da. Um zu prüfen, ob mir meine Augen einen Streich spielten, fragte ich meine Mutter und meine Schwester, ob sie Swamiji gesehen hatten. Sie sagten mir ruhig, dass sie beide gesehen hatten, wie Swami im Hof stand, obwohl sie wussten, dass er zu dieser Zeit in einem anderen Land war.

DER WUNSCH NACH DEM MEISTER DER MEISTER

Urs Keller - Schweiz

Anfang 1991 schloss ich während vieler Monate folgenden Satz in mein tägliches Gebet ein: „Oh Herr, ich wünsche mir, den Meister der Meister zu finden, doch er muss jünger als 16 Jahre alt sein." So betete ich inbrünstig Monat für Monat. Nach einer kurzen Erfahrung am Eingang eines *Ashrams* in Südindien im Jahre 1992 erkannte ich, dass mein Wunsch erfüllt wurde. Dieses Erlebnis ist heute noch so lebendig in mir, wie wenn es eben geschehen wäre. Ich werde diese überwältigende Erfahrung nie vergessen.

Ich stand besinnlich und friedlich am Eingangstor des *Ashrams*. Drei Damen mit einem kleinen Jungen in ihrer Mitte eilten durch den Eingang. Er schaute in meine Augen und lächelte mich an. Ich fühlte diese Flut von Energie durch meinen Körper strömen. Mein

Kopf fühlte sich wie Feuer an und mein Herz raste. Ich war sichtlich bewegt. Diese Begebenheit vergaß ich nie. Sechs Jahre später im Jahr 1998 sah ich diesen speziellen Jungen wieder – es war Swami Vishwananda. Schon kurz darauf wurden wir Freunde. Nach vielen Jahren fragte ich Swami Vishwananda einmal: „Wie alt warst du, als wir uns das erste Mal in Südindien trafen?" „Vierzehn Jahre alt!" antwortete er lächelnd.

***

NICHT IN ROBE SONDERN IN JEANS

Swami VishwaKurunandhananda (ehemals Divyananda)
Stephan Meyer - Schweiz

Es war im August 1998 in meiner Heimatstadt Zürich in der Schweiz, als ich meinen Guru wieder traf. Nach vielen Monaten der Stille, des Lesens spiritueller Bücher und des Nachdenkens über spirituelle Themen hatte ich das Gefühl, dass es an der Zeit sei, mich anderen Menschen anzuschließen, die auf dem gleichen Weg waren. Es war nicht so, dass ich unbedingt unter Leute kommen wollte oder dass ich das gebraucht hätte. Ich fühlte mich einfach hingezogen, mit anderen zu singen, zu beten und zusammen zu sein.

Im Vorfeld des Treffens mit Swami gab es Zeichen, die seine bevorstehende Ankunft ankündigten. Wenige Monate zuvor hatte ein Freund meines Vaters mir ein Geschenk gegeben. Auf dem Umschlag des Buches schaute ein *Yogi* in einer orangefarbenen Robe in den Himmel. Als ich es bekam, dachte ich: „Da haben wir's, noch ein *Guru* in orange. Er kann nicht so wichtig sein. Ich habe schon gefunden wonach ich suche." Ich legte das Buch auf einen kleinen Tisch neben meinem Bett und beachtete es erst Monate später, nachdem ich Swamiji getroffen hatte.

Eine Woche vor dem vorbestimmten Treffen kam ein Mann, der mir zu dieser Zeit unbekannt war, nach dem *Bhajan*-Singen und den Gebeten, die ich regelmäßig besuchte, zu mir und zeigte ein eigenartiges Interesse an mir. Da ich in dieser Umgebung nicht besonders an Gesellschaft, sondern eher an der Innenschau interessiert war, gab ich dem freundlichen Mann namens Urs kaum Gelegenheit, mit mir Kontakt aufzunehmen. Außerdem war ich in Eile, denn ich wollte einen Freund auf einen Drink in einem nahegelegenen Restaurant treffen. Bevor ich davon rannte schaffte er es noch, seine Mitteilung los zu werden: „In einer Woche, wenn wir uns wieder zum *Bhajan*-Singen treffen, werden zwei junge ‚Wundermänner' kommen. Du musst auf jeden Fall kommen." Während der folgenden Tage vergaß ich die Ankündigung, aber ich schaffte es, wieder beim *Bhajan*singen am nachfolgenden Donnerstag dabei zu sein.

In der folgenden Woche saßen Urs und ich mit weiteren etwa zwanzig Menschen im Raum, als Swami Vishwananda (Visham) in Begleitung von Fabian hereinkam. Nach dem *Bhajan*-Singen schloss ich mich ihnen an als sie zu Urs' Wohnung gingen, und ich hatte meine erste Unterhaltung mit Swami.

Er bat, wie er es später oft bei anderen Gelegenheiten tat: „Also, erzähle mir etwas ... sprich." Diese Frage mochte ich nicht. Was sollte ich sagen? Ich war sehr nervös. Ich kann nicht sagen, dass es Freude bereitete. Es war eher ein Gefühl von: „Oh, das ist Ernst. Was mache ich jetzt ...?" Vielleicht ist es wie bei einem jungen Wildpferd, das gefangen wurde und instinktiv weiß: „Das war's, das Spiel ist aus. Kein wildes Herumrennen und Tun, was Spaß macht, mehr... ohne Verantwortung sein, undiszipliniert oder was sonst noch." Es ist eine der Eigentümlichkeiten in meinem Leben, dass mein erstes Gefühl bezüglich Swami nicht die reine Freude war. Gleichzeitig fühlte ich tief im Inneren - und ich war absolut sicher - dass er jemand sehr, sehr Besonderes war. Während mein physischer Teil sich vielleicht anfänglich etwas unwohl fühlte, wusste meine Seele sofort genau, wer er war.

Die Zeit, die auf den Tag folgte, an dem ich ihn zum ersten Mal traf, wurde die intensivste Phase meines Lebens. Ich war wie verliebt. Mein ganzes Leben wurde lebendiger und ich liebte es, mit Swami zusammen zu sein. Die folgenden Monate, während derer ich viel Zeit mit ihm verbrachte, waren erfüllt von Freude, Schönheit und Lachen. Manchmal rief er mich an und erreichte mich am Abend, wenn ich noch in meinem Büro in der Zürcher Innenstadt war. Seine Stimme klang wie die süßeste aller Mütter, die ihr Kind ruft. Er wiederholte meinen Namen viele Male und es fühlte sich an, als ob er sagte: „Liebstes Kind, endlich ... endlich habe ich Dich wieder gefunden." Es schien, als sei er gleichzeitig weit weg und tief im Universum und doch zur gleichen Zeit unglaublich nah.

Im Rückblick passierte dies alles sehr schnell und auf natürliche Weise. Es war erstaunlich, dass jemand wie ich sich anschloss und begann *Bhajans* zu singen, wo auch immer wir waren, ob es bei mir zu Hause war oder auf unseren Reisen. Urs organisierte und begleitete uns auf vielen Reisen, ebenso wie Fabian, dessen spiritueller Name später Paartha (davor Jyotirananda) wurde. Wir verbrachten viel Zeit in und um Hünibach, der Heimatstadt von Paartha in der Nähe von Thun in der Schweiz. Das waren ganz besondere und glückliche Zeiten. Sie schienen nie zu enden und es fühlte sich so an, als würde das Leben für immer so weitergehen.

Swami begegnete mir nicht in der Robe sondern in Jeans und es war für mich natürlich, ihn als den engsten Freund zu betrachten. So behandelte er mich und so ging ich mit ihm um. Erst nach einigen Wochen als Fabian, Swami und ich nach London reisten, sah ich ihn zum ersten Mal in einer Robe und ich erkannte: „Oh, das ist mein Freund, schau dir all die Leute an, die gekommen sind, um ihn in seiner Robe zu sehen, schau, wie elegant und majestätisch er aussieht." Ich war froh, dass unsere Freundschaft damit begann, dass ich ihn in Jeans kennenlernte. Ich liebte ihn in seiner Einfachheit und meine Liebe für ihn war rein.

In einigen vertraulichen Gesprächen, die wir hatten, sagte er mir, dass er frei sei vom Kreislauf der Geburten und dass er diese Erde willentlich nach Wunsch zu jeder Zeit verlassen könne. Der Gedanke machte mich traurig aber ich wusste, dass er nicht wirklich bald gehen würde. Es war jedoch eine gute Mahnung, seine Gegenwart nicht für selbstverständlich zu halten. Er sagte auch, dass er eines Tages strenger werden würde, wenn mehr und mehr Menschen zu ihm kommen würden. Auch das machte mich ein wenig traurig, denn ich liebte die Art wie er war – die Süße, seine kindliche Unschuld. Warum sollte sich diese unschuldige, reine Wesensart in etwas Härteres ändern? Aber bereits in dieser Phase war mir klar, dass er eine Mission zu erfüllen hat. Aus meiner eigenen beruflichen Erfahrung wusste ich nur zu gut, dass es manchmal nötig ist, Strenge anzuwenden bei der Erfüllung seiner Pflicht.

Ich war bereit, auf der Stelle alles aufzugeben, was ich tat und mich umgehend Swami anzuschließen und ihn auf seinem Weg zu unterstützen. Ich wusste, dass der beste Gebrauch meiner Lebenskraft war, ihm zu helfen. Es gab keinen wirkungsvolleren Gebrauch meiner Zeit. Ich hatte immer überprüft und kontrolliert, wie ich diesbezüglich meine Zeit verwendete, indem ich mich regelmäßig fragte: „Tue ich mein Bestmöglichstes, um dem Höchsten zu dienen?" Meine berufliche Tätigkeit war die beste Antwort, die mir bis dahin eingefallen war.

Mit der Ankunft von Swami begann ich, all dies in Frage zu stellen. Wie sich herausstellte, war es für mich noch nicht an der Zeit, meine beruflichen Tätigkeiten aufzugeben. Jahre nach dieser anfänglichen Erkenntnis, gegen Ende des Jahres 2007, würde die richtige Zeit kommen: ich würde meine unternehmerischen Tätigkeiten ganz und gar aufgeben um der Pflichten willen, um die Swami mich ersuchte.

***

ALS ICH MEINEN SWAMI WIEDER GEFUNDEN HABE

Jaya - Nadège Bretaudeau – Frankreich

Ich bin Swami Vishwananda 1997 auf Mauritius zusammen mit meinem Ehemann und unserer kleinen Tochter begegnet. Wir gingen zu ihm, um ihn zu sehen, da wir zuvor von ihm gehört hatten. Als ich ihn traf, wusste ich sofort in meinem Herzen, dass er der spirituelle Meister war, nach dem ich gesucht hatte. Seit ich zwanzig Jahr alt war, habe ich darum gebetet, meinen *Guru* zu finden. Als ich Swami sah, gab es nicht den geringsten Zweifel in meinem Verstand, keine Fragen mehr. Er ist mein *Guru*, ich hatte ihn wieder gefunden! Aber es ging sogar weiter als eine einfache Wiedervereinigung. Es war nicht mein Verstand, der mir sagte, dass ich ihn kenne - es war mein Herz. Als ich ihn sah, war ich mir sicher, dass wir uns seit sehr langer Zeit kannten und er hat das Gefühl bestätigt. Seit diesem Tag repräsentiert er, was am Allerwichtigsten in meinem Leben ist. Ich weiss, dass er immer in der Nähe ist.

Er ist die Verkörperung der Liebe. Ohne den geringsten Schatten eines Zweifels fühle ich, dass ich bei ihm sein sollte und bei sonst niemandem.

Wenn das Herz weit und offen ist, fühlt man das Göttliche in seiner Nähe. Diese Göttliche Liebe fließt aus Swami Vishwananda heraus, zusammen mit viel Freude und großer Einfachheit.

Für meinen Mann und meine Tochter bedeutet es eine große Freude mit ihm zu sein und ich bin glücklich, diese Erfahrungen mit ihnen zu teilen.

Wenn wir um ihn sind, finden wir unsere Spontaneität wieder und werden zu Kindern, weil wir nicht verurteilt werden, wir sind einfach geliebt mit all unseren Schwächen und Unzulänglichkeiten.

Persönlich gesehen entspricht diese Art der Beziehung genau dem, wie ich meine Beziehung zu Gott definiere.

Wir sind damit gesegnet, dass er bei uns lebte und jeder einzelne Tag davon war ein Segen. Zahlreiche Erscheinungen der Göttlichen Mutter zeichneten diese Periode zu Hause aus. Sie erschien ihm spontan und ihn auf seinen Knien zu sehen, mit seinen Händen nach Ihr ausgestreckt, hat uns sehr tief berührt. Wir haben eine kleine Kapelle gebaut, die Ihr gewidmet ist, eine ganz bescheidene und Sie hat sie die „Kapelle der Vergebung" genannt. Da Wunder ein Teil des Göttlichen sind, können sie auch ein Teil des täglichen Lebens sein. Erscheinungen, Materialisationen usw. – diese Wirklichkeit ist durch meinen *Guru* greifbar gemacht worden.

Die Welt ist überhaupt nicht auf unsere fünf Sinne beschränkt. Gleichzeitig brachte mir die Anwesenheit meines *Gurus* Frieden im Geiste und eine bessere Akzeptanz meines leidenden Körpers. Seit meiner Kindheit leide ich an einer Lähmung, die den Gebrauch meiner Beine stark eingeschränkt hat. Als Erwachsene unterzog ich mich einer Operation, die aber nicht zu dem Ergebnis geführt hat, das ich erhofft hatte, und seitdem bin ich gezwungen, mein Leben im Rollstuhl zu verbringen. Ich habe ein Leben voller Tests geführt, jedoch eines, in dem sich Gott inkarniert hat, um mir Zuversicht und Hoffnung zu geben. Seine manifestierte Liebe und diese Nähe sind lindernder Balsam für mein Herz. Gewiss gibt mir meine persönliche Geschichte Hoffnung dafür, dass die Menschen ihre Herzen für diejenigen öffnen werden, die leiden und dass sie mit Liebe auf das Leiden anderer antworten werden. Im Gegensatz zu der allgemeinen menschlichen Mentalität, die sagt: „Solange man nicht gelitten hat, kann man nicht verstehen", was eine höfliche Ausrede für eine beinahe grausame Gleichgültigkeit ist.

Ich glaube wirklich, dass Swami Vishwananda dieses Bewusstsein erwecken wird, damit die Menschen sich umeinander kümmern.

Es ist eine Plattitüde zu sagen, dass es auf dieser Erde zu viel zu tun gäbe, denn jeder könnte seinen Platz, wo er helfen könnte, finden, um die Last zu teilen. Dies ist auch eine Art an Gott zu glauben. Swami Vishwananda zeigt uns, wie wichtig es ist, aktiv teilzunehmen, während wir uns erlauben, unser spirituelles Bewusstsein in jedem Moment zu entwickeln. Er selbst ist sehr praktisch, konkret und immer vollkommen in Gott zentriert.

Im Gegensatz zur allgemeinen Erwartungshaltung habe ich erkannt, dass ich die mitfühlendsten und einfach sorgendsten Menschen nicht in spirituellen Kreisen getroffen habe und ich schätze es sehr, dass Swami Vishwananda darauf achtet, dass die Menschen um ihn herum diese Güte und sorgende Haltung entwickeln, anstatt eines nutzlosen spirituellen Egos. Wie der heilige Franz von Assisi demonstriert Swami Vishwananda, dass die Menschen in dieser Zeit der fortschrittlichen Technologie und des Intellektualismus noch immer so viel Liebe wie möglich benötigen, und sie immer benötigen werden, um ihr Elend und ihre Defizite zu erleichtern.

Bevor mir Swami Vishwananda begegnet ist, war ich bereits auf meinem spirituellen Weg. Ich hatte meinen Glauben und ich betete. Doch ihn zu treffen war wie ein göttlicher Segen, der mir auf meiner spirituellen Reise gebracht wurde. Er repräsentiert die bedingungslose Liebe auf sehr einfache und bewundernswerte Weise.

Ich bin ein christlicher Pastor in einer metaphysischen Kirche und obwohl Swami Vishwananda Hindu ist, lehrt er wahrhaftig die Botschaft Christi. Wenn man in sich selbst nach Christus sucht, spielt es keine Rolle, ob man Christ oder Hindu ist. Das einzige, worauf es ankommt, ist die Verwirklichung dieses Christus.

In meinen vorhergegangenen Leben habe ich bestimmt *Mantras* praktiziert, was erklären mag, warum es mir heute so leicht fällt, sie zu rezitieren. Es spielt keine Rolle, auf welche Weise man betet, da alles bereits hier ist. Die unsterbliche Seele sammelt unterschiedliche Erfahrungen in verschiedenen Kulturen und Religionen während ihrer zahllosen Inkarnationen.

Sowohl die Rezitation von *Mantras* als auch der christliche Weg werden beide zu Gott führen, wenn der Wunsch von Herzen kommt. Ob man Gottes Namen auf *Sanskrit* singt oder in einer anderen Sprache, es ist dasselbe.

Persönlich glaube ich, dass es wichtig ist, gut in der Welt geerdet zu sein, wenn man sich auf dem spirituellen Pfad befindet. Viele Menschen koppeln sich ab in diesem Universum, in dem Spiritualität so viele Gesichter und Formen hat.

Ich habe mich viele Jahre lang auf einer psycho-spirituellen Basis um Menschen gekümmert und ich kann die Verwirrung sehen, die in den Köpfen und Herzen derjenigen herrscht, die auf der Suche nach sich selbst sind. Es gibt Menschen, die die ganze Zeit nach neuen *Gurus* und unglaublichen Erlebnissen suchen. All dies könnte in einer Flucht in die Illusion enden ohne die Realität zu integrieren. Es könnte auch eine Zeitverschwendung sein, während ein Meister, der zu unseren Herzen spricht, der **Eine** ist und geduldig auf uns wartet, voller Liebe. Das ist mein Standpunkt.

Aber jeden Tag danke ich Gott, dass ich meinen Swami wieder gefunden habe. Er, der mich von Anfang an begleitet hat und der mich für immer auf meiner Suche begleiten wird.

***

IN SICH SELBST EINTAUCHEN

Christoph Stämpfli - Schweiz

Ich habe Swami 1998 kennengelernt, als er in die Schweiz gekommen ist.

2001 hatte ich das Glück, dass er mit Fabian ein Jahr lang bei mir im Haus lebte. Es war immer schön mit Swami zusammen zu sein und ich schätze es zutiefst. Später ist er nach Deutschland umgezogen. Wir waren oft mit dem Auto unterwegs. Während der Fahrt haben wir viel gesungen. Es war eine schöne Zeit. Diese Momente sind wie Diamanten in einer Schatztruhe. Oft haben wir zusammen gekocht und gegessen und es genossen, zusammen zu sein.

Es kamen auch viele Leute vorbei, um private Dinge mit ihm zu besprechen. Diese Interviews hat er jeweils in meiner Praxis gegeben. Auch von meinen Patienten wollten viele mit ihm sprechen.

Ich berichtete ihm von meinen Erlebnissen und Erfahrungen mit Daskalos, was ihn sehr interessierte. Er war noch stark in der indischen Philosophie zu Hause und deshalb wollte er mehr über die christliche Lebensweise kennenlernen. Berührend war es, mitzuerleben, wie er dann in sich selbst eintauchte und in sich alles vorfand.

Bei einer anderen Gelegenheit war ich mit Swami in Nairobi, wo er Freunde besuchen wollte. Während dieser Zeit hatte er viele Visionen der Mutter Maria. Diese Visionen brachten ihn manchmal auf recht gewaltsame und plötzliche Weise auf seine Knie, sehr zum Schrecken unserer Gastgeber. Es war ziemlich schwierig damit umzugehen, da es so dramatisch aussah. Unsere Gastgeber waren sehr besorgt, doch zum Glück verletzte Swami sich nie zu sehr

Swami empfing oft Botschaften von Jesus und Maria. In seinem Zimmer gab es eine große weiße Wand, auf der ein enormes *OM* Zeichen aus *Vibhuti* erschien.

***

KENIA

Kajal und Sanjit - Kenia

Als wir 1997 aus Indien nach Hause zurückkamen, erzählte uns jemand von Swami Vishwananda. Zufälligerweise war die Dame, in deren Haus er untergekommen war, eine Freundin von mir. Sie sagte mir: „Kommt heute Nacht zu meinem Haus, er ist solch eine nette Person, ihr müsst ihn kennenlernen. Er ist im Moment ausgegangen, aber ich werde dich anrufen, so bald er zurück ist."

Meine Freundin rief mich später an diesem Abend an. „Sorry, er ist spät zurückgekommen und nun ist er müde, du musst ein anderes Mal kommen." „Kein Problem", sagte ich, „wenn Gott so will, werde ich ihn treffen." Wir gingen schlafen, doch um zwei Uhr morgens wurden wir vom Läuten des Telefons geweckt! Ich wunderte mich, wer mich da um diese Zeit mitten in der Nacht anrufen könnte. „Hallo, hier ist Swami", sagte die Stimme am Telefon, „ich habe gehört, ihr wolltet mich sehen. Ich war müde, als ich zurückkam, aber nun habe ich mich ein wenig ausgeruht. Morgen fahre ich ab nach Mauritius, würdet ihr daher gerne jetzt kommen?"

„Nun, wir sind bereits im Bett", antwortete ich. „Aber wenn das in Ordnung ist, würden mein Mann und ich dich sehr gerne sehen." Ich sah aus dem Fenster und es goss in Strömen! Ich versuchte mir vorzustellen, wie wir durch diesen starken Sturm liefen. „Ok, dann kommt, bis gleich, Tschüß...", und das war´s. Also standen Sanjit und ich wieder auf, zogen uns an, nahmen einen Regenschirm und als wir aus dem Haus traten, hörte der Regen auf. Ich war ziemlich überrascht und natürlich erfreut darüber. Wir saßen mit Swami zusammen und sprachen bis drei Uhr morgens. Zum ersten Mal materialisierte er *Vibhuti* für Sanjit und mich.

Am nächsten Morgen, bevor er nach Mauritius aufbrach, materialisierte er einen weißen *Lingam* für mich. Nach einem Monat kam er zurück und wir nahmen ihn mit zum Heim der obdachlosen Kinder. Dort segnete er alle Kinder und materialisierte einen Anhänger für jedes Kind. Ich war sehr berührt, als ich seine Liebe für diese Kinder sah.

Vor meinem zehnten Hochzeitstag gab er mir eine Überraschungsparty. Er war neunzehn Jahre alt. Nach der Party, es war zwölf Uhr, kam er mit nach Hause und fragte mich: „Wo ist mein Zimmer?“ „Irgendein Zimmer, das dir gefällt“, sagte ich ihm. „Ok, sei also bereit, ich werde bald zu euch kommen.“ Er wohnte zu der Zeit bei jemand anderem im Haus, daher nahm ich an, er mache Witze. Als er in die Schweiz aufbrach, rief er mich an: „Bitte, hole meine Sachen und bereite mein Zimmer vor.“

Zwei Monate später kam er in unser Haus. An der Wand seines Zimmers erschienen die Zeichen der drei Hauptreligionen: Das Kreuz, das *OM* und der Halbmond, alle mit *Vibhuti* gezeichnet.

Wenn er in Nairobi war, gab er gewöhnlich *Darshan* zu Hause. Also hatte ich jeden Tag 500 Menschen zu Hause.

Ein Jahr später kam er wieder. Im August 1998 zu *Janmashtami*, dem Geburtstagsfest für Lord Krishna, materialisierte er neun Baby-Krishnas: vier aus Silber und fünf aus Gold.

Eines Abends im Jahre 1998 ging er, um sich den Film „The Day After Tomorrow“ über einen schrecklichen Tsunami anzusehen. Als wir zurück nach Hause kamen sagte er uns: „Dies wird wahr werden.“ Sieben Jahre später passierte das tragische Ereignis mit dem Tsunami.

***

MEINE ERSTE BEGEGNUNG

Swami VishwaVijayananda (ehemals Pritalananda) - Frankreich

Swami kam bei mir zu Hause an einem schönen und sonnigen Sommernachmittag an. Er blieb zehn Minuten lang in der Auffahrt. Jeder war von Ehrfurcht erfüllt. Ich konnte nicht anders, als in meinem Kopf zu wiederholen: „Babaji ist hier, Babaji ist in meinem Haus! Das ist unfassbar. Mein Gott, wie schön er ist!“

Als Tatsache konnten alle Anwesenden kein Wort sagen vor diesem gut aussehenden einundzwanzigjährigen Jungen, der das Göttliche ausstrahlte. Wir gingen auf die Terrasse, um diesen seltenen Vogel, der vom Himmel gefallen war, zu beobachten. Ich war überrascht, dass ich mich so entspannt mit ihm fühlte, wie mit einem alten Freund, den ich längere Zeit nicht gesehen hatte. Ich zeigte ihm die Gemälde, die ich von meinem spirituellen Meister gemacht hatte. Er schaute sie sich lange Zeit an. Er erzählte mir, dass ihm dieser Meister eine großartige Statue von Krishna angeboten hatte, als er Mauritius besuchte. Das tröstete mich: Wenn mein *Guru* ihm eine Statue angeboten hatte, dann musste er ein guter Mensch sein.

Als er abreiste, war der einzige Wunsch, den ich hatte, ihn bald wieder zu sehen. Dies war der Anfang einer Reihe von Interviews und Treffen, bei denen wir *Bhajans* und devotionale Lieder sangen. Er bat darum, eine *Yagna* in unserem Haus abhalten zu dürfen und wir taten es an der Feuerstelle. Während der *Yagna* warfen alle Teilnehmer eine Mischung aus Getreide, Kräutern und Reis in das Feuer, wobei sie „*svaha*" sagten.

Während dieser *Yagna* fand ich mich plötzlich in Indien auf dem Fußboden sitzend wieder, wobei ich „*svaha*" wiederholte und Reis in das heilige Feuer warf. Am Ende der Zeremonie ging ich zu Swami und fragte ihn: „Sag mir, haben wir uns in einem vergangenen Leben in Indien gekannt, in dem wir *Yagnas* zusammen gemacht haben?"

„Natürlich, viele Male!" Er sprach diese Worte mit einem wunderschönen Lächeln, als ob es die natürlichste Sache der Welt war. „Wirklich?" fragte ich nach. In diesem Moment rief ihn jemand und er ließ mich mit offenem Mund sprachlos zurück.

DIE FRAGEN

Um Nutzen aus diesem universellen Wissen zu ziehen, machte ich eine Liste der allerwichtigsten Fragen, die ich in meinem Leben hatte. Ich dachte mir, dass ich ihm diese Fragen am nächsten Morgen stellen wollte. Überraschenderweise konnte ich ihm die Fragen dann aber nicht stellen. Als er endlich für ein paar Minuten alleine war, zog ich meinen Zettel heraus und befeuerte ihn mit Fragen. Er beantwortete alle davon so freundlich wie möglich. Als ich bei der letzten Frage angekommen war, erkannte ich, dass all diese Fragen bedeutungslos waren. Man muss im gegenwärtigen Moment leben anstatt Pläne für die Zukunft zu machen.

Als ich versuchte, über ein persönliches Problem zu sprechen, machte er einen Witz. Das erleichterte mich sofort. Ich fühlte, dass er alles wusste und dass ich über alles sprechen konnte, was mir Sorgen bereitete. Ich wusste, dass er mich nicht verurteilte und dass er nur versuchte, mir zu helfen.

MEINE ERSTE WOCHE IN MAURITIUS

Wir waren ungefähr vier oder fünf Männer, die mit Swami in seinem Apartment in Rose Hill im Oktober 1999 lebten. Er zeigte mir das Zimmer, in dem er aufgewachsen war. Die Wände waren mit den Bildern von Heiligen bedeckt. Auf den Regalen standen Statuen verschiedener Gottheiten. Jedes Objekt war mit *Vibhuti* überdeckt, das die Besucher, genau wie seine Eltern, am Anfang für Staub hielten. Die Schicht war manchmal so dick, dass der Kopf der *Murthi* kaum aus dem Berg Asche herausschaute.

Wir bereiteten unsere Malzeiten und aßen alle zusammen in der Küche. Oftmals kamen Menschen, um in der Kapelle zu beten, aber hauptsächlich kamen sie, um mit Swami zu sprechen. Eines Abends beim Abendessen hob Swami plötzlich seinen Kopf und erstarrte. Er war still und seine Augen waren fixiert. Wir hörten auf zu essen und schauten uns an. Swami öffnete seinen Mund und streckte seine Zunge heraus als ob er die heilige Kommunion empfangen würde. Ganz plötzlich sahen wir eine Hostie auf seiner Zunge, die aus dem Nichts gekommen war. Später erzählte er uns, dass Sankt

Michael gekommen war, um ihm die Kommunion zu spenden.

Eines Morgens war ich allein mit ihm. Ich war in seinem Zimmer und wir unterhielten uns ein wenig, als er plötzlich seine Augen erhob und seine Augen blieben auf einen Punkt am oberen Rand der Wand fixiert. Ich lief, um meine Kamera zu holen, die in meinem Zimmer war. Als ich zurückkam, waren seine Arme geöffnet und er fiel gerade auf sein Bett, seine Augen noch immer auf die Erscheinung gerichtet. Blut fing an, aus seinen Handflächen und aus seinen Füßen zu fließen. Die Ekstase dauerte eine halbe Stunde. Als er sein Bewusstsein wieder erlangte, musste er sich auf seinem Bett liegend ausruhen. Ich gab ihm etwas Wasser und als er sich hinsetzte, erschienen die Buchstaben *JHS* mit Blut geschrieben auf seinem Kopfkissen.

Eines Nachmittags fuhren wir mit dem Taxi einer seiner Freunde in die Hauptstadt Port Louis und wir sangen dabei laut Lobgesänge auf unserem Weg. Wir gingen über den Markt und hielten an einem Shop an, der typische lokale Snacks verkaufte. Er ließ mich köstliche kleine mauritische Ananas mit Chilisauce gewürzt kosten, gefolgt von einer Art Chapatti mit scharfer Tomatensauce. Er traf einige Freunde und machte Spaß mit ihnen. Wir kauften einige religiöse Objekte und hielten bei einer Kapelle mit Ausblick über die Stadt an.

Wir besuchten auch eine Kirche, die dem Heiligen Franz von Assisi gewidmet ist. Dann kamen wir in die Wohnung zurück, mit vollen Armen, sogar mit einigen Goldfischen, um den bereits vorhandenen im Aquarium Gesellschaft zu leisten.

Eines Freitagabends kamen viele Menschen zu der Kapelle, um zu beten und den Rosenkranz zu chanten. Nach einer Weile verließ Swami den Raum und ging in sein Zimmer. Später ging ich zu ihm und er kniete vor einem großen Bild mit dem Gesicht von Maria. Sein Oberkörper war frei und sein ganzer Körper, sein Haar und sogar seine Augen waren mit tausenden von Öltropfen bedeckt. Er sagte zu mir: „Es brennt in meinen Augen! Ich habe es in der Nase und in meiner Kehle! Was tun die Leute?" „Sie beten noch immer den Rosenkranz", antwortete ich. „Das ist gut", murmelte er.

Dies war eine wundervolle Woche. Ich war so voller Freude, wie ich es nie zuvor gewesen war. Am Tag meiner Abfahrt brachte mich das Taxi zum Flughafen. Ich weinte die ganze Fahrt über. Der Fahrer vergaß aus Mitleid sogar, zu kassieren. Doch er erhielt seine Bezahlung später.

ERSTE ERSCHEINUNG JESU IN ITALIEN

Eine kleine Gruppe von uns hatte die Gelegenheit, mit Swami nach Italien zu reisen. Wir verbrachten den Tag in Padua und besuchten das Grabmal des Heiligen Antonius von Padua. Am nächsten Morgen, dem 18. Februar 2000, wachten wir früh auf. Sobald Swami die Tür seines Zimmers morgens öffnete, fing ein wunderbarer Duft an zu strömen. Ich wunderte mich, warum er so viel Parfum aufgelegt hatte. Ich ging, um diesen Geruch etwas näher zu erkunden und fand heraus, dass der Duft nicht von ihm kam! Ich ging zurück zu seinem Zimmer und fand heraus, dass der Duft aus seinem Bett kam. Als wir die Treppen hinunter gingen, teilte mir Swami mit, wie ihm die Füße schmerzten. Wir traten aus dem Hotel auf die kleine Straße, wo unser Wagen parkte. Unser Freund Raffael hatte kaum Zeit, den Kofferraum des Wagens für unser Gepäck zu öffnen, als Swami vor dem Auto auf seine Knie fiel. Zum Glück war die Straße leer. Später erzählte er uns: „Jesus war am Kreuz. Er beobachtete mich still, ohne Leiden. Eine Girlande aus roten Rosen schmückte das Kreuz." Von diesem Tag an erschien ihm Jesus viele Male.

EIN LANGES GEBET

Eine Busreise mit 50 Menschen war für März bis April 2000 organisiert worden, um die Orte in Italien zu besuchen, wo Maria besonders verehrt wurde. Eines Abends kamen wir mit unserem Bus am Kloster Oropa an, wo wir die Nacht verbringen wollten. Die Aussicht ist phantastisch, da das Kloster hoch in die Berge gehauen ist und Schnee die Felsen ringsherum bedeckt. Nachdem wir uns organisiert hatten und im Refektorium zu Abend gegessen hatten, gingen wir, um zu der schönen schwarzen Madonna im Heiligtum zu beten. Die Tradition überliefert, dass der heilige Eusebius diese hölzerne Statue, die vom heiligen Lukas geschnitzt worden war, von Jerusalem hierher gebracht hatte.

Nachdem wir ein riesiges geschnitztes Holzkruzifix im Außenhof bewundert hatten, fingen wir an, einen Rosenkranz zu singen. Nach dem Rosenkranz fing jemand einen Lobgesang an und danach ein weiteres christliches Lied. Swami begann sein gesamtes Repertoir zu singen. Es war endlos. Meine Füße waren komplett erfroren und ich sah auch die anderen zittern, da sich niemand dafür angezogen hatte, draußen zu bleiben. Ich flüsterte Swami zu:

„Wenn wir länger draußen bleiben, werden sich die Leute erkälten." Er antwortete: „Niemand wird sich erkälten. Sorge dich niemals, wenn du zu Gott betest."

Danach blieb ich ruhig. Ich war zuversichtlich, aber dennoch verfroren. Wir sangen weitere fünfzig Minuten lang und danach gingen wir hinein und tranken einen wohlverdienten Tee. Somit lernte ich, mich vollkommen Gott zu widmen, wenn ich bete und mich um sonst nichts zu sorgen. Am nächsten und den darauf folgenden Tagen blieb jeder bei guter Gesundheit.

DIE GRIMASSEN SCHNEIDENDE PROZESSION

Der neue *Ashram* in Quatre Bornes war nun fertig. Ungefähr sechzig Menschen kamen im Juli 2000 für die Einweihung und blieben im *Ashram*. Die Zimmer quollen über vor Menschen.

Jeden Morgen kam Swami um 7 Uhr herum in die Kapelle zum Morgengebet. Eines Abends hatte er Kopfschmerzen und um 19 Uhr öffneten sich die *Stigmata* wieder und Blut fing an aus seinen Händen und Füßen zu fließen. Wir machten ihm einen Verband um die Wunden, doch er litt sehr. Während wir den Rosenkranz sprachen, gingen wir in einer Prozession in Richtung der kleinen Höhle der Rosa Mystica. Dort erschien Maria auf einem Zweig eines kleinen Baumes vor der Höhle. Als Maria wieder verschwand, rann eine Träne Swamis Wange hinunter.

Nach der Erscheinung erzählte uns Swami: „Ihr kleiner Fuß lugte aus Ihrem Kleid hervor, Sie lächelte, froh, uns gemeinsam beten zu sehen. Sie bat uns, auf unseren Knien zur Kapelle zurückzukehren.“ Swami, der die kniende Prozession anführte, kam als erster an. Für die zwanzig folgenden Leute ging es gut, die Prozession auf dem Gras mitzumachen, doch sobald sie den spitzen Schotter erreichten, konnten wir Grimassen schneidende Gesichter sehen. Wir haben uns jeder freiwillig dem Leiden unterworfen. Um wieviel größer war das Leiden Christi, das er voll annahm!

Bei der Ankunft in der Kapelle wurde Marias Botschaft verlesen. Sie hat klar die Bedeutung des Lebens mitgeteilt: Sich für andere aufzuopfern und dem Beispiel Jesu zu folgen. Der 5. August ist Marias wahrer Geburtstag, wie Sie Swami während einer Erscheinung im Jahr 2000 erklärt hat. Nach dem abendlichen Rosenkranz sangen wir „Happy Birthday, Mary“ und küssten einer nach dem anderen die Statue von Medjugorje.

Eines Tages erzählte uns ein katholischer Priester die Geschichte von Marias Erweckung eines toten Kindes ein Jahr zuvor in Indien. Als die Menschen den Sarg aus dem Grab aushoben, wie Maria gefordert hatte, war das Baby wirklich am Leben. Er wurde Moses getauft. Viele Priester waren anwesend und die Szene wurde gefilmt.

In dieser Nacht sahen wir einen Film über Marthe Robin, eine französische Heilige. Swami erzählte mir: „Sie hat auch viel gelitten. Die Liebe zu Gott wächst durch freiwilliges Leiden. Sich selbst Gott darzubieten erhöht diese Göttliche Liebe. Diese Liebe ist ständig da. Wir sind alle unter Marias Schleier, der uns schützt und liebt."

DIE TÄGLICHE ARBEIT

Meine Ferien in Mauritius gingen schließlich zu Ende. Eine Menge Arbeit wartete auf mich in dem Büro in der Schweiz. Es war Ende August 2000. Ich war zurück bei den Problemen meiner Kunden und dem täglichen Stress. Ich rief Swami an: „Wie kann ich spirituell wachsen, wenn ich mich bei der Arbeit umbringe? Ist es Gottes Wille, mir das Gehirn über den Problemen meiner Kunden zu zermartern? Du sagtest mir neulich, perfekt zu sein bedeutet, Gottes Willen zu folgen. Wie können wir Gottes Willen erkennen?" „Mach Dir keine Sorgen. Er wird es dich zur rechten Zeit wissen lassen. Warte und sei geduldig. Perfekt sein heißt, alles zu akzeptieren, was auf uns zukommt, täglich, als ob es von Gott komme, als Sein Wille. Es bedeutet, alles mit Liebe zu tun. Siehst du, es ist ganz einfach." Ja, es ist wahr, es ist einfach. Es ist nur der Verstand, der alles verkompliziert.

BESUCH BEI MEINER MUTTER

Swami, meine Frau, meine beiden Kinder und ich reisten nach La Napoule, einem Dorf in der Nähe von Cannes an der Mittelmeerküste Frankreichs, wo meine Mutter lebte. Wir mieteten eine Villa in der Nähe des Apartments, in dem sie lebte. Wir besuchten die Kapellen und Kirchen der Umgebung. Jemand gab Swami eine Ikone von Jesus, die er auf seinen Nachttisch stellte. Am nächsten Morgen lag ein starker Duft nach Parfum in dem Raum. Das Gesicht der Ikone schwitzte parfümiertes Öl und Christus Augen weinten blutige

Tränen und die Wunden seiner Hände schwitzten auch Blut aus. Swami legte ein Handtuch unter die Ikone und es saugte das parfümierte Öl und das Blut auf. Swami, meine kleine Familie und ich verbrachten viel Zeit mit meiner Mutter, da es viel regnete.

DER TOD MEINER MUTTER

Einige Wochen später fiel Mutter die Treppen hinunter und benötigte eine Operation. Die Operation verlief schlecht und ihr geistiger Zustand baute ab. Zuerst konnte sie nicht mehr lesen, dann konnte sie sich nicht mehr auf den Fernseher konzentrieren, sie wiederholte sich häufig wenn sie sprach und sie konnte die richtigen Worte nicht mehr finden. Letztendlich kam nur noch eine Mischung unzusammenhängender Worte aus ihrem Mund. Sie zuckte dann die Schultern und sagte: „Ich bin erledigt." Dieser Zustand war schwer auszuhalten für sie, da sie ihr ganzes Leben hindurch sehr präsent und intellektuell gewesen ist und viele Ratschläge gegeben hatte.

Als ich sie das letzte Mal anrief, drei Tage vor ihrem Dahinscheiden, überraschte sie mich. Sie war üblicherweise zu reserviert, um über ihre Gefühle zu sprechen, doch dieses Mal ließ sie ihr Herz sprechen: „Danke, danke, dass du mich anrufst. Ich bin so froh, dass du anrufst. Ich liebe dich, mein Liebling, ich liebe dich, danke, danke, ich liebe dich."

Glücklich, sie so sprechen zu hören, antwortete ich ihr in derselben Weise: "Ich liebe dich auch, ich liebe dich sehr. Bald werde ich kommen und dich besuchen, ich liebe dich." Wie auch immer, ihre Konzentration hatte bereits abgenommen.

Am 20. Oktober 2000 hatte Mutter einen Herzinfarkt in der Nacht. Ich hatte geplant, Weihnachten mit ihr zu verbringen, aber sie ging, bevor das stattfinden konnte. Am nächsten Tag verstarb sie.

Ich nahm das erste Flugzeug nach Nizza und ging, um sie ein

letztes Mal zu sehen. Sie lag im Besichtigungsraum des Pflegeheims, wo sie sich von der Operation erholen wollte. Nachdem ich das Neonlicht des weißgekachelten Raumes ausgeschaltet und einige Kerzen angezündet hatte, fing ich an, den Rosenkranz zu beten. Als ich endete, war ich gewiss, dass Mutter bei Maria war. Meine Traurigkeit schwand. Wieder in Mutters Appartement klingelte das Telefon und zu meiner Überraschung war Swami am Telefon: „Ich bin nicht weit weg von dir, ich bin in Antibes. Kannst Du mich mit dem Auto abholen kommen?" Wir verbrachten den Abend zusammen. Das Licht seiner Gegenwart ließ mich die schwierige Zeit vergessen und tröstete mich. Ich war von seiner Liebe umgeben.

***

FRÜHE MANIFESTATIONEN

Nirmal - England

Meine Familie lernte Swami 1990 in Mauritius kennen, als er zwölf Jahre alt war. Zu dieser Zeit erschien reichlich *Vibhuti* auf den Bildern und auch Honig erschien auf den *Murthis*, die in Vishams (Swami Vishwananda) Zimmer waren. Meine Familie hat ihm ein Bildnis zum Segnen gegeben und er ließ es in seinem Zimmer, als wir alle nach draußen auf den Gang traten. Swami schloss die Tür zu seinem Zimmer und wartete geduldig draußen mit uns für ungefähr fünf Minuten. Als Swami die Tür öffnete sahen wir alle, dass unser Bildnis, das wir in seinem Raum gelassen hatten, mit einer Schicht Honig und *Haldi,* einem pinken Puder, das am Honig klebte, bedeckt war.

Swami war vierzehn, als wir wieder nach Mauritius gingen und wir waren Gäste in seinem Haus. Swamis Mutter behandelte uns wie ihre eigenen Kinder. Sie machte Frühstück, Mittagessen und Abendessen für uns jeden Tag. Immer, wenn mein Vater Swami mit uns zum Meer mitnahm, fragte Swami erst seine Mutter um Erlaubnis und sie stimmte zu, da sie uns vertraute.

***

MEINE FRAGEN WURDEN BEANTWORTET

Ravi – England

1998 ging ich nach Mauritius, weil meine Großmutter ernsthaft krank war und die Ärzte die Hoffnung aufgegeben und die Familie informiert hatten, dass sie nicht mehr lange zu leben hatte. Ich erinnere mich, dass ich sie zuerst besuchte und dann zu Swami ging, um bei ihm unterzukommen. Als ich mit Swami über die Situation sprach, sagte er: „Ich fühle nicht, dass es Großmutters Zeit ist, ihren Körper zu verlassen. Sie wird sich erholen, obwohl die Ärzte vorausgesagt hatten, dass sie nur noch zwei Tage zu leben hätte." Zwei Tage später hat sich die Gesundheit unserer Großmutter nicht nur verbessert, sondern sie lief den ganzen Weg bis zum Haus meines Onkels (Swamis Vater), um uns zu besuchen.

Zu jener Zeit war ich siebzehn Jahre alt und nicht sehr spirituell orientiert. Ich erinnere mich, dass wir in einer Nacht nicht schlafen konnten, also beschlossen wir, auf das Dach zu gehen und *Bhajans* aus einem Lautsprecher zu hören und zu tanzen. Wir waren um zwei Uhr morgens sehr aufgekratzt und energetisiert und wir hatten eine Menge Spaß. Ich erinnere mich, dass Swami und ich tanzten, uns gegenseitig festhielten und außer Kontrolle wirbelten und Feuerwerke los ließen! Swamis Mutter und Schwester hatten uns alle zu überzeugen versucht, die Musik abzustellen und zu Bett zu gehen, womit wir schließlich gegen vier Uhr morgens einverstanden waren. Jeder hatte begonnen, nach unten ins Haus schlafen zu gehen, abgesehen von Swami, mir selbst und einem anderen Jungen, die wir auf dem Dach blieben. Wir fingen an, uns über Spiritualität zu unterhalten. Ich fand, dass ich gefangen genommen war von dem, was Swami sagte und ich wurde zunehmend wissensdurstiger. Ich stellte ihm einige Fragen über das Universum, mein Leben und Spiritualität. Swami hörte meinen Fragen zu und kam dann mit einer einmaligen und wundersamen Gelegenheit auf, wobei er anbot, über meine Frage zu meditieren und eine göttliche Seele zu bitten, persönlich zu kommen und sie zu beantworten.

Swami fing an zu meditieren und ungefähr fünfzehn Minuten später hörte ich eine erstaunlich tiefe Stimme hinter Swami, die mich fragte: „Was willst du?" Ich drehte mich um, um zu sehen, wer da eigentlich mit mir sprach. Wie auch immer, ich wusste nicht, wer es war. Auf dem Dach anwesend waren Swami, ein anderer Junge und ich und keiner von uns sprach! Ich fühlte eine kraftvolle Energie und eine Art Erscheinung oder Licht hinter Swami. Ich konnte diese Energie fühlen und ein blau und weiß gefärbtes Licht sehen. Ich fühlte etwas wie einen Sog von Elektrizität um mich herum. Der andere Junge, der zu der Zeit anwesend war, legte seine Hände zusammen, um vor dieser göttlichen Energie zu beten.

Ich wusste nicht, was ich sagen sollte, also blieb ich still. Das göttliche Wesen fing an, mit mir über mich zu sprechen und erklärte mir auch, dass Swami sein Kind sei, ein Teil seiner selbst, auf der Erde in menschlicher Form geboren, um die Göttlichkeit in uns allen zu erwecken, um den Höchsten Herrn zu realisieren. Es sprach mit mir auch über meine spezielle Verbindung mit Swami.

Das göttliche Wesen fragte mich dann: „Erinnerst du dich, als ich als *Nataraja* tanzte und die Erde in zwei Länder spaltete?" Ich versuchte eine Erinnerung an dieses Geschehnis hervorzurufen, aber ich konnte nicht. Wie auch immer, ich nickte mit dem Kopf aus Respekt, um zu sagen, dass ich mich erinnere, aber in Wirklichkeit tat ich es nicht. Ich war verwundert, als das Wesen mich dann fragte:

„Was willst du, Ravi?“ Ich antwortete: „Nur deinen Segen, *Bhagwan Shankar*“. Swami meditierte noch immer an diesem Punkt. *Shankar Bhagwan* sagte dann plötzlich: “Dein Bruder wird gebraucht, ich muss gehen.” Ich fragte: „Aber warum?“ Er antwortete ruhig: „Weil dein Onkel und dein Cousin gerade kommen. Ich muss gehen, damit ihr beide, du und dein Bruder, sie begrüßen könnt.“ *Shankar Bhagwan* gab mir seinen Segen und sagte mir, dass er immer bei mir sein würde und ging dann.

An diesem Punkt dachte ich bei mir, dass es vier Uhr morgens sei und mein Onkel uns sicherlich zu dieser Nachtzeit nicht besuchen würde. Swami kam aus seiner Meditation heraus und öffnete seine Augen. Als ich meinen Kopf drehte, sah ich meinen Onkel und meinen Cousin sich dem Haus nähern. Sie konnten nicht schlafen, also wollten sie uns besuchen!

DIE HERAUSFORDERUNG DER GÖTTLICHEN MUTTER

Im Sommer 1999 war ich in Mauritius und Swami hatte mir erlaubt, in seiner Gegenwart zu sein, als er nachts meditierte. Im Zeitraum von drei Nächten besuchten ihn verschiedene Gottheiten in seinem Raum.

In der ersten Nacht erschien die mitfühlende Mutter Ma Durga in Swamis Zimmer. Sie goss Liebe und Segen über mir aus, bevor sie wieder ging. Ich fühlte mich danach so geehrt und mit Energie angehoben, dass ich nicht schlafen konnte. Ich war so rastlos, dass ich Swami immerfort verschiedene Fragen über Sie stellte. Schließlich forderte er mich auf, schlafen zu gehen, da er sehr müde war.

In der zweiten Nacht kam eine andere Form der *Shakti* (weibliche Energie) in den Raum, während Swami in tiefer Meditation war und ging wieder, wobei Sie uns Ihren Segen gab.

In der dritten Nacht war Swami wieder in der Meditation und

eine weitere Form der *Shakti* erschien. Inzwischen war ich ein wenig nervös geworden, da ich fürchtete, dass die Göttliche Maha Kali uns besuchen könnte! Ich hatte Geschichten über Leute gehört, die von der Göttlichen Mutter angeschrien worden sind und ich wollte nicht einer von ihnen sein!

In dieser Nacht ist die Form der Göttlichen Mutter also erschienen und hat mich gefragt: „Was willst du?" Obwohl mir nicht bewusst war, welche Form der *Shakti* zu mir sprach, erinnere ich mich, dass ich voller Bewunderung für Sie und Ihre Energie war. Wieder fragte sie mich eindringlich: „Was willst Du von mir?" Ich wusste nicht, worum ich Sie bitten sollte, also sah ich nach Swami um Anleitung. Doch er war noch immer in tiefer Meditation. Sie fragte ein drittes und viertes Mal: „Was willst du?" Sie fing an, Ihre Geduld mit mir zu verlieren! Ich versuchte, in meinem Verstand irgendetwas zu finden, was ich sagen könnte, jedoch fiel mir nichts ein, was ich Sie fragen könnte! Mein Verstand war völlig leer.

Da die Göttliche Mutter dabei war, Ihre Geduld mit mir zu verlieren, fing ich an, in Erwägung zu ziehen, dass diese Form der *Shakti* tatsächlich die Göttliche Ma Kali sein könnte. Wieder schaute ich Swami um Hilfe an; doch er war noch immer in seiner tiefen Meditation. An diesem Punkt zog ich die Möglichkeit in Erwägung, aus dem Raum zu fliehen. Der einzig plausible Weg aus dem Zimmer heraus war das Fenster. Doch die Gitterstäbe vor dem Fenster verhinderten meine Flucht. Ich versuchte, meine Fluchtpläne noch einmal zu durchdenken, wie auch immer, der Altar in dem Zimmer war völlig mit *Vibhuti* und *Kumkum* bedeckt. Ich wusste, wenn ich das durcheinander bringen würde, indem ich zu fliehen versuchte, wäre Swami verärgert! Daher beschloss ich, dass es in meinem eigenen Interesse lag, dort zu bleiben, wo ich war.

Ich saß still und die Göttliche Mutter fragte ein letztes Mal: „Was willst Du?" Endlich kam mir eine Idee in den Sinn. Ich dachte mir, wenn ich diese Göttliche *Shakti* mit Ma Amba anredete, würde Sie in der Form von Ma Amba erscheinen. Etwas dümmlich erwiderte ich: „Bloß Deinen Segen, Ma Amba, nur all Deinen Segen." Eine strenge Stimme antwortete: „Ich bin nicht Ma Amba, ich bin Kali Ma!" Meine unweise Handlung zugebend bat ich schnell Ma Kali, mir Ihre unterschiedlichen Formen zu erklären, was Sie auch tat. Ma Kali erklärte, dass es neun verschiedene Formen der *Shakti* gebe und zeigte mir alle neun Formen. Sie erklärte mir dann, dass Sie gehen müsse und sagte mir, damit Sie gehen könne, müsse ich eine Zitrone entzwei schneiden, was ich tat und Sie ging.

Nach ungefähr fünfzehn Minuten kam Swami aus seinem *Samadhi* zurück. Er schaute mich an und fragte, warum ich nicht schlafe. Ich erklärte Swami, dass Ma Kali erschienen sei und er lächelte mich an und stellte mir eine einfache Frage. Er sagte: „Wie klang Sie?" Ich antwortete: „Was? Was meinst du?" Er fragte noch einmal: „Wie klang Ihre Stimme?" Ich erwiderte: „Sie war sehr schön, doch mit Ma Durga verglichen war sie zum fürchten." Swami lächelte sanft und ging wieder in den *Samadhi*. In genau diesem Moment erschien Ma Kali wieder im Zimmer und sagte im verärgerten Tonfall: „Bin ich zum Fürchten, Ravi? Dies wird dein letzter Tag auf Erden sein!"

Verständlicherweise geriet ich in Panik und versuchte wieder, aus dem vergitterten Fenster zu entkommen, doch genau wie zuvor ging ich nirgendwo hin. Schnell bat ich um Ma Kalis Vergebung und Sie vergab mir auf der Stelle. Sie erklärte mir, dass ich Ihr Kind sei und dass sie mich niemals verletzen würde. Sie machte weiter damit, verschiedene Aspekte und Bedeutungen Ihrer Kali Form zu erläutern und ging dann.

Swami kam aus seinem *Samadhi* zurück, lächelte mich an und fragte noch einmal, was geschehen war. Wie zuvor erzählte ich ihm, was passiert war und er lachte. Dann forderte Swami mich auf zu Bett zu gehen, da er mich gebeten hatte, am nächsten Tag mit ihm nach Port Louis zu fahren.

Swami ging ein drittes Mal in den *Samadhi*. Ich versuchte zu schlafen, aber konnte nicht, da das ganze Erlebnis mich mit so viel Energie erfüllt hatte.

Plötzlich erschien Ma Kali ein drittes Mal in dem Zimmer. Ich dachte bei mir, was habe ich nun falsch gemacht!? Ich versuchte zu entkommen, doch ich war wieder in dem Raum durch meinen *Guru*, den Altar, die Stangen am Fenster und die Göttliche Mutter in der Falle. Ich wandte mich der Göttlichen Ma Kali zu, die zu mir sagte: „Ravi, ich möchte dich morgen testen. Ich werde drei Mal vor dir am Tempel erscheinen. Du musst mich mindestens einmal erkennen, ansonsten wird dies dein letzter Tag auf Erden sein!“ Mit diesen Worten verließ Sie mich wieder.

Ich hatte Angst und wusste nicht, wie ich Ma Kali erkennen sollte. Ich wusste, Swami hatte die Antwort darauf, also wartete ich geduldig, bis er aus seinem *Samadhi* herauskam. Nach einer Stunde oder so kam Swami aus dem *Samadhi* und fragte mich, warum ich noch immer da säße und ihn anschaute. Ich erzählte ihm, was geschehen war und wieder fand er es sehr lustig. Ich bat ihn um seine Führung dazu, wie ich die Göttliche Ma Kali erkennen könne. Doch Swami sagte: „Ich bin jetzt müde, ich denke, ich werde jetzt zusehen, dass ich etwas Schlaf bekomme.“ Schockiert über seine ruhige Reaktion drehte ich mich zu ihm und sagte: „Wie kannst du in einer Zeit wie dieser schlafen! Das könnte morgen mein letzter Tag auf Erden sein! Kein Ravi mehr! Du würdest mich vermissen!” Swami lachte einfach und sagte endlich: „Die Lösung ist ganz einfach, Bruder, alles, was du zu tun brauchst, ist, die Füße jeder Frau, die den Tempel morgen betritt, zu berühren und sie als Ma Kali zu akzeptieren.” Ich fragte ihn: „Muss ich Tinas Füße berühren?“ (Swamis Schwester und meine Cousine), im Klaren darüber, dass sie sich über mich lustig machen würde, wenn ich das täte. Swami antwortete lächelnd: „Nein, du brauchst Tinas Füße nicht zu berühren. Berühre bloß die Füße von verheirateten Frauen, Bruder.“ Dann legte sich Swami schlafen. Ich jedoch konnte nicht schlafen, da ich immerfort daran denken musste, was passieren würde, wenn ich Ma Kalis Test nicht bestehen würde. Ehe ich mich versah, war es sechs Uhr morgens. Ich stand auf, ging unter die Dusche und öffnete die Tempeltüren, damit all die *Devotees* den Segen des Herrn empfangen konnten. Ich saß auf den Stufen des Tempels und wartete. Mit jeder Frau, die kam und ging, stand ich auf, ging zu ihr und berührte ihre Füße. Ich denke, sie alle fanden mich ein wenig merkwürdig. Meine Tante kam und rief mich zum Frühstück doch ich lehnte ab, da ich nicht eine einzige Frau verpassen wollte, die zum Tempel kam, da es Ma Kali hätte sein können. Meine Mutter kam an diesem Morgen auch um Swami zu sehen und ich berührte ihre Füße, was sie außergewöhnlich merkwürdig fand!

Um Mittag herum kam Swami und fragte mich, ob ich bereit sei, mit ihm nach Port Louis zu fahren. Also sagte ich: „Nein, Bro, wie könnte ich? Ich muss hier bleiben und alle Frauen begrüßen, ansonsten könnte ich nie mehr in der Lage sein, dich irgendwo hin zu begleiten!“ Swami lachte und rief mich in sein Zimmer. Dort erschien die Göttliche Mutter. Ich befürchtete, dass ich den Test, den sie mir gegeben hatte, schon verfehlt hatte. Sie sagte mit ruhiger Stimme: „Ich habe dich den ganzen Tag lang beobachtet, mein Sohn, du hast den Test bestanden.“ Sie sagte weiter: „Ravi, ich habe dich nun vier Mal an einem Tag besucht. Du hast sehr viel Glück. Es gibt viele Seelen, die mir ihr Leben widmen und ich bin nicht vor ihnen erschienen.“ Die Göttliche Mutter gewährte mir Ihren Segen und sagte mir, da ich den Test bestanden hatte, würde sie mir einen Wunsch meiner Wahl gewähren.

Ich wusste zu dem Zeitpunkt nicht, worum ich bitten sollte, da mein Verstand erstarrt war. Ich dachte, ich bitte die Göttliche Mutter um Befreiung. Doch ich erkannte, dass ich mit einem großen *Guru* gesegnet bin, der mich zur Befreiung führen würde. Daher bat ich die Göttliche Mutter, mir zu erscheinen, wann immer ich Ihre Führung brauche. Die Göttliche Mutter chantete ein *Mantra* und sagte dann: „So soll es sein." Bevor Sie ging sagte Sie mir, ich solle mich immer daran erinnern, dass Sie in allen Frauen präsent sei und ich solle sicherstellen, dass ich alle Frauen mit Respekt behandele.

Danach brach ich mit Swami auf nach Port Louis. Dort kaufte ich ein Bild von Ma Kali, das ich Swami bat zu segnen. Bei unserer Rückkehr platzierte Swami das Bild auf seinen Altar. Nach zwei Minuten war das Bild von *Kumkum* bedeckt. Swami rief mich in sein Zimmer und erklärte mir, dass Ma Kali immer bei mir sei und von Zeit zu Zeit würde Sie zu mir kommen und mich besuchen.

DIE GÖTTLICHE MUTTER BESUCHT MICH WIEDER

Genau wie Swami es gesagt hatte, besuchte mich die Göttliche Mutter wieder, diesmal in London. Ich arbeitete in einem Telefonladen und eine afrokaribische Frau kam in den Laden. Sie tanzte mit einem langen hölzernen Stab in ihrer Hand. Da sie eine Menge Aufmerksamkeit auf sich zog, bekam die Managerin es mit der Angst zu tun und wollte die Polizei rufen. Ich sagte ihr, dass ich versuchen würde, mich um die Frau zu kümmern, ohne dass die Polizei involviert würde. Bevor ich mit der Frau sprach, schloss ich meine Augen und bat um die Gnade meines *Gurus*, mich zu befähigen, mit dieser Situation umzugehen. Ich fragte die Frau, wie es ihr ginge. Sie antwortete direkt: „Ich will etwas von dir. Gib mir irgendetwas aus dem Laden."

Ich sagte: „Ich kann Ihnen nichts geben, aber ich kann etwas für Sie kaufen." Sie antwortete, während sie tanzte und herumsprang: „Du brauchst mir nichts zu kaufen, gib mir einfach etwas." Ich versuchte, mich wieder auf die innere Stimme meines *Gurus* zu konzentrieren und fragte ihn, wie ich mit dieser Situation umgehen solle. Ich konnte den Ratschlag meines *Gurus* hören, mich nicht zu sorgen und damit weiterzumachen, mit ihr zu sprechen. Die Frau fragte mich ein paar Mal: „Weißt du nicht, wer ich bin? Sag mir, wer ich bin." Ich dachte angestrengt nach und dachte, dass diese Frau Ma Kali sein könnte. Die Frau öffnete ihre Arme, als dieser Gedanke in mir aufkam und sagte: „Du erkennst mich, Sohn“ und sie umarmte mich. Nachdem sie das getan hatte, tanzte sie glücklich aus dem Geschäft heraus mit dem Stock in ihrer Hand. Swami sagte mir später, als er London besuchte, dass die Göttliche Mutter mich wieder besuchen würde.

***

KAPITEL VIER

Göttlicher Schutz

„Natürlich seid Ihr beschützt, doch das enthebt Euch nicht Eurer eigenen Verantwortung."

Sri Swami Vishwananda

SWAMIS LEBENSRETTENDER SCHUTZ

Hilde Light - Südafrika

Um die Mittagszeit kehrte ich zu meinem gemieteten Häuschen auf dem Grundstück einer Freundin in Johannesburg zurück, die in der Schweiz zu Besuch bei ihren Eltern war. Ich hatte das automatische Tor geöffnet, doch anstatt wie üblich die Auffahrt hochzufahren, hatte ich angehalten, um die Post aus dem Briefkasten zu nehmen. Etwas ließ mich in Richtung Haupthaus blicken. Ich sah einen ungewöhnlichen Anblick. Auf dem Rasen draußen vor dem Schlafzimmerfenster lagen Kisten durcheinander. Ich wusste sofort, dass dort Einbrecher waren oder noch sind. Ich schloss das Tor und fuhr sofort zum nächsten Geschäft, um die Polizei zu rufen. Von da ging ich zum Haus eines Nachbarn, um dort zu warten. Als ich den süßen heißen Tee schlürfte, den der Nachbar mir gemacht hatte, dankte ich meinem Schutzengel.

Nachdem die Polizei kam, stellten wir zuerst sicher, dass die Eindringlinge das Grundstück verlassen hatten, bevor wir das Hauptgebäude betraten. Es war, als ob ein kleiner Hurrikan hindurchgegangen sei. Die Schränke standen offen, Gegenstände lagen verstreut umher, Möbel waren verschoben und so weiter. Die Eindringlinge waren nicht lange vor meiner Ankunft eingebrochen, wie man an einem Schuh sehen konnte, den einer von ihnen zurückgelassen hatte in seiner Eile, wegzukommen. Zum Glück wurden sie gestört und sind vom Gelände geflohen, so hat die Besitzerin nicht viel verloren. Wie auch immer, mit schlechterem Timing hätte ich leicht mit dem Gewehr der Besitzerin niedergeschossen werden können, das die Polizei unter ihrer Anrichte fand.

Nachdem die Polizei wieder abgefahren war, schloss ich mich in meinem kleinen Häuschen ein. Noch immer am Zittern wägte ich ab, was ich jetzt tun sollte. Einen weiteren starken, süßen

Tee, ja und dann - die Klingel des Häuschens klingelte. Ich ging dran, keine Reaktion. Nach dem Tee war ich ruhiger und hatte angefangen, klarer über den nächsten Schritt nachzudenken, als die Haustürklingel wieder ertönte. Wieder ging ich an die Klingel und wieder kam keine Antwort. Daraufhin rief ich die Polizei, da ich wusste, dass die Eindringlinge mich testen. Die Polizei kam und checkte das Grundstück noch einmal, wobei sie nichts vorfanden. Sie versicherten mir, dass alles in meiner Einbildung stattfand. Da ich meinem Instinkt vertraute, rief ich zahlreiche private Sicherheitsunternehmen an, um einen Nachtwächter auf das Anwesen zu schicken. Ein Beamter nach dem anderen sagte: „Es ist nun zu spät, bitte rufen Sie am Morgen wieder an." Ich fühlte, wie die Angst meine Wirbelsäule hinab lief und fragte mich, was als nächstes zu tun sei. Sollte ich bleiben oder gehen?

Inzwischen ging die Sonne unter und ich hatte mich entschlossen, mutig zu sein und dazubleiben. Da klingelte mein Handy. Es war Swami, der aus Deutschland anrief, um mich zu fragen: „Hilde, was ist los? Du bist in großer Gefahr. Du solltest nicht alleine bleiben. Rufe sofort jemanden an. Sie sollten für einige Tage bei dir bleiben", warnte er mich.

Als ich seine Stimme hörte, war mein erster Gedanke: „Danke Gott, du bist es, geliebter Swami." Mein Körper entspannte sich und Tränen liefen meine Wangen herab. Meine nächsten Gedanken waren: „Wie hat er davon gewusst? Ich bin umsorgt, ich bedeute etwas." Und ein ganzes Leben mit Gedanken wie „Ich bin allein..., ich muss es alleine schaffen... und niemand macht es wirklich etwas aus", lösten sich auf der Stelle auf. Mein Ruf nach Hilfe wurde auf allen Ebenen auf solch wundersame Weise beantwortet.

Ich hörte auf Swamis Ratschlag und rief meine Tochter Jessica und ihren Mann an. Sie sind sofort gekommen, um die Nacht bei mir in der Hütte zu verbringen. Ich hatte einen erschöpfenden und erschreckenden Tag gehabt. Da der Fall nicht eröffnet werden konnte, bevor die Besitzer zurück waren, verließ ich das Grundstück am nächsten Tag. Ich stellte eine private Sicherheitsfirma an, um das Grundstück in der letzten Woche vor der Rückkehr meiner Freunde zu bewachen.

In der Zwischenzeit hatte ich ihre Erlaubnis erhalten, einen elektrischen Zaun rund um das Anwesen errichten zu lassen. Leider halten selbst solche Maßnahmen im gewalttätigen und von Armut geschüttelten Südafrika Kriminelle kaum ab.

Drei Monate später, während meiner Vorbereitungen in ein neues Haus umzuziehen, fand ich den Goldschmuck meiner Freundin hinter einigen Topfpflanzen auf meiner Veranda versteckt. Das erklärt, warum ich Tage nach dem Einbruch immer noch in Gefahr schwebte. Es scheint, dass die Einbrecher durch meine Rückkehr unterbrochen worden sind und die Angelegenheit nicht beendet war. Danke Gott für den Schutz unseres *Gurus*.

Die unendliche Gnade deines Wesens hört niemals auf, mich und mein Leben zu berühren, Swami. Ich danke dir und ich danke Gott.

***

POLIZISTEN ODER ENGEL?

Kalindi – Loraine Levitan – Südafrika

Ich war auf dem Weg zum Kunstunterricht in Norwood, Johannesburg. Als ich mich meinem Ziel näherte, sah ich zwei Männer draußen auf der Straße vor meinem Klassenraum stehen. Sie waren sehr gut gekleidet und ein Mann hielt ein Handy. Als ich aus dem Auto stieg, kam der Mann mit dem Handy näher und fragte, ob ich ihm helfen könne. Ich sagte: „Bestimmt, worum geht es?“ Bei diesen Worten umringten sie mich, einer von ihnen zog eine Waffe und hielt sie gegen meine Rippen. Ein Mann sagte zu mir, wenn ich schreie, würde er mich erschießen. Sie zerrten meine

Rolex von meinem Handgelenk und durchsuchten meine Handtasche nach meinem Handy und nach Geld. Zufälligerweise hatte ich gerade an dem Tag das Handy meiner Tochter gegeben, da sie ihr eigenes nicht finden konnte. Sie suchten daraufhin meinen Hals und meine Ohren nach wertvollem Schmuck ab. Ich trug eine *Mala* Perlenkette um meinen Hals, die sie nicht interessierte. Sie machten damit weiter, an meiner Handtasche herumzufummeln auf der Suche nach irgendetwas Wertvollem. Ich hatte lediglich rund 100 Rand (ca. 10 Euro/13 Dollar) und alle meine Kreditkarten in meiner Brieftasche, die sie nicht zu nehmen versuchten. Zu meinem Entsetzen nahmen sie die Schlüssel zu meinem brandneuen Auto. Dann, so schnell wie das Drama begonnen hatte, so schnell endete es, als sie die Straße samt meiner Autoschlüssel in vollem Tempo hinunter rannten und in ein wartendes Auto sprangen. Ich hatte keine Ahnung, warum sie so abrupt flohen. Anscheinend kam genau in diesem Moment ein Auto mit drei Männern an meiner Kunstschule vorbei, als sich das Drama entwickelte. Sie sagten, sie hätten sich in der Gegend verirrt und fanden einen Transporter mit offenem Kofferraum verdächtig, bei dem ein Mann hinter dem Steuer saß. Es heißt, wenn der Kofferraum dieses bestimmten Autotyps offen ist, könne man das Nummernschild nicht sehen und somit könne das Auto nicht identifiziert werden. Sie machten eine Kehrtwendung und in dem Moment flohen die Angreifer wie der Blitz in das wartende Auto. Eine Jagd begann, bei der die drei Männer in heißer Verfolgungsjagd dem Auto der Räuber folgten. Schüsse wurden auf die drei Männer abgegeben. Sie drängten die Diebe in eine Sackgasse und riefen die Polizei und das Entführungskommando an. Ich war erstaunt, dass sie die Nummer der Polizei kannten, die kurz darauf am Ort des Verbrechens auftauchte. In Südafrika, wo schwere Verbrechen ständig begangen werden, kann es eine ganze Weile dauern, bis die Polizei am Tatort auftaucht. Mindestens sechs Polizeiautos kamen zu meiner Rettung, einschließlich des Chefs der Entführungseinheit von Norwood. Wer waren diese drei Engel in Verkleidung? Ich vermutete, sie waren verdeckte Ermittler, doch die Polizei stritt dies ab und sagte, sie hätten keine Idee, wer das gewesen war.

Das Erstaunlichste war, ich habe einen schönen goldenen Anhänger mit Diamanten und Rubinen mit dem Symbol der *OM* Schwingung, den Swami für mich manifestiert hatte und den ich an einer Kette um den Hals trage. Ich dachte, sie mussten ihn abgerissen haben, doch als ich danach tastete, war er auf der Rückseite meines Halses und nicht vorne, wie sonst. Eine weitere wunderbare Tatsache war, dass ich nicht für einen Moment Angst hatte. Kein bisschen! Ich war so ruhig und gesammelt wie immer. Ich hatte in keinem Moment den Gedanken, dass ich mich in Gefahr befand. Ich hatte weder einen erhöhten Herzschlag noch zitternde Hände. Ich war extrem präsent und ruhig. Die Polizeieinheit bot mir Gesprächstherapie an, die ich ablehnte. Irgendwie fühlte ich mich total aufgekratzt nach dieser Erfahrung, besonders, als ich darüber nachdachte, wie das gesamte Drama durch die Ankunft der drei Männer zur rechten Zeit und am rechten Ort abgewendet wurde. Die Ruhe, die ich fühlte, ist nicht wirklich ein Teil meiner Natur. Ich könnte mir vorstellen, dass ich in einer solchen Situation unter normalen Umständen extrem hysterisch wäre.

Ich kann nur annehmen, dass ich von der Göttlichen Mutter während dieses Angriffs völlig beruhigt und beschützt wurde. Ich habe keinen weiteren Gedanken daran verschwendet, ich hatte keine Albträume und mein Angstlevel hat sich überhaupt nicht erhöht. Ich habe ausschließlich Verständnis in meiner Seele für diese ignoranten Menschen; und ganz ehrlich, obwohl ich mir nicht wünsche, solch eine Erfahrung noch einmal zu durchleben, bedaure ich für keinen Moment das unmittelbare Wissen, das ich durch eine potentiell gefährliche Situation erhielt, die dank meiner „drei Engel" einfach in sich zusammenfiel.

***

DIE NOTWENDIGKEIT, MEIN HAUS ZU VERKAUFEN

B. L. – USA

Im Frühling 2003 erzählten mir Freunde von Swami Vishwananda. Zu jener Zeit war ich in einer sehr verzweifelten Lage. Mein Mann und ich waren seit 2001 aufgrund der ökonomischen Auswirkungen, die die Ereignisse des 11. Septembers auf die Fluggesellschaft hatten, von der Arbeit freigestellt. Mein behinderter Schwager, der bei uns lebte, hatte Alzheimer entwickelt und wir konnten ihn nicht länger allein zu Hause lassen. Ich versuchte Arbeit zu finden. Ich hatte Hunderte Bewerbungen und Lebensläufe verschickt, doch das Universum hat keine meiner Bemühungen, wieder Arbeit zu finden, unterstützt, sondern schien zu wollen, dass ich zu Hause blieb, um mich um meinen Schwager zu kümmern.

Zusätzlich hatten wir hohe monatliche Ausgaben für das Haus, in dem wir lebten. Unsere Hypothek lag bei über 2000,00 Dollar monatlich und die Grundsteuer bei mehr als 600,00 Dollar pro Monat. Wir hatten ein Jahr lang erfolglos versucht, unser Heim zu verkaufen. Niemand war an einem alten, reparaturbedürftigen Haus interessiert, das auf einem riesigen Grundstück lag, für das die Kommune die Aufteilung hinauszögerte. Darüber hinaus hatte mein Ehemann Probleme, seine Ausgaben anzupassen und wollte sein Segelboot nicht verkaufen. Wir gaben sehr schnell unsere Ersparnisse aus und mussten Lebensmittel und Hypothek mit unserer Kreditkarte bezahlen.

Als ich nun hörte, dass Swami Vishwananda im Juni 2003 nach London kommen wollte, kontaktierte ich sofort die Leute, die Swamis Besuch organisierten und erklärte ihnen, warum ich ihn sehen wollte. Ich konnte eine Einladung zur *Yajna* bekommen, flog nach London und ging mit einer guten Freundin zu der *Yajna* am

14. Juni.

Ich konnte ein kurzes Interview mit Swami zwischen *Yajna* und *Darshan* bekommen und bat ihn, uns zu helfen, unser Haus zu verkaufen, damit wir in eine weniger kostspielige Gegend ziehen könnten. Ich denke, ich war die erste Person, die ihn um so etwas bat und es gab einige Missverständnisse. Er sagte mir, dass wir unser Haus bald verkaufen würden. Ich war sehr erleichtert.

Nach der *Yajna* hatte ich meinen ersten *Darshan* von Swami. Er verteilte Äpfel und Bananen. Ich erhielt einen Apfel von ihm und nahm das als gutes Zeichen, da ich keine Bananen essen sollte aufgrund einiger Schwierigkeiten, meinen Blutzuckerspiegel stabil zu halten. Als wir bereit waren um zu gehen, gab ein Mädchen uns beiden, meiner Freundin und mir, Blumengirlanden vom Altar.

Die Veranstaltung fand außerhalb Londons statt. In sehr freudvoller und erhobener Stimmung nahmen wir den Zug zurück in die Stadt. Am nächsten Tag konnte ich an Swamis *Darshan* in London teilnehmen und flog dann am Tag nach diesem sehr gesegneten und bemerkenswerten Wochenende in die USA zurück.

Nur ein paar Monate nach dem Treffen mit Swami fügte sich alles zusammen. George, mein Mann, fand ein erschwingliches Haus zur Miete etwas außerhalb einer kleinen ländlichen Stadt in Washington State. Einige Tage nachdem wir umgezogen waren, fanden wir das wundervolle Haus, in dem wir heute leben und konnten es sogar kaufen.

Dieses Heim ist eines der vielen wundervollen Geschenke, die ich von Swami erhalten hatte. Ich bin aus tiefstem Herzen dankbar für seine zahllosen Segnungen, all seine Hilfe, Unterstützung und Führung in allen Aspekten meines Lebens, einschließlich meiner Ehe und der Pflege meines Schwagers.

DIE LEITPLANKE

Uma - Deutschland

Ich malte ein kleines Aquarell mit einem Engel und einem kurzen Text für Swami und fragte eine *Devotee*, ob ich es im Malatelier für ihn zurücklassen lassen dürfte, damit er es finden könne, sobald er einträfe. Sie erlaubte es mir und sagte, dass ich möglicherweise die Chance bekäme, Swamiji zu begegnen. Ich war überglücklich und aufgeregt.

Als ich ankam und so viele Menschen sah, die gespannt auf die Möglichkeit warteten, mit ihm zu sprechen, fragte ich mich, ob ich ihn wirklich unbedingt sehen müsse. Er hatte doch schon meinen Anhänger gesegnet, was wollte ich mehr? Obwohl ich mich danach sehnte ihn zu sehen, entschied ich mich, entgegen der Gefühle meines Herzens, meine Sachen zu packen und zurückzufahren, dem Willen meines Verstandes folgend.

Auf dem Heimweg fühlte ich mich irgendwie außerhalb meines Körpers. Mein Herz litt unter dem Trennungsschmerz. Ich hatte vergessen mich zu erden. Es war die Leitplanke der Autobahn, die mich aus meinen Träumen riss. Auf eine unsanfte, aber wirkungsvolle Weise brachte sie mich in die Gegenwart zurück. Mein Wagen streifte die Planke, ich hielt das Steuer fest, mein Kopf schlug seitlich an dem Fensterglas auf und ich wurde von unsichtbarer Hand mit meinem Auto zurück auf die Autobahn befördert! Ich nahm die nächstmögliche Autobahnausfahrt, um meine Gedanken zu sammeln. Mein Gott, was für ein Glück, dass die Autofahrer hinter mir so gut reagiert hatten, ich hätte einen wirklich schlimmen Unfall verursachen können. So war es nur die linke Seite meines Wagens, die mich noch an den Vorfall erinnert.

Bei der nächsten Gelegenheit bedankte ich mich bei Swami für den Schutz, den ich erfahren hatte. Er sagte: „Natürlich bist du beschützt, doch das enthebt dich nicht deiner eigenen Verantwortung."

***

SORGE DICH NICHT, BETE

Roshan Ramsurrun – Mauritius

Im Jahr 2000 wurde Swami Vishwanandas *Ashram* in Quatre Bornes, Mauritius, errichtet. Ich besitze dort ein Bauunternehmen und einer von Swamis *Devotees* beauftragte mich, die Tür zum Tempel des *Ashrams* zu bauen. Ich traf Swami und er bat mich, auch eine Grotte für den heiligen Nektarios zu bauen.

Eines Tages berichtete ich Swami von meinen Problemen mit meinem Unternehmen. Einige Leute schuldeten mir Geld für Arbeiten, die ich getan hatte und weigerten sich, zu bezahlen. Swami sagte mir: „Sorge dich nicht, bete zum heiligen Antonius." Ich fing an, zum heiligen Antonius zu beten und tatsächlich zahlten die Leute, die mir Geld schuldeten, bald ihre offenen Rechnungen. Einige Zeit später fing ich an, täglich an den Gebeten in Swamis Tempel teilzunehmen.

DIE SCHWARZE WOLKE

Eines frühen Morgens im Jahr 2005 fuhr ich Swami zum Flughafen in Mauritius. Die Helligkeit der aufgehenden Sonne, die mir in die Augen schien, machte es schwierig, etwas zu sehen und zu fahren. Innerlich sagte ich ruhig zu Swami: „Tu etwas für mich, denn ich kann die Straße nicht richtig sehen." Plötzlich erschien eine große schwarze Wolke und verdunkelte die Sonne. Die zur passenden Zeit erschienene Wolke hielt das grelle Sonnenlicht fern bis ich Swami am Flughafen absetzte und blieb angenehmerweise auch auf meiner Rückfahrt an ihrem Platz.

DIE RECHNUNG

Triambhakeshwari - Violeta Jocic - Serbien

Ich hegte schon längere Zeit den Wunsch, Swami in Mauritius zu besuchen und ihn dort zu erleben. Ich wusste, dass er im Oktober

2005 dort sein würde und ich wollte unbedingt dorthin reisen.

Zu dieser Zeit war ich angestellt und meine Urlaubstage waren bereits verbraucht. An einem Morgen kam mein Vorgesetzter mit ernstem Gesichtsausdruck zu mir ins Büro. Er teilte mir mit, dass meine Arbeit zukünftig im Ausland erledigt wird und dass ich nicht mehr länger für die Arbeit gebraucht werde. Ich überlegte einen Moment lang, fragte ihn nach den Details seiner Entscheidung und sagte schließlich: „Eigentlich wollte ich sowieso einen Urlaub machen und die Gelegenheit scheint jetzt da zu sein." So eine Reaktion hatte mein Vorgesetzter sicherlich nicht von mir erwartet. Noch am gleichen Tag rief ich meine Freundin an und erzählte ihr von der Kündigung und meinem Vorhaben, nach Mauritius zu fliegen, um Swami dort zu sehen. Sie telefonierte mir am Abend zurück, dass sie gerne mitkommen würde. Schon bald waren unsere Tickets reserviert und in zwei Wochen sollte die Reise losgehen. Wir trauten uns nicht, Swami persönlich um Erlaubnis für einen Besuch zu fragen. Wir reservierten über das Internet eine günstige Pension in Flic en Flac mit einer guten Busverbindung zum *Ashram*. Müde von unserer langen Reise wollten wir erst einmal ausschlafen. Am späten Nachmittag machten wir uns auf den Weg zum *Ashram*. Im *Ashram* angekommen, begrüßte uns freundlich eine *Brahmacharini*. Wir erkundigten uns gleich nach Swami und als wir ihre Worte vernahmen, überkam uns Traurigkeit: „Er ist vor zwei Tagen nach Deutschland abgereist. Er wollte seinen Schülern in Deutschland damit eine Überraschung bereiten." Ich überlegte einen Moment lang, ob es möglich wäre, schon früher zurück nach Europa abzureisen, vielleicht noch am nächsten Tag. Meine Freundin tröstete mich und schlug vor, es uns auf der Insel gemütlich zu machen und den zweiwöchigen Urlaub zu genießen. Nachdem ich mich etwas beruhigt hatte, schauten wir uns den Tempel an, der aus einer hinduistischen und christlichen Kapelle mit einer Vielzahl von Marien-Statuen und Ikonen bestand. Ein stiller Ort zum Meditieren.

Wir blieben an diesem Abend im Tempel zum *Bhajan*singen. Der Gedanke, früher als geplant abzureisen, verblasste und wir stellten uns auf eine andere Art Urlaub ein.

Fast täglich besuchten wir den *Ashram* in Quatre Bornes. Vor unserer Abreise fragten wir die *Brahmacharini*, ob wir für Swami etwas mitnehmen könnten. Sie überlegte kurz und sagte, dass sie ihn fragen und uns am nächsten Tag Bescheid sagen würde. Sie sagte uns, dass da einige Sachen seien, die er das letzte Mal nicht mitnehmen konnte. Es war uns eine Ehre, Swamis Sachen mitbringen zu dürfen. Sie zeigte erst auf einen Karton, dann auf eine große und noch eine kleine Tüte. Sie fragte uns, ob das nicht zu viel für uns sei. Wir überzeugten sie, dass wir es schaffen würden, alles mitzunehmen.

Sie sagte uns, dass im Karton Statuen eingepackt seien und als wir am nächsten Tag zum Flughafen fuhren, passten wir auf die uns anvertrauten Sachen sehr sorgsam auf.

In München angekommen, nahmen wir unser Gepäck und wollten den Zollbereich passieren, als ein Zollbeamter auf uns zu kam und uns über den Inhalt unseres Gepäcks befragte. Ich sagte ihm, dass Statuen in dem Karton seien. Er nahm den Karton und legte ihn unter das Scanner-Gerät. Er rief dann einen Kollegen und beide begutachteten die Box für eine Weile. Obwohl ich absolutes Vertrauen hatte zu der *Brahmacharini* in Mauritius, kannte ich den genauen Inhalt des Kartons nicht.

Ich sagte zu dem Beamten, dass er den Karton öffnen und prüfen könne, wenn er wolle und er sagte, dass er das tun werde. Ich hoffte, die Statuen wären nicht aus Gold. Einige Minuten vergingen, in denen die Zollbeamten lauter kleine Gipsfiguren verschiedener hinduistischer Gottheiten entdeckten. Die Zöllner fragten mich sogleich nach einer Rechnung. „Rechnung?“ - Auf diese Idee war ich nicht gekommen. „Ich habe keine Rechnung, denn die Figuren habe ich nicht selbst gekauft. Wir übermitteln sie lediglich jemandem“, sagte ich entschuldigend. Der Zollbeamte erwiderte, um den Wert der Figuren zu ermessen, bräuchte er eine Rechnung. Er würde uns nicht erlauben, mit den Statuen zu passieren, wenn wir keine Rechnung hätten.Ich hatte die Telefonnummer der *Brahmacharini* auf Mauritius und so rief ich sie an. Sie sagte, die Rechnung könnte entweder in der Tüte oder bei Swami sein. Sie versuchte, Swami am Telefon zu erreichen, doch erfolglos. Meine Freundin und ich durchsuchten unsere Tüten, die im Rucksack eingepackt waren, doch eine Rechnung fanden wir nicht. Ich sagte zu meiner Freundin, dass wir innerlich das *Gayatri-Mantra* wiederholen und Swami um Hilfe bitten sollten.

Ein letztes Mal versuchte ich, die Zollbeamten zu überzeugen, uns mit den Sachen passieren zu lassen. Doch sie bestanden darauf, die Figuren bei sich zu behalten. Wir hätten zwanzig Tage Zeit, eine Rechnung einzureichen. Ich unterschrieb ein Dokument und wir verließen das Zollgebäude.

„Komm, lass uns noch einmal in die Tüten schauen“, sagte ich draußen in der Halle erneut zu meiner Freundin. Sie legte den Rucksack ab, schaute noch einmal in die Tüte und sagte überrascht: „Da ist ja die Rechnung!“ Ich prüfte, ob es die richtige war und tatsächlich, verschiedene Gottheiten waren mit entsprechenden Preisen aufgeführt.

Ich nahm die Rechnung, eilte fröhlich zurück zum Zollgebäude und scherzte noch mit ihr: „Vielleicht ist sie ja materialisiert?“ Die Zollbeamten waren nicht allzu erfreut und verdrehten die Augen, als sie mich hereinkommen sahen. Als wir ihnen die Rechnung überreichten, machten sie den Kommentar: „Es wäre leichter gewesen, wenn Sie uns die Rechnung gleich gegeben hätten.“

Als wir gemeinsam die verschieden Positionen der Rechnung durchgingen, half ich den Beamten, die verschiedenen Figuren den Preisen zuzuordnen. „Sie brauchen nichts zu bezahlen. Der Gesamtwert überschreitet die genehmigte Einfuhrsumme nicht“, sagte er.

Wir wussten, dass Swami am folgenden Tag Interviews in Steffenshof geben würde. Wir kamen am Nachmittag an und übergaben die mitgebrachten Sachen und warteten im Tempel auf Swami. Swami begrüßte uns und sagte: „Ich habe gestern intensiv an euch gedacht, ihr wart doch in Mauritius?“ Ich bat ihn um ein Interview und er stimmte zu. Wir folgten ihm ins Interview Zimmer und saßen dort mit ihm zusammen.

Ich erzählte Swami von meiner Enttäuschung, dass wir ihn in Mauritius nicht angetroffen hätten. „Ich musste hierher kommen..., aber ihr hättet mich auch informieren können“, sagte Swami. In dem Moment, als wir mit ihm zusammen saßen, war auch schon alles gut gewesen. Ich war einfach froh, in seiner Nähe zu sein und die Liebe zu spüren. Als wir das Zimmer verlassen wollten, fragte Swami noch: „Was ist eigentlich gestern passiert, die *Brahmacharini* aus Mauritius hatte mich angerufen.“

„Nichts Swami“, sagte ich, „wir hatten einige Schwierigkeiten am Zoll, da wir die Rechnung für die Statuen nicht gleich gefunden haben.“ „Die Rechnung?“, fragte Swami, „sie ist bei mir.“ Ich lächelte: „Nein Swami, sie ist bei uns, wir haben sie dann doch gefunden.“ „Nein, nein, ich habe sie beim letzten Mal aus Mauritius mitgenommen“, sagte er erneut. Ich nahm meinen Geldbeutel aus der Tasche und zog die Rechnung heraus. Er schaute sich die Rechnung an, lächelte und sagte: „Hmmm, die Engel haben gute Arbeit geleistet. Oh, sogar die Preise sind reduziert worden!“

Mit halboffenem Mund stand ich einen Moment da, schaute meine Freundin an und sagte: „Unglaublich, die Rechnung wurde tatsächlich materialisiert! Aber wie...“, Ich war überwältigt, ich brauchte Zeit, um alle Informationen in mir zu sortieren und aufzunehmen. Swami stand nur da und lächelte.

***

DIE RINGE

B. G. S. – Mauritius

Swami Vishwananda hat mir einst einen sehr schönen Ring mit eingesetzten Diamanten materialisiert. Jedes Mal, wenn wir uns begegneten, fragte er mich: „Der Stein ist noch da?“ Ich antwortete, dass der Stein noch immer im Ring sei. Ich fand es sonderbar, dass er mich jedes Mal, wenn wir uns trafen, nach dem Stein fragte. Eines Tages wurde mein Verlobter sehr krank und ich brachte ihn ins Krankenhaus, wo die Ärzte mir mitteilten, er müsse sofort operiert werden. Als wir grünes Licht erhielten, dass er außer Gefahr sei, ging ich zu dem Tempel in Rose Hill, Mauritius, der von Swami erbaut worden war. Erst als ich den Tempel betrat bemerkte ich, dass der Stein aus meinem Ring verschwunden war. Ich war etwas ängstlich und noch mehr traurig darüber, dass der Stein verschwunden war, da er so schön war. Als Swamiji etwas später anrief, sagte ich ihm, dass der Stein aus dem Ring verschwunden war. Er versicherte mir, dass alles völlig in Ordnung sei und dass es nichts gab, worüber man sich Sorgen zu machen brauchte, da der Ring zum Wohle meines Verlobten materialisiert worden sei.

Im Jahr 2003 materialisierte Swami Vishwananda einen weiteren Ring für mich, diesmal mit einem pink farbigen Stein darin. 2005 brachte ich ein kleines Mädchen namens Shipra zur Welt. Die Ärzte waren etwas besorgt über mich, da mein Blutdruck sehr hoch war und die Geburt anderthalb Monate zu früh stattgefunden hatte. Es gab Komplikationen bei der Geburt und ich musste noch fünf Tage im Krankenhaus bleiben, bevor ich nach Hause gehen durfte.

Am Tag schlief ich mit dem Ring am Finger, doch als ich aufwachte, bemerkte ich, dass der Ring nicht mehr da war. Ich suchte überall danach. Dann verstand ich endlich, dass die von Swami materialisierten Ringe dazu da waren, uns über schwierige Zeiten hinweg zu helfen und verschwinden würden, wenn ihre Aufgabe erledigt war.

***

GURUDEV!

Kanupriya - Kroatien

In 45 Lebensjahren sind unterschiedliche Schwierigkeiten gekommen und auch wieder gegangen. Einige dieser Schwierigkeiten habe ich leicht überwunden und einige haben Spuren und Narben hinterlassen. Mein ganzes Leben hindurch bin ich mir Gottes Präsenz und Führung bewusst gewesen. Ich vertraue darauf, dass Gott weiß, wie viel Last er mir auferlegen kann und dass er mir nur so viel gibt, wie ich ertragen kann.

Dann kam ein Tag, an dem ich die größtmögliche Lebensprüfung hatte. Nichts bleibt für immer, Lebensumstände kommen und gehen. Und genau so ist es mit unserer Gesundheit und mit unserem Leben. Während einer Zeit großer Ekstase in meiner spirituellen Suche nach Gott, wurde mir von den Ärzten eine Nachricht unterbreitet, die mich zu Boden auf meine Knie zwang. Mir wurde gesagt: „Sie haben Krebs."

Meine spirituelle Ekstase kam zu jener Zeit durch Gottes Gnade, indem er mir meinen wundervollen *Satguru*, Swami Vishwananda, schickte. Mein Glaube half mir dabei, in diesen herausfordernden Lebensumständen meine Vernunft zu bewahren. In meinen Gebeten rief ich meinen geliebten *Guru* an, mir zu helfen und mir die Stärke zu geben, durch alles, was ich aushalten musste und was üblicherweise mit der Diagnose Krebs auf einen zukommt, hindurchzugehen. Ich betete zu Gott, mir zu helfen, durch alles auf möglichst schmerzfreie und ruhige Weise hindurchzugehen. In meinen Gebeten sagte ich zu Swami Vishwananda: „Ich gebe dir meinen Körper und meine Seele und meinen Schmerz und mein

Leiden. Lieber *Guruji*, lass es auf die Weise geschehen, die du für mich als richtig erachtest. Lass es geschehen, wie du es willst!"

Nach meinen Gebeten zu Gott und *Guru* fühlte ich Frieden in mir. Ich war mir Swamis Präsenz in jeder Sekunde, Minute, Stunde und an allen Tagen bewusst; er war die ganze Zeit bei mir. Während ich im Krankenhaus war, verhielten sich die Ärzte und Krankenschwestern mir gegenüber so, als ob Swami in ihnen wäre. Einige Behandlungen konnte ich ohne Anästhesie oder Schmerzmittel verkraften. Mein geliebter Swami nahm es alles auf sich. Nach der ersten Behandlung schickten mich die Ärzte nach Hause um auszuruhen.

Die Testergebnisse führten dazu, dass die Ärzte eine Operation empfahlen und ich willigte ein. Fünf Tage nach der ersten Behandlung und bevor ein Termin für die empfohlene Operation angesetzt worden war, beschloss ich, zu Swami Vishwananda in sein spirituelles Zentrum zu gehen. Natürlich dachten meine Familie und Freunde, ich sei verrückt, mich so bald nach der Behandlung einer ernsthaften Krankheit auf eine so lange Reise zu begeben. Die Liebe für meinen *Guru* rief mich, da bestand kein Zweifel und ich musste gehen - ohne Rücksicht.

Zu jener Zeit war ich in Ungewissheit, während ich auf die Ergebnisse des pathologischen Tests wartete. Mit dieser besorgten Geisteshaltung ging ich voller Vertrauen zu Swami und bat ihn um eine Unterredung. Er erwiderte: „Das ist nicht nötig, denn ich habe bereits für dich gebetet." In diesem Moment habe ich die Art der Gnade nicht erkannt und mein Verstand murrte mit einem schweren Gefühl der Traurigkeit. Ich fragte mich innerlich: „Warum ignoriert Swami mich?" Drei Tage lang weinte ich in meiner Seele nach ihm, ganz wie ein Kind, das mit nur einem Spielzeug nicht zufrieden ist, sondern die Berührung und Aufmerksamkeit der Mutter will. Ich sehnte mich nach der Mutter in Form von Swami Vishwananda, dass sie zu mir komme, mich umarme und tröste; das war es, was ich mir wünschte. Am dritten Tag kam die Göttliche Mutter in Form von Swami zu mir, nahm mich beim Arm und tröstete mich mit den Worten: „Sei nicht traurig und mach dir keine Sorgen, alles wird gut." Mit diesen Worten reiste ich in Vertrauen, Frieden und Freude nach Hause ab.

Die Ergebnisse des pathologischen Tests bestätigten mir Swamis Worte. „Alles wird gut." Die Ärzte informierten mich darüber, dass eine Operation nicht notwendig sei. Ich danke dir, geliebter Swami. Du bist mein geliebter *Guruji*, mein Leitstern, meine Mutter und mein Vater, mein Leben und meine größtes Glück und größte Freude. Danke, dass du hier bist, dass du bei mir bist und mich durch das Leben und auf einer sicheren Reise zu Gott führst! *Jai Gurudev*!

***

EINE RASCHE HEILUNG

Yogeshini – Mauritius

Im Jahr 2000 bildete sich ein Star in einem meiner Augen, der einer kleinen Operation bedurfte. Als ich nach Hause kam, war Swami Vishwananda da und er bat mich, den Verband von meinem Auge zu entfernen. Ich war sehr erstaunt, als ich sah, dass kein Anzeichen eines Schnittes zu sehen war. Zur Erholung von diesem Eingriff hatte ich zwei Wochen frei von meiner Arbeit. Ich war sehr glücklich, diese Zeit mit Swami zu verbringen.

DAS ISCHIASPROBLEM MEINES VATERS

2001 entwickelte sich bei meinem Vater ein Ischiasproblem, das so schwer war, dass er im Bett bleiben musste. Zu jener Zeit sollte die Hochzeit meiner älteren Schwester stattfinden und Swamiji besuchte uns, um an der Hochzeit teilzunehmen. Eines Tages massierte Swami Beine, Füße und Zehen meines Vaters mit Öl. Sofort hörte der Schmerz auf und Vater war wieder in der Lage zu laufen. Und nicht nur das, sein Bein ist seither immer gesund gewesen!

DIE GEBURTSTAGSÜBERRASCHUNG

Für Swami Vishwanandas Geburtstag 2003 planten wir, ihn mit Feuerwerkskrachern zu überraschen. Nachdem Swami seinen Geburtstagskuchen angeschnitten hatte, sagte er zu uns: „Okay, zündet nun das Feuerwerk." Wir antworteten: „Aber es gibt kein Feuerwerk." „Oh ja, ich weiß, sie sind im *Ashram*", sagte er, „bitte geht und holt das Feuerwerk." Letztendlich brachten wir die Feuerwerkskracher und die Überraschung hatten wir anstatt er.

Ich musste einen Kracher anzünden, der von drei großen Zementblöcken umgeben war. Als ich den Feuerwerkskörper anzündete, fielen alle drei Blöcke um und einer landete auf meinem linken Fuß. Jeder machte sich Sorgen. Swamiji kam zu mir und sagte mir: „Keine Sorge, nichts ist gebrochen. Es wird okay sein und du wirst keine Schmerzen haben." Was Swami sagte war wahr, ich war in der Lage, ohne Schmerzen zu gehen und zu rennen.

NAVARATRI 2006

Jedes Jahr zu den *Navaratri* Festlichkeiten haben wir neun Tage des Gebets der Göttlichen Mutter gewidmet. Es ist Tradition, dass am letzten Tag der Feierlichkeiten Essen an die Menschen, die bei den Gebeten anwesend sind, ausgegeben wird. Wie gewöhnlich bereiteten wir das Essen für ungefähr dreihundert erwartete Gäste. Doch am letzten Tag kamen zu unserer Überraschung sechshundert Menschen. Als wir abschätzten, dass die Anzahl der Menschen, denen wir Essen ausgeben sollten, doppelt so groß war, als die, für welche wir Essen vorbereitet hatten, gerieten wir in Panik. Diejenigen, die das Essen kochten, kamen zu mir und sagten, dass die Essensmenge, die sie für die erwarteten dreihundert Menschen zubereitet hätten, niemals für die sechshundert ausreichen würde, die tatsächlich am letzten Tag von *Navaratri* kamen. Ich schämte mich sehr und konnte keine Lösung finden. Meine ältere Schwester fing zusammen mit einigen anderen an zu beten und Swami um Hilfe zu bitten. Wunderbarerweise erhielten wir göttliche Hilfe. Am Ende gab es reichlich Essen und es gab sogar genug für mehr als einen Nachschlag für diejenigen, die sich mehr wünschten. Und zu unserer Verwunderung war sogar etwas Essen übrig.

***

HAND IM TÜRRAHMEN

Mani – Mauritius

Im September 2008 machte ich eine Erfahrung mit dem Schutzaspekt von Swami Vishwananda. Vor diesem Vorfall hatte ich einen Ring mit der Abbildung von Swamis Gesicht gekauft. Eines Tages saß ich in einem Auto und hatte meine Hand im Türrahmen abgestützt. Unerwartet schlug jemand, der draußen stand, die Tür zu und meine Finger wurden gequetscht. Zu jedermanns Überraschung waren weder meine Finger noch der Ring beschädigt, als die Tür schnell wieder geöffnet wurde!

***

SHIBA

Elisabetta - Italien

Im Juni 2006 diagnostizierte der Tierarzt bei meiner süßen Katze Shiba einen großen Darmtumor. Während eines Treffens mit Swami berichtete ich ihm von dem Tumor meiner Katze. Als ich wieder nach Hause kam, wurde ein weiterer Test gemacht, der ergab, dass Shibas Tumor verschwunden war. Der gute Tierarzt konnte nicht verstehen, was geschehen war! Ich wusste, dass die

Gnade meines Gurus, diesem wundervollen Wesen Shiba geholfen hatte. Ich fühlte große Freude und Dankbarkeit gegenüber Swami und Gott. Für mich sind Gott und *Guru* eins. Swami sagte mir über Gott, dass er mir nah sei und dass er mich durch ihn sehe. Für mich ist das wie ein Wunder. Ich danke Swami mit ganzem Herzen. Gesegnet ist der Tag, an dem ich ihm begegnet bin, und ich bin gesegnet dadurch, dass er mich gerufen hat.

***

GOTTES SCHAFE

Aradhana - Kroatien

Die Schwangerschaft meiner Tochter mit meiner Enkelin verlief normal. Dennoch kam es zu einer komplizierten Geburt und die Ärzte stellten fest, dass das Leben des Babys in Gefahr war. Also beteten wir und warteten darauf, unsere neue Enkelin außer Gefahr zu sehen.

Wir wurden darüber informiert, dass das Baby auf dramatische und gefährliche Weise in einer Art Pirouette auf die Welt gekommen sei, wobei die Nabelschnur fest um ihren Hals gewickelt war, was die lebensspendende Sauerstoffzufuhr stark reduzierte. Ärzte und Krankenschwestern kämpften um ihr Leben. Völlig nichtsahnend über dieses Drama, war ich glücklich am Vorbereiten der Feier.

Nachdem ich von dieser schwierigen Situation gehört hatte, schrieb ich meinem Bruder Chaturananda, der in Swami Vishwanandas spirituellem Zentrum in Springen lebt. Ich bat ihn, Swami um sein Gebet zu bitten. Ich dachte: „Was ist diese Gnade, die die verborgenen Winkel unserer Gedanken und Gefühle kennt und wie groß ist diese Liebe, die uns auf sanfteste Weise in den schmerzlichsten Momenten unseres Lebens umarmt?“ Ich weiß nicht, wie lange ich in diese süße, liebevolle Umarmung eingetaucht war, als die nächste Nachricht auf meinem Handy mich aufrüttelte. Sie war von meinem Bruder. Swami hatte gesagt, dass es dem Baby gut gehen würde. Und es ging ihr wirklich gut.

Seit dem Tag, an dem Swami Vishwananda in mein Leben getreten ist, hat es viele solcher Vorkommnisse gegeben. Viele Geschichten wie diese verflechten sich mit dem kontinuierlichen Faden von Gottes Gnade, die ich im Muster meines Lebens fühle. Mein Leben und das Leben meiner nahen Familienmitglieder sind durch Swamis Präsenz auf eine Weise bereichert, die man mit bloßen Worten nicht beschreiben kann. Danke, *Guruji*, mein gnadenreicher Engel, danke für alles!

***

ICH FÜHLE MICH GROSSARTIG!

Brishti – USA

Ich begegnete *Gurudev* Swami Vishwananda am Lakshmi Tempel in Riverside, Kalifornien, USA. Eine Freundin aus Santa Fe, Neu Mexiko, rief mich spät an dem Abend an, bevor ich Swami zum ersten Mal begegnet bin. Sie erzählte mir von Swami und dass er am nächsten Morgen beim Lakshmi Tempel in Riverside sein würde. Sie sagte mir unnachgiebig: „Du musst dort hingehen."

Ich beschloss, dass ich zusammen mit meiner besten Freundin und meiner Tochter dorthin gehen würde, um Swami zu treffen. Als wir am Tempel ankamen, bemerkten wir, dass viele Aktivitäten im Gange waren. Ich war nie zuvor in einem *Hindu*tempel gewesen und ich wusste nicht, was ich zu erwarten hatte. Wir warteten eine Weile, dann veränderte sich plötzlich die Energie im Raum und die Menschen wurden sehr lebendig, die Kinder lachten und alles sah heller aus. *Gurudev* kam zur Tür herein und intuitiv wusste ich, dass ich meinen Lehrer gefunden hatte, nach dem ich beinahe mein gesamtes Leben lang gesucht hatte.

Swami Vishwanandas *Darshan* fing an und ich fand mich in einem Meer von Menschen wieder. Meine Freundin fühlte sich nicht gut und es sah so aus, dass wir, ohne Swamis Segen empfangen zu haben, gehen mussten. Durch die Freundlichkeit einer der Assistenten von Swami durfte meine Freundin sich vorne anstellen, um *Darshan* zu empfangen. Doch meine Tochter und ich konnten nicht nach vorne zu Swami gehen, da ich das Gefühl hatte, mich um meine Freundin kümmern zu müssen.

Drei Tage nach dem ersten *Darshan* rief meine Freundin, mit der ich zu Swami Vishwananda gegangen war an und fragte, wie ich mich fühlte. Ich sagte ihr, dass ich mich gut fühle und wollte wissen, warum sie frage. Meine Freundin informierte mich darüber, dass sie zum ersten Mal seit vielen Jahren wieder in ihrem Bett schlafen würde. Vor Jahren hatte sie sich den Rücken bei einem Autounfall verletzt und hatte seit einigen Jahren in einem Stuhl geschlafen.

Ich erzählte daraufhin meiner Freundin, dass mir meine Knie- und Hüftverletzungen, die ich mir bei einem Sturz beim Laufen zugezogen hatte, keine Schmerzen mehr bereiteten. Außerdem konnte ich zum ersten Mal seit langer Zeit wieder die Nacht hindurch schlafen. Meine Freundin und ich kamen zu der Schlussfolgerung, dass die einzig mögliche Erklärung war, dass wir während Swami Vishwanandas *Darshan* geheilt worden sind. Sie hatte diesen Segen durch seine Berührung empfangen, doch ich war nur im Raum gewesen und hatte nicht seinen *Darshansegen* durch direkte Berührung empfangen. Für meine Freundin und mich war dies die erste von vielen Erfahrungen der „Liebe jenseits von Worten“ mit Swami Vishwananda.

***

AUSLANDSSTIPENDIUM

M. – Deutschland

Swamiji hat schon mehreren meiner Familienmitglieder geholfen. Er sagte einmal, er werde für meine Mutter beten, insbesondere nach ihrem Herzinfarkt, und bald darauf ging es ihr besser. Ein anderes Mal half Swami meiner Tochter. Meine Tochter wünschte sich so sehr, ein oder zwei Semester im Ausland studieren zu können. Sie war schon im vierten Semester und hatte sich bereits vergeblich für Austauschstipendien in London und Dublin beworben, doch es sollte nicht sein und sie hatte die Hoffnung schon aufgegeben. Ich bat Swamiji innerlich, ihr zu helfen. Bald darauf wurde sie von einer Mitarbeiterin des Erasmus Studentenaustauschprogramms per E-Mail darüber informiert, dass sie für ein Auslandsstipendium nach Oslo in Norwegen angenommen worden sei. Sie bekam ein Stipendium für zehn Monate!

Swamiji hat auch mir mit Herzrhythmusstörungen geholfen, die inzwischen laut EKG verschwunden sind. Ich fühle, dass Swami seinen Schülern und Anhängern eine bessere Gesundheit und weitere Segen aus Mitgefühl gibt, um unser Vertrauen in ihn zu festigen. Doch vor allem ist ein verwirklichter Meister da, um uns den Weg zur Selbstverwirklichung zu weisen, um Gott zu erreichen.

***

DER DUFT IM TRAUM

Nirmal – England

Einst ging es meinem Vater nicht gut, er war schwer krank. Swami sagte ihm: „Sorge dich nicht, alles wird gut." Die Ärzte machten einen Test und informierten uns darüber, dass die Testergebnisse gut seien. Diese Krankheit hätte Krebs sein können, denn alle Symptome hatten in diese Richtung gedeutet. Durch Swamis Gnade ging es meinem Vater gut. Swami gab ihm den Ratschlag,

Tulsi- und *Neem*tabletten einzunehmen. Sie halfen meinem Vater sehr.

Als meine Schwester krank war, verlor sie ihre Stimme. In der folgenden Woche hatte sie ein Jura-Examen, sie sollte vor einem Prüfer stehen und einen Streitfall spielen. Sie wurde krank und war im Bett. Sie träumte, dass Swami sie zu Mutter Maria brachte. Als sie aus diesem Traum erwachte, war ihr Fieber stark gesunken. Nach ein paar Tagen ging es ihr gut und sie konnte zum Examen antreten. Sie war über die Geschwindigkeit ihrer Genesung sehr überrascht.

Meine Großmutter hatte ein Zahnproblem, das eine Operation notwendig machte, wobei der Arzt in ihren Oberkiefer bohrte. Sie lag mit schrecklichen Schmerzen im Bett. Sie hatte einen Schlüsselanhänger mit Swamis Bild darauf. Meine Großmutter betete zu Swami: „Bitte hilf mir, die Schmerzen sind nicht auszuhalten." Swami erschien ihr in einem Traum und fragte sie: „Warum weinst du so sehr? Was ist passiert?" Dann legte er seine Hand auf ihre Stirn und verschwand. Meine Großmutter versuchte, ihr Gesicht zu drehen, um nach Swami zu sehen, doch sie wachte aus ihrem Traum auf.

Sie erkannte, dass der Duft, den sie im Traum an Swami wahrgenommen hatte, nun physisch im Zimmer vorhanden war!

Als wir einmal in die USA reisten, war mein Vater sehr krank. Wir wussten nicht, was geschehen war und er hatte massive Schmerzen. Wir dachten, sein Darm sei durch sein Zwerchfell gebrochen. Eine Röntgenaufnahme zeigte, dass sein Verdauungstrakt blockiert war. Das Essen bewegte sich nicht mehr weiter in ihm. Wir riefen Swami übers Telefon an. Swami sagte uns: „Keine Sorge, tut etwas *Vibhuti* in Wasser und gebt es ihm zu trinken, es wird alles gut."

Die Ärzte untersuchten meinen Vater, indem sie eine Flüssigkeit in seinen Körper leiteten, um dann eine Aufnahme zu machen. Dieses Ultraschallbild zeigte, dass er Nierensteine hatte, die zerbrochen waren und die Urethra hinunter wanderten und das hatte den

Verdauungstrakt blockiert. Die Ärzte informierten uns darüber, dass die Steine zu groß seien, um von selbst ausgeschieden zu werden. Wir warteten geduldig und taten, was Swami uns zu tun aufgetragen hatte. Jeden Tag gaben wir unserem Vater in Wasser aufgelöstes *Vibhuti* und die Steine kamen heraus, entgegen dem, was die Ärzte uns gesagt hatten, nämlich dass sie nicht von allein herauskommen könnten. Swami ist immer da, wenn ein Unglück kommt.

***

HEILUNG

Pari – Deutschland

Im Jahre 2009 hatte meine Mutter eine akute Blinddarmentzündung. Da sie große Schmerzen hatte, musste sie ins Krankenhaus und der Arzt teilte ihr mit, eine Operation wäre so gut wie unvermeidbar. Der Arzt schickte sie dennoch nach Hause mit der Bitte, sie möge zurück ins Krankhaus kommen, wenn die Schmerzen sich verschlimmern. Sie verbrachte die nächsten Tage unter Schmerzen im Bett. Ich habe Swamiji darüber informiert, was passiert war und dass sie voraussichtlich operiert werden müsse. Swami sagte mir, ich solle mir keine Gedanken machen und alles würde gut werden.

Eines Abends gab Swami *Darshan* und meine Mutter war auch dort. Als sie zu ihm nach vorne ging, sagte Swamiji zu meiner Mutter, er würde für sie beten und sie solle keine Angst vor der Situation haben. Außerdem gab er ihr die Anweisung, am nächsten Tag ins Krankenhaus zu gehen. Erneut sagte er mit einem strahlenden Lächeln, er würde für sie beten. Als sie am nächsten Tag ins Krankenhaus ging und für die anstehende Operation untersucht wurde, waren die Ärzte schockiert, die akute

Blinddarmentzündung war verschwunden. Wir beide, meine Mutter und ich, sind Swami für diesen Segen und diese Heilung unendlich dankbar.

EIN KLEINES WUNDER

Einmal war ich mit meiner Mutter und unserem Hund auf dem Weg nach Hause. Wir hatten einen langen Tag hinter uns und wollten so schnell wie möglich nach Hause. Wir waren ein klein wenig zu schnell unterwegs und bemerkten nicht, dass hinter uns ein Polizeiauto fuhr. Die Ampelanlage zeigte fast rot an, jedoch waren wir zu schnell und konnten nicht mehr rechtzeitig anhalten. Die Polizei sah das und nahm die Verfolgung auf.

Wir hatten keine Ahnung, was wir den Polizisten sagen sollten, da wir uns unseres Fehlers bewusst waren. Wir beteten zu Swamiji, er möge uns doch bitte irgendwie aus dieser misslichen Lage befreien. In diesem Moment konnten wir seine Gegenwart sehr stark spüren und unsere Gemüter beruhigten sich. Wir fuhren in eine kleine Seitenstrasse und die Polizei folgte uns auch dort hin. Wir überlegten uns eine passende Entschuldigung für die Polizei und stoppten unser Auto. Das Polizeiauto fuhr ganz nah an unser Auto ran. Der Polizist schaute mit einem ziemlich verdutzten Gesichtsausdruck in unser Auto, drehte um und fuhr die gleiche Strecke zurück, die wir gekommen waren.

DER VERLORENE TERMINPLANER

Ich hatte meinen persönlichen Terminplaner verloren, der sehr wichtig für mich ist, da alle Telefonnummern und Termine darin stehen. Ich suchte in meinem Auto, in der Wohnung, auf der Strasse, aber ich konnte ihn nirgendwo finden.

Ich konnte mich nicht damit abfinden, ihn verloren zu haben und so suchte ich an den gleichen Plätzen immer und immer wieder. Nach zwei Tagen überkam mich die Verzweiflung und ich betete zu Swami, er möge mir doch bitte zeigen, wo mein Terminplaner ist. Direkt nach meinem Gebet hatte ich das Gefühl, dass sich der Terminplaner in meinem Auto befindet und ich dort danach suchen solle. Ich dachte mir, es macht überhaupt keinen Sinn ans Auto zu gehen, da ich schon fünf Mal genau dort danach gesucht hatte. Wie auch immer, das Gefühl, meinen Terminplaner im Auto zu finden, war zu stark. Also suchte ich ein weiteres Mal und konnte meinen Augen nicht trauen. Der Terminplaner war unter dem Autositz - jedoch gut sichtbar platziert. Ich hatte mein Auto gründlich durchsucht, auch unter den Sitzen fünf Mal! Ohne jeden Zweifel hat Swamiji diesen Terminplaner materialisiert! Danke *Guruji*!

***

ERST DER ARMREIF UND DANN DER PASS

Karim - Deutschland

Am 24. November 2009 hatte ich einen Flug nach Miami gebucht. Vier Wochen vor der Abreise suchte ich meinen Pass und konnte ihn nirgends finden. Ich wurde immer nervöser und wollte schon meine Abreise verschieben. Zwei Tage vor der Abreise war der Pass immer noch nicht auffindbar und ich war sehr deprimiert. Ich kurvte nachts mit dem Auto in den Straßen von München herum, um mich von einer leichten Depression abzulenken. Als ich spät nachts von meiner Rundfahrt nach Hause kam, hatte sich meine Mutter natürlich Sorgen gemacht und war wach geblieben, bis ich zurückkam.

Einer plötzlichen Eingebung folgend, suchte meine Mutter in all meinen Jacken. Sie fand den Pass nicht, aber den Armreif von Swami, der im Ärmel einer länger nicht getragenen Jacke hing. Ich war glücklich über den wieder gefundenen Armreif, aber es wäre mir lieber gewesen, wenn der Pass aufgetaucht wäre.

Am nächsten Morgen - als meine Mutter mich aufwecken wollte - lag der lang gesuchte Pass mitten auf dem Boden in meinem Zimmer, unübersehbar ins Auge fallend. Wir waren beide fassungslos, da schon seit zwei Wochen jeder nach diesem Pass gesucht hatte und zuvor kein Pass jemals in der Mitte des Zimmers lag.

Wir wussten in diesem Augenblick sofort, dass der Armreif mich auf meiner Reise beschützen sollte und ohne ihn keine Reise angetreten werden sollte - also: erst der Armreif - und dann der Pass...

Wir wussten beide, dass Swami gut auf uns aufpasst und sind sehr dankbar dafür. Ich badete meinen Armreif in Milch und flog beschützt in die USA.

***

OM-HEALING ERFAHRUNGSBERICHT

Susanna und Karl

Im Oktober 2008 stürzte Susanna vom fünften Stock ihres Wohnhauses in die Tiefe. Allein die Tatsache, dies zu überleben, ist schon wunderbar und ebenso wunderbar die – relativ gesehen – äußerst glimpflichen Verletzungen. Fünf Knochenbrüche, die inneren Organe jedoch und ebenso der Kopf blieben unverletzt. Im Mittelpunkt dieses Berichtes steht die Trümmerfraktur des Ellbogens. Dieses Gelenk war durch die Wucht des Aufpralls in etwa 30 Teile zersplittert, und da der Ellbogen ein zusammengesetztes Gelenk ist, ist eine Rekonstruktion nicht möglich. Die Ärzte prognostizierten eine völlige Gelenksteife, und diese Prognose hat einiges Gewicht, da die Ärzte auf jahrelange Erfahrungswerte zurückblicken.

Ich versuchte, den Heilungsprozess so gut die Umstände es erlaubten, zu unterstützen. Selbstverständlich besuchte ich sie täglich, brachte gesundes Essen, Nahrungsergänzungen und unterstützte sie mental durch positives Denken. Beginnt Heilung nicht von innen? Ich sagte ihr, dass wir eines Tages in den Himalaya fahren würden, um nach dem heiligen *Babaji* zu suchen und ihn um seinen Segen zu bitten.

Inzwischen war der Gips entfernt und der Ellbogen steif, lediglich ein bis zwei Zentimeter konnte sie die Hand hin und her bewegen.

Eines Tages erzählte Susanna mir eine seltsame Geschichte: „Gestern Abend hat es in meinem Ellbogen zu kribbeln begonnen und er ist ganz heiß geworden. Ich habe gekratzt, doch das hat nichts geholfen. Plötzlich hat der Arm ausgeschlagen und nach dem dreieckigen Haltegriff gelangt und hat meinen Oberkörper hochgezogen, bis es einen Riesenknacks im Ellbogen machte! Das hat dann furchtbar wehgetan und ich hab den Ellbogen die ganze Nacht gestreichelt." – „Wann war denn das?", fragte ich. „Ungefähr um acht Uhr." Ich erzählte Susanna, dass ich zu der Zeit an meiner ersten *OM-Healing* Sitzung von Swami Vishwananda teilgenommen hatte und mich speziell auf ihren Ellbogen konzentriert hatte. Seitdem konnte sie den Arm Tag für Tag mehr und mehr bewegen. Das war recht außergewöhnlich, so dass sogar ein älterer Oberarzt erstaunt darauf aufmerksam wurde und sie aufforderte, ihre Übungen fleißig weiterzumachen.

Eine Woche später war ich wieder beim *OM-Healing*. Als ich Susanna fragte, ob sie wieder etwas gespürt hätte, verneinte sie dies. Als ich aber erwähnte, dass ich deutlich ihre Narbe am Oberschenkel gesehen hätte, horchte sie auf. Ja, im Oberschenkel war die Energie deutlich zu spüren! Das Bein wurde ganz heiß und hätte sich sogar bewegt, wäre es nicht in einer Schiene fixiert gewesen. Susanna aber hatte sich die ganze Zeit darauf konzentriert, Energie im Ellbogen zu spüren.

Die Voraussage, dass Susannas Ellbogen steif bleiben würde, ist nicht eingetroffen und *OM Healing* könnte der wichtigste Grund dafür gewesen sein. Zu der Zeit, als ich mit *OM Healings* begonnen habe, war Susannas gebrochenes Bein sieben Zentimeter kürzer als das andere, doch eine weitere Operation egalisierte die Differenz beinahe vollständig. Heute ist Susanna in der Lage, ohne Hilfsmittel zu gehen und ihr Ellbogen ist nicht mehr steif. Beim *OM-Healing* sind wir inzwischen regelmäßige Gäste.

***

EINE AUSSERGEWÖHNLICHE HEILUNG

Heidi - Deutschland

Im Jahr 2005 litt ein 15-jähriger Junge an einem Gehirntumor, der sich an einer äußerst ungünstigen Stelle im linken Vorderkopf befand. Seine Mutter war verzweifelt und bat mich, mit Swami Vishwananda darüber zu sprechen. Sie wusste, dass ich ihn in Italien treffen wollte. Schon bald hatte ich die Gelegenheit, mit Swami über den Jungen zu reden und ich sagte ihm, dass die Operation in zwei Tagen stattfinden würde. Er sah eine ganze Zeit lang in andere Sphären und sagte dann: „Die Operation ist durchgeführt." Dann wandte er sich an eine andere hilfsbedürftige Person. Ich dachte: „Ah, das war alles?"

Am darauf folgenden Tag fuhr ich zu dem Jungen und seiner Mutter und erzählte ihnen, was Swami gesagt hatte. Der chirurgische Eingriff verlief sehr gut, obwohl er zwölf Stunden gedauert hatte. Danach hatte der Junge keine Schmerzen mehr, was niemand so recht glauben konnte. Er wurde nach 14 Tagen aus der Klinik entlassen, ohne eine Chemotherapie über sich ergehen lassen zu müssen. Die Ärzte hatten im Fall eines derartigen Gehirntumors keine Erklärung dafür. Des Weiteren konnten sie nur schwerlich die Geschwindigkeit der Genesung des Jungen nachempfinden. Der Tumor hatte die höchste kritische Stufe, die ursprünglichen Prognosen waren daher schlecht und trotzdem ist alles komplett anders verlaufen, als es der medizinische Stab je erwartet hatte. Wir wussten, dass Swami dem

Jungen und seiner Mutter den Segen erteilt hatte.

***

EINE AUSSERGEWÖHNLICHE GEBURT

Elena Bričević and Majia Zivkovic (leibliche Schwestern)

Swami Vishwananda hat eine *OM Healing* Gruppe, die sich in Dugi Rat, Kroatien, trifft. Meine Schwester Majia und ich (Elena), hatten seit einem Jahr regelmäßig an diesem *OM Healing* teilgenommen. Während dieser Zeit bin ich spirituell gereift und ich fühle mich emotional und physisch großartig. Wenn ich Schmerzen habe, wie zum Beispiel Kopfschmerzen, verschwindet der Schmerz nach dem *OM Healing*.

Oftmals, wenn wir *OM* chanten, höre ich zusätzlich Klänge, von denen ich denke, dass sie nicht von diesem Planeten sind. Manchmal höre ich den Klang eines Horns, manchmal eine Glocke und manchmal Chorgesänge. Viele Male hörte ich die Stimme eines Mannes, der zusammen mit uns *OM* sang, obwohl an diesem *OM Healing* nur Frauen teilnehmen. Manchmal kann ich wunderbaren Rosenduft riechen, als ob Rosenräucherwerk angezündet worden sei. Zu Beginn des *OM Healings* verspüre ich immer eine große Freude und danach empfinde ich unaussprechlichen inneren Frieden.

Meine Schwester Majia, die mit mir an dem *OM Healing* teilnimmt, konnte kein Kind empfangen. Sie beschloss, zur heiligen Irene zu beten und tat das dann auch einen Monat lang. Nach diesem Monat des Betens wurde sie schwanger. Die gesamte Schwangerschaft hindurch nahm sie bis zum Tag der Geburt am *OM Healing* teil. Am 12. November 2009 waren wir beim *OM Healing* und nachdem Majia wieder nach Hause gekommen war, setzten ihre Wehen ein. Meine Schwester bat mich, sie ins Krankenhaus nach Split, ungefähr siebzehn Kilometer von zu Hause entfernt, zu fahren. Während der

Fahrt zum Krankenhaus wurden die Wehenschmerzen sehr intensiv und ihr Fruchtwasser fing an abzugehen. Ich war gezwungen, das Auto anzuhalten und zu parken. Natürlich habe ich ihr bei der Entbindung geholfen. Unglaublicherweise wurde das Baby nach nur drei Wehen und Majias mitwirkendem Pressen mit Leichtigkeit im Auto geboren.

Niemand hatte erwartet, dass meine Schwester das Kind ohne starke und lang dauernde Wehenschmerzen zur Welt bringen würde. Ich glaube, dass die schnelle und leichte Geburt ein Segen unserer spirituellen Führer war und dass wir von der Mutter Gottes, Babaji und Swami Vishwananda gesegnet waren. Das Baby, Lucija, verströmte nach der Geburt fünfzehn Minuten lang Rosenduft bis wir es zum ersten Mal badeten.

Aus meinen eigenen Erfahrungen schließe ich darauf, dass die *OM Healing* Technik ein großes Geschenk und ein großer Segen Gottes ist. Vielleicht sollten alle Menschen auf dem Planeten Erde für Gottes Geschenk des *OM Healings* dankbar sein. Gott segne Dich! *Jai Gurudev*!

Meine Schwester Majia (die Mutter) fügt kurz ihr eigenes Erlebnis hinzu: *OM Healing* ist ein großes Geschenk und ein großer Segen von Gott, Babaji und Swami Vishwananda und ich bin ihnen allen sehr dankbar, dass sie diese kraftvolle Technik verfügbar machen. *OM Healing* hat mir viele Male geholfen, besonders während meiner Schwangerschaft. Es war sehr schwierig für mich, zu sitzen und zu chanten. Trotz dieser Schwierigkeiten ging ich weiterhin zum *OM Healing*, weil ich mich hinterher immer wunderbar gefühlt habe.

Am 12. November hatte ich das Gefühl, dass ich bald das Baby zur Welt bringen würde und mit großer Freude ging ich zum *OM Healing*. Entsprechend meines früheren Gefühls setzten die Wehen ein, sobald ich vom *OM Healing* nach Hause zurückkam.

Interessanterweise ging es mir auf dem ganzen Weg zum Krankenhaus, wohin mich meine Schwester fuhr, großartig (Aus der

Geschichte meiner Schwester oben wisst Ihr, dass das Baby im Auto auf dem Weg ins Krankenhaus geboren wurde). Ich hatte ein Gefühl, als ob jemand anderes gerade dabei gewesen ist, das Baby zur Welt zu bringen. Von Natur aus bin ich eher ein ängstlicher Mensch, doch in diesen Momenten auf der Fahrt ins Krankenhaus und bei der Geburt im Auto, war ich uncharakteristisch mutig und selbstbewusst.

Nach der Geburt roch das Baby nach Rosen und auf den ersten Fotos kann man sehen, dass es von einem blauen Licht umgeben ist. Ich bin sowohl der Göttlichen Mutter als auch der heiligen Irene sehr dankbar, die mir in meinen Momenten der größten Bedürftigkeit halfen. Ich bin auch allen *OM Healing* Freunden dankbar. *OM Healing* bedeutet mir sehr viel und ich freue mich auf den Tag, wenn meine Lucija alt genug ist, dass ich wieder am *OM Healing* teilnehmen kann.

Mahavatar Babaji

Sri Ramanujacharya, Begründer des Sri Sampradaya-Ordens, aus dessen Linie Swami Vishwananda kommt.

Dezember 1978

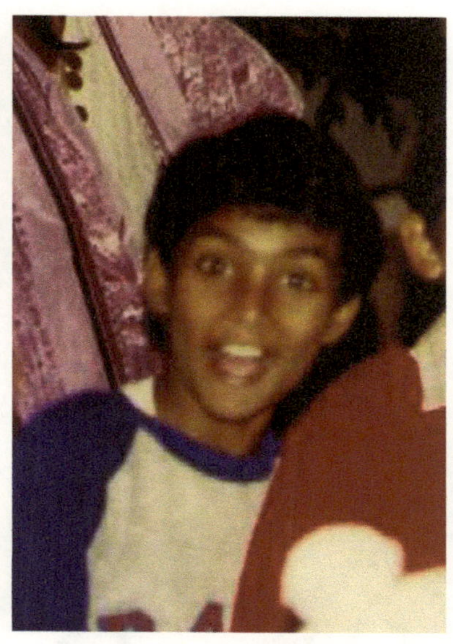

Als Junge in Mauritius

Von rechts nach links: Kiran (Freund), Viraj, Ravi (Swami's Cousin), Swami und seine Schwester Tina

Im Alter von 17 Jahren

Swami's Familie mit Großmutter, 1997

Mauritius 1999

1997

Swami mit seiner Familie

Mauritius 2000

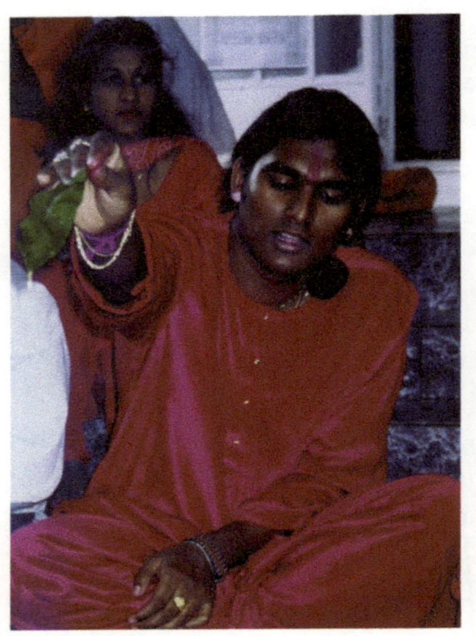

Bei einem Yagna 1999

Schweiz 1999

Deutschland, 2000

Während der Erscheinung von Maria

Italien, 2000 *Padua, Italien 2000*

Im Schnee, Deutschland, 2000

Tempel in Quatre Bornes, Mauritius, 2001

Marienkapelle in Quatre Bornes, Mauritius, 2001

Shree Peetha Nilaya Tempel in Springen, Deutschland, 2011

Orthodoxe Kapelle in Springen, 2011

Beim Ikonen malen, 2010

Steffenshof, 2008

Erster Goldener Lingam, 2005

Steffenshof, 13.6.2008

Ikonen aus denen heiliges Öl fliesst, Steffenshof 2006

Vibhuti, Amrit, Kumkum, auf Bildern und Statuen in Swami's Jugendzimmer in Rosehill, Mauritius

Lingams, von Swami materialisiert an Shivaratri 2011

Swamis Schuhe, auf denen sich ständig neu Vibhuti bildet,
Kenia, 2009

"Die grosse Kraft hinter Allem"

KAPITEL FÜNF

Führung

„Du kannst niemals zuviel lieben."

Sri Swami Vishwananda

EINWEIHUNG IM KUHSTALL

Swamini VishwaKarunaanandama (ehemals Mahdevi) - England

Als ich Swami Vishwananda zum ersten Mal traf, fühlte ich eine solche Göttliche Liebe, dass ich mit dieser Liebe so oft wie möglich in Kontakt sein wollte.

Zu dieser Zeit besuchte Swami England, wo ich lebe, nur zweimal im Jahr. Kurz nachdem ich ihn getroffen hatte, wurde ich darüber informiert, dass geplant war, dass Swami eine *Yagna* Zeremonie in der Schweiz abhalten würde und ich beschloss, dorthin zu gehen.

Nach meinen Informationen sollte das *Yagna* in Locarno in der Schweiz, nahe an einem See stattfinden. Ich freute mich auf ein schönes entspanntes Wochenende bis ich hörte, dass die Unterbringung in einem Kuhstall sei! Ich ließ mich nicht abschrecken und fand ein kleines Hotel in der Nähe. Ich buchte einen Flug nach Zürich, zum nächstgelegenen Flughafen, und von da an schien das Chaos zu regieren. Irgendwie verpasste ich die Person, die mich abholen sollte und auch die anderen Leute aus London, die uns am Flughafen in Zürich treffen sollten. Sie hatten ihren Flug aus London verpasst. Ich musste selbst meinen Weg finden.

Dann erfuhr ich, dass das *Yagna* nicht in Locarno sondern in Lugano war. Schließlich fand ich den richtigen Zug nach Lugano, gerade rechtzeitig vor der Abfahrt. Auf meinem Weg zum richtigen Ort musste ich umsteigen und unterwegs zwei verschiedene Busse nehmen. Ich stellte fest, dass wir zu Swami Vishwanandas *Yagna* Platz mit einer Seilbahn auf einen Berg fahren mussten.

Um meine Entschlossenheit zu testen, ging die Verwirrung weiter. Ich dachte, wir würden an einem See sein, aber wir waren draußen auf einem Berg und mir war eiskalt. Jemand lieh mir freundlicherweise eine Decke und Handschuhe. Weil ich nicht informiert war, verpasste ich dann die letzte Seilbahn bergab zu meinem Hotel und wurde damit konfrontiert, die Nacht auf dem kalten Berg in einem Kuhstall zu verbringen! Um die Sache noch zu verschlimmern, ging meine Taschenlampe kaputt und ich trat ständig in Kuhmist. Da ich keine Alternative hatte, verbrachte ich eine sehr ungemütliche Nacht auf dem Berg und nahm die erste Seilbahn am Morgen hinunter zu meinem Hotel. Diese Erfahrung war nicht das, was ich erwartet hatte!

Nach einigen Stunden Schlaf im Hotel wachte ich sehr schlecht gelaunt auf. Dennoch beschloss ich, zur festgelegten Zeit wieder auf den Berg zurückzukehren, um Swamis *Darshan* zu erhalten. Ich nahm meine Laune und meine Verärgerung mit und fand schließlich einen ruhigen Platz unter einem Busch, um meine Wunden wie ein Tier zu lecken. Als ich dort saß, begann ich plötzlich zu hyperventilieren und zu meiner Bestürzung konnte ich das nicht kontrollieren. (Einige Jahre vor meiner Erfahrung mit Swami auf dem Berg hatte ich ein Buch über Hyperventilation geschrieben und die Verbindung zu vielen Krankheiten. Ich hielt mich für eine Expertin darin, wie man Hyperventilation durch den Atem unter Kontrolle bekommen kann.)

Als ich weiterhin allein unter dem Busch saß, verspürte ich schreckliche Schmerzen in der Herzgegend und fragte mich, ob ich eine Herzattacke hätte. Ich dachte, ich würde ein ruhiges Wochenende an einem Schweizer See verbringen und nicht auf einem Berg, womöglich mit einer Herzattacke! Ich wusste, dass das nächste Krankenhaus zwei Stunden entfernt war - was für eine Art zu sterben! Obwohl ich kaum weine, begann ich unter dem einsamen Busch hemmungslos zu weinen. Wenige Minuten später verschwanden die Herzschmerzen und ich fühlte mich viel besser. Während der Schmerzen und dem Weinen wurde mein ganzes Sein eingehüllt in eine sehr tiefe Liebe für alles und jeden. Das Gefühl war so schön, dass ich von dem Platz unter dem Busch aufstand und in einem vollkommen veränderten Bewusstseinszustand umherging.

Mein neues Bewusstsein war so überwältigend, dass ich mich fragte, ob ich stark genug wäre mit all der Liebe umzugehen, die ich fühlte. Ich dachte, wie werde ich den Alltag bewältigen in diesem Bewusstseinszustand? Ich stellte Swami Vishwananda diese Fragen. Typischerweise antwortete er einfach: „Du kannst niemals zu viel lieben."

Am Ende des Wochenendes fuhren mich Freunde zum Flughafen nach Zürich, damit ich meinen Flug zurück nach England erreichte. Das Chaos meiner Reise zum *Yagna* trat wieder auf. Wir hatten uns verfahren und in der Folge verpasste ich mein Flugzeug und musste einen hohen Aufpreis bezahlen, um auf den nächsten Flug gebucht zu werden. Noch immer im Bewusstsein der Liebe, die ich auf dem Schweizer Berg mit Swami Vishwananda erfahren hatte, spielte keines der Reisedramen vom Wochenende mehr eine Rolle. Seitdem habe ich kein Interesse mehr an einfach nur entspannten Wochenenden, sondern nur noch daran, die Göttliche Liebe zu spüren, die Swami in mein Leben und in das Leben derer, die ihn getroffen haben, bringt.

***

MEIN SATGURU

Chaturananda – Kroatien

Es gibt Zeiten im Leben, in denen ein Ereignis oder ein Mensch den ganzen Verlauf des Flusses des Lebens verändert. Das kann man von meiner ersten Begegnung mit einem großen Mann Gottes, Swami Vishwananda, sagen. Bei einer solchen Begegnung sind Worte unzureichend, um die wahre Größe oder Bedeutung dieses Treffens zu beschreiben. Es gibt keinen Ausdruck dafür, wenn man den Meister trifft, der einem von Gott geschickt wurde, um einen zur höchsten Sicherheit zu führen, zu ewigem Frieden, dem wahren

Zuhause, nach Inkarnationen im Exil, nach dem Umherwandern im Ozean der Täuschung, dieses Traumes, den wir Wirklichkeit nennen.

Wie ein großer Heiliger das Leben beschrieb, ist für diejenigen, die aus diesem schrecklichen Alptraum erwacht sind, das Umherwandern vorbei. Im klaren Spiegel ihres Bewusstseins können sie leicht erkennen oder die Wirklichkeit von Träumen unterscheiden, so wie der Schwan Milch von Wasser trennen kann. Es heißt auch, dass Gottes Streben, seine eigensinnigen Kinder anzuziehen, größer ist als deren Wunsch, zu seiner Allgegenwart zurückzukommen.

Ich kann das jetzt besser verstehen, denn nachdem ich benetzt wurde mit der Göttlichen Liebe dieses Gottesmannes hatte ich die Tendenz, mich zurückzuziehen: Nein, diese Kraft ist zu stark. Dafür bin ich nicht bereit. Ich habe nicht die Fähigkeit, ihn zu empfangen – das waren meine Gedanken. Jahrelang hatte ich ihn bewusst gesucht, hatte jeden Tag gebetet, dass er zu mir kommen möge. Als er zu mir in der Gestalt meines *Satgurus* kam, habe ich mich zurückgezogen wie eine Schildkröte sich in ihren Panzer zurückzieht. Ich schreckte davor zurück, das zu erhalten, wofür zu geben er gekommen war.

Swami Vishwananda war sehr geduldig mit mir. Er kam ein Jahr später wieder in der Hoffnung, dass ich meine Angst und meine Sorgen loslassen und das Werkzeug Gottes erkennen würde, das geschickt worden war, um mich nach Hause zu bringen. Dieses Mal gab es von meiner Seite her weniger Widerstand. Er versprach, dass er im folgenden Jahr wieder nach Kroatien kommen würde und ich hoffte, ihn auf dieser Tour zu begleiten. Ich spürte, dass er ein großartiger Mensch war und hatte den Wunsch, so viel Zeit wie möglich mit ihm zu verbringen. Es fiel mir natürlich nicht ein, dass man nicht zu ihm kommen kann, wenn er einen nicht selbst zu sich zieht. Später, nachdem ich mit ihm gesprochen hatte, erkannte ich, dass er es war, der meine Gedanken und Wünsche leitete. Er sagte mir, dass ich sein Schüler über viele, viele Inkarnationen hinweg gewesen sei. Es ist das Versprechen des *Gurus,* dass er seinen Schüler führt, bis er Gott verwirklicht, bis zur endgültigen Befreiung von der Knechtschaft dieser Illusion, die wir Leben nennen. Der Schüler verspricht im Gegenzug, dass er den Richtlinien des *Gurus* treu und nach besten Kräften folgt.

Tatsächlich fand ich in meinem *Guru* dieses Band der Göttlichen Liebe nicht unterbrochen, obwohl ich mir dessen nicht vollständig bewusst war, bevor ich ihn traf. Er war mein ganzes Leben lang bei mir gewesen und hatte still mein Herz geleitet, bis ich bereit war, ihm leibhaftig zu begegnen nach der scheinbaren Trennung in dieser gegenwärtigen Inkarnation. In ihm fand ich die Fülle der Beziehungen: Mutter zu Sohn, Vater zu Sohn, Freund zu Freund, Bruder zu Bruder, Liebende zu Liebendem.

Mit anderen Worten: alles in Einem. Er ist meine Mutter. Er ist mein Vater. Er ist mein wahrer Freund, mein Geliebter: mein Alles. Keine Beziehung in meinem Leben hatte die Fülle, die ich mit meinem *Gurudeva* fühlte.

Ich werde nie unsere zweite Begegnung vergessen. Es war am Flughafen, wohin ich gekommen war, um ihn zu begrüßen. Das war sein zweiter Besuch in meinem Land. Es ergab sich, dass ich ihn auf dieser Tour begleiten konnte, um danach mit ihm zum Steffenshof - seinem Haupt-*Ashram* zurückzukehren. Es war ein sofortiges Erkennen unserer Seelenverbundenheit. Er lud mich zu einer Fahrt ein. Er saß auf dem Fahrersitz und winkte mich ins Auto. Kaum wahrnehmbar, in der hintersten Ecke meines Verstandes tauchte ein Zweifel auf oder etwas Angst, von ihm gefahren zu werden.

Dennoch fühlte ich mich ziemlich sicher. Ich vergaß bald diesen Sekundenbruchteil des Gedankens, der mir zuvor durch meinen Kopf gegangen war. Als wir am verabredeten Ort ankamen, kurz bevor wir ausstiegen, wendete er sich zu mir und fragte: „Hattest Du Angst?“„Natürlich nicht!”, antwortete ich. Es waren Stunden vergangen, bis ich mich schließlich an diesen Sekundenbruchteil der Angst erinnerte.

Ich war mit den Lehren von Paramahansa Yogananda aufgewachsen und ich hatte gelesen, dass er seine Zuhörer mit der Frage herausforderte: „Wie geht's Euch allen?“ Alle riefen zurück: „Wach und bereit!“ Und dann, als ob er sie beim ersten Mal nicht gehört hätte, wiederholte er nochmals: „Wie fühlt Ihr Euch?“ Und die Menschen riefen wieder: „Wach und bereit!“ Erst dann fing er mit den Reden an, um göttliche Inspiration in empfängliche Herzen und Geister zu gießen.

Immer, wenn ich ihn treffe, fragt mich Swami Vishwananda so wie er jeden fragt: „Wie geht es Dir?“

Wach und bereit zu sein war jahrelang mein Motto gewesen. Wach und bereit, Gottes Liebe zu empfangen, aufmerksam zu sein für das, was Gott mir täglich anbietet durch Verbindungen mit anderen Menschen, für ihre Worte und die Gegebenheiten um mich herum und für die innere Stimme der Intuition. Swami stellte mir diese Frage viele Male und ich rief wörtlich immer zurück: „Wach und bereit!“ Zuerst war er verwundert als ich so antwortete, aber natürlich erfasste er die Bedeutung meiner Antwort. Es ergab sich, dass er beschloss, mich einmal zu prüfen um zu sehen, ob ich wirklich wach und bereit war.

Wir waren im Haus eines *Devotees* aus Zürich in der Schweiz. Es war zwei Uhr in der Nacht, als ich Swami in der Küche im Erdgeschoß traf. Er stellte mir die gleiche Frage; wieder war meine Antwort die gleiche. Er forderte mich erneut heraus: „Bist Du sicher?“ Ich antwortete: „Hundert Prozent!“ – „Bist Du sicher?“, fragte er wieder. „Definitiv!“, war meine Antwort. Dann sagte er: „Geh nach draußen. Dort wirst Du einige Früchte auf dem Sims des Küchenfensters finden. Nimm drei davon und iss sie.“ Ich hatte nur meinen *Dhoti* an und nichts an den Füßen. Ich eilte nach draußen in die kalte Nacht und fand nur rote Peperoni, die an einem Baum hingen, aber keine Früchte. Ich lief zurück in die Küche und sagte zu ihm: „Ich konnte dort keine Früchte finden, nur diese roten Dinger.“, und ich zeigte zum Fenster, von wo aus man sie sehen konnte. Dann sagte er: „Sind das nicht Früchte eines Baumes? Ich meinte Früchte des Baumes!" Da erkannte ich, dass ich nicht hundert Prozent wach und bereit war. Ich wollte wieder hinausgehen und die Peperoni essen, aber er sagte, dass der Verstand bereits angefangen hatte zu arbeiten, und dass ich die Prüfung nicht bestanden habe.

Nun, das war nicht das Ende der Geschichte. Der nächste Tag war hell und sonnig und ich genoss den morgendlichen Spaziergang im Garten. Ich stand vor dem besagten Fenster und als ich mich plötzlich umdrehte, sah ich einen großen Apfelbaum mit nur drei oder vier Äpfeln daran. In diesem Augenblick konnte ich über den ganzen Vorfall nur erstaunt meinen Kopf schütteln. Wäre ich in der vergangenen Nacht aufmerksamer gewesen, hätte mir einige Sekunden Zeit genommen und mich umgedreht, dann hätte ich den richtigen Baum gesehen und ich hätte die Prüfung bestanden.

Obwohl die Geschichte so endete, war ich so dankbar, denn ich habe mehr gewonnen, als ich mir vorstellen konnte.

Ich würde sagen, dieses Ereignis war eine typische Veranschaulichung des *Guru*-Schüler Verhältnisses. Es gibt viele andere kleine Ereignisse, manchmal ein flüchtiger Blick oder ein Anschauen von ihm, vielleicht nur ein Wort, gesprochen oder unausgesprochen, die tiefe Liebe und eine Sehnsucht nach Gott in mir bewirken, oder Freude, Glückseligkeit oder eine tiefe Ruhe in meinem Herzen und in meinem Verstand. Wie er uns, seine ausgewählten Kinder behandelt, mit mütterlicher Fürsorge, ist inspirierend und manchmal überwältigend.

Das Schöne daran, mit einem großen *Guru* zusammen zu sein ist, dass er niemals dein Ego aufblasen wird. Im Gegenteil, er wird sein Bestes tun, um es zu vernichten. Mein *Guru*, Swami Vishwananda, macht das immer, aber seine Methoden sind sanft und liebevoll. Indem ich ihn als meinen Erlöser angenommen habe, gab ich ihm meine Erlaubnis, alle Macken in meinem Charakter auszubügeln, alle Negativität zu entfernen, alle Stolpersteine, die mich davon abhalten, mein Eins-Sein mit Gott zu verwirklichen. Ich weiß, dass er Zugang zu meinen innersten Gedanken hat, denn ich habe ihm den Zugang gewährt als Teil der Annahme unseres heiligen Bandes als *Guru* und Schüler.

Eines Abends stand ich am Eingang der Kapelle, in der Ikonen von Heiligen aufgehängt sind. Es waren auch andere Schüler in der Nähe und alle waren mit ihren eigenen Aufgaben beschäftigt. Ich genoss einfach die Stimmung, in der Gegenwart meines *Gurus* zu sein. Ich wusste, dass er nie eingestand, dass er weiß, was in unseren Köpfen vorgeht. Darum fühlte ich mich frei, meinem göttlichen Schrei nach meiner Göttlichen Mutter Ausdruck zu verleihen, welche ich in der Gestalt meines *Gurus* sah. Ich fühlte mich sicher in mir selbst und mit dem Gedanken, dass er mich vollkommen meiden würde, um mein Ego nicht in geringster Weise aufzubauen, sank ich in die Arme der Göttlichen Mutter. Ich vergoss sanft meine Tränen der Liebe und der Sehnsucht nach Ihr mit einem Anflug von Traurigkeit, dass Sie noch nicht gekommen war, gemischt mit der freudigen Erwartung Ihres lang erwarteten Kommens. Genau in diesem Augenblick näherte sich mir *Gurudeva* und fragte mit der süßesten Stimme: „Warum weinst du?“ Ich war verblüfft, denn ich hatte diese plötzliche Wendung der Ereignisse nicht erwartet. Ich versuchte, meine Gefühle zu verbergen, stotterte und hoffte, die richtigen Worte zu finden, um meine Liebe zu verbergen. Sich vor dem *Guru* verstecken! „Schäme dich“, dachte ich später. Machen wir nicht jeden Tag immer wieder dasselbe? Wir spielen Verstecken mit unserem eigenen Schöpfer, der hinter unseren Gedanken steckt, hinter jedem Herzschlag, in jedem Atom unseres Seins und von allem um uns herum, der uns besser versteht als unser bester Freund, besser als unsere eigene Mutter oder unser eigener Vater – und wir wundern uns, warum Er sich vor uns versteckt. Wir laufen vor Ihm weg wie verlorene Söhne, nicht Er läuft vor uns weg! Und Er wartet immer geduldig, dass wir vielleicht unsere Herzen erheben, nur um für einmal Seine Liebe zu empfangen.

Bei einer anderen Gelegenheit kam Swami auf einem Parkplatz zu mir und mit tiefster Liebe drückte er seine Hand auf mein Herz und massierte sanft diesen Bereich, ohne ein Wort zu sagen, nur mit einem tiefen unergründlichen Blick seiner Augen. Danach gab er mir eine bärenstarke Umarmung, um einmal mehr seine Liebe für mich zu bestätigen. Manchmal fragte ich mich: Warum um alles in der Welt liebt er mich so sehr? Ich liebe ihn nicht einmal so sehr wie er mich liebt. Ich weiß, dass ich niemand Besonderes bin. Ich kann ihm keine besonderen Fähigkeiten anbieten, kein Geld, kein Erbe, nichts. Ziemlich oft spüre ich, dass meine Liebe so minderwertig ist, doch das ist das Einzige, was der Schüler seinem *Guru* geben sollte. Was kannst du ihm denn dann geben, wenn du so fühlst? Hoffentlich sieht der *Guru* weit über unser Ego und unseren Verstand hinaus. Denn die Liebe unserer Herzen, die rein und unbefleckt ist, ist stets bereit zu keimen, auch wenn sie mit dem Schlamm unserer rastlosen Gedanken und unseres Egos bedeckt ist. Swami dringt tief ein und führt uns direkt von der Seelenebene aus und stört sich nicht an unserem Ego und an unserem Verstand, denn das sind nicht wir. Sie sind wie alte Kleider, die wir loswerden müssen. Er liebt uns als das, was wir wirklich sind – Kinder Gottes, reine Liebe und Glückseligkeit. Er lehrt uns, uns über das Ego und den Verstand zu erheben, tief nach innen zu schauen und die göttliche Erinnerung wieder zu erwecken, dass wir nicht sterbliche Wesen sind, die dazu verurteilt sind, uns im Schlamm unseres Fehlverhaltens zu wälzen. Er kam, um die Samen der Liebe in die Herzen der Menschen zu säen und um uns den Weg zurück zu unserer wahren Heimat in Gott zu zeigen. Er ist der wahre Leuchtturm, der Leitstern unserer schiffbrüchigen Herzen. Ihm biete ich meine Dankbarkeit und meine Hingabe an. Ehre sei Gott, der zu mir kam in Gestalt meines *Satguru. Jai Gurudeva!*

***

LIEBE IST EINFACH LIEBE

B.W. - England

Während der ersten Monate, nachdem ich Swami Vishwananda zum ersten Mal getroffen hatte, war ich voller Vorfreude darauf, ihn wieder zu sehen und viele Fragen gingen mir durch den Kopf. Ich hatte Gewissensbisse wegen meiner Ungeduld, Swami wieder zu sehen und hatte das Gefühl, dass ich meinen ursprünglichen Meister betrüge. Voller Zweifel dachte ich mehr an Swami als an meinen eigenen Meister. Ich hatte Träume, in denen mein Meister Swami Vishwananda wurde und umgekehrt. Zurückblickend sehe ich, dass ich gelehrt wurde, dass alles eins ist. Da ich das nicht verstand, machte mich das nur ängstlich und unruhig.

Fünf Monate nachdem ich ihn zum ersten Mal getroffen hatte, kam Swami am Tag vor *Shivaratri* nach London. Voller Aufregung und Vorfreude erwarteten wir ihn im Haus eines Freundes, wo er wohnen würde. Als er ankam erschauerte ich vor Ehrfurcht nur durch seine reine Präsenz. Ich war vollkommen entnervt und beschloss, mich nach hinten zu setzen, um ihn von weitem zu beobachten. Letztendlich saß ich mit ihm beim Abendessen. Ich saß da und beobachtete ihn genau, konnte aber kein Wort sagen. Ich weiß nicht, was an ihm bewirkte, dass ich nicht normal funktionierte. Ich war so gebannt; ich konnte nicht einmal mein Essen genießen.

Als Swami vom Tisch aufstand und sagte, dass er irgendwo hingehe, spürte ich einen sofortigen Schmerz in meinem Herzen und dachte: „Oh ... bitte gehe nicht." Er drehte sich augenblicklich zu mir um und sagte: „Ich werde gleich zurück sein." Erleichtert richtete ich wieder meine Aufmerksamkeit auf mein Essen. Als er gerade den Raum verlassen wollte, drehte er sich wieder zu mir um und sagte: „Wirst du da sein wenn ich zurück komme?" Ich saß stumm da. Ich war schockiert, überhaupt angesprochen zu werden. Er wiederholte die

Frage, griff in die Luft und kam auf mich zu, um einen Ring in meine Hand zu legen. Dann ging er als ob nichts passiert sei.

Gut zehn Minuten lang saß ich sprachlos da. Als ich den Ring genauer ansah sah ich, dass es ein Ring mit drei Diamanten war und ich erinnerte mich an einen Brief, den ich meinem ersten Meister im Alter von fünf Jahren geschrieben hatte und in dem ich ihn um einen Ring und einige andere Dinge gebeten hatte. Der Ring, um den ich gebeten hatte, war einer mit drei Diamanten, genau wie der, den Swami mir gerade in die Hand gelegt hatte. Mein ganzes Leben lang war ich überzeugt gewesen, dass ich den gewünschten Ring von meinem Meister bekommen würde. Mein fünfzehn Jahre alter Wunsch war gewährt worden: Ich wusste, dass dies kein Zufall war. Tief berührt von Swamis Allwissenheit fand ich keine Worte. Später, als wir in einem Zimmer zusammen saßen, schob er den Ring auf meinen Finger und sagte: „Er ist genau wie der, den dein Meister verschenkt." Dies bestätigte meinen Glauben, dass Swami absolut alles wusste. Es dämmerte mir, dass ich zu Füßen desjenigen saß, der den Schlüssel zu meinem Leben in seinen Händen hielt. Ich genoss *Shivaratri* ungemein und Swami sagte mir wieder Dinge, die nur mein erster Meister und ich wussten, was mir nochmals bestätigte, dass Swami jenseits von allem war, was ich kannte. Als ich zu Swamis Füßen saß, streckte er seine Hand aus. Ich war nicht sicher, ob er mir etwas geben wollte oder mich aufforderte, seine Hand zu nehmen. Unsicher nahm ich seine Hand und er hielt einfach meine Hand während der ganzen Zeit als ich im Zimmer war.

Ich hatte oft ein Gebet an meinen früheren Meister wiederholt und ihn gebeten, immer im Leben meine Hand zu halten, indem ich schweigend sagte: „Wenn ich deine Hand halte, dann kann ich ausrutschen und im Leben fallen. Aber wenn du meine Hand hältst ist es unmöglich, dass ich falle." Erst später habe ich erkannt, dass mein lieber Swami wieder seine Allwissenheit gezeigt hatte und ein Gebet beantwortet hatte, welches ich Jahre bevor ich ihn traf gesprochen hatte.

WIEDERVEREINIGT MIT MEINEM WAHREN MEISTER

Schon seit meiner Kindheit haben mich vergangene Leben und Reinkarnation fasziniert. Bevor ich Swami traf, hatten ein Freund und ich geplant, zu einem Hypnotiseur zu gehen und zu sehen, was wir über vergangene Leben herausfinden konnten. Es kam etwas dazwischen und wir beschlossen, einen neuen Termin abzumachen. Nach der Begegnung mit Swami hatte ich wiederkehrende Träume von ihm und ich beschloss, ihn danach zu fragen. Als ich zu seinen Füßen saß überstieg es meine Erwartungen, dass er mir sagte, dass sich alles, was sich in den Träumen ereignet hatte, darauf bezog, wie ich ihn in einem früheren Leben gekannt hatte. Vieles wurde mir klar und ich wusste augenblicklich, dass der, welcher vor mir saß, derjenige war, nach dem ich mein ganzes Leben gesucht hatte. Ich wusste, dass er es war, der mich über den Ozean von Leben und Tod tragen würde. Die Schuld, die ich mit mir herumgetragen hatte – Gefühle der Untreue gegenüber meinem Meister – verflüchtigte sich augenblicklich, als ich die Einheit in allen Formen der Liebe sah. Mein erster Meister war einfach eine Form der Liebe, Swami eine andere. Im Grunde genommen ist Liebe einfach Liebe. Ich erkannte, dass es keinen Unterschied machte, welcher Form ich folgte, beide würden mich sicher an mein Ziel bringen. Swami bestätigte das und fügte hinzu, dass das eigene Herz der Führer sein sollte um zu bestätigen, wenn man denjenigen gefunden hat, der dich zu Gott führt. Mit meinem Meister hatte ich nicht die gleichen Gefühle verspürt und ich wusste, dass ich nach Hause gekommen war - zu meinem wahren *Guru*.

JEDES WORT ZÄHLT

Meine Erfahrungen, dass Swami mir einen Ring manifestierte

und mir von meinem vergangenen Leben erzählte, sind an sich nicht wichtig. Das Schöne ist, dass Swami tief in mein Herz sah und meine Wünsche erfüllt hatte, ohne dass ich überhaupt etwas sagen musste. Ich habe bei unzähligen Gelegenheiten gesehen, wie er das für seine *Devotees* tat. Es erinnert mich an die Göttliche Mutter, die die Herzenswünsche eines jeden ihrer Kinder erfüllt. Seit ich ihn getroffen habe, fühlte ich Freiheit und Trost. Swamis reine Demut erstaunt mich. Niemals habe ich ihn sagen hören, dass er dies oder das sei. Ich bin erstaunt über die Vielzahl von Menschen, die er nur durch die Kraft seiner Liebe anzieht. Ich habe festgestellt, dass Swami keine Worte verschwendet: Es gibt eine tiefe Bedeutung in jedem Wort, das er äußert. Unzählige Botschaften und Lektionen sind wunderschön eingebettet in seine Worte und Taten.

Als Kind redete ich mit Gott und stellte mir vor, dass er mein engster und liebster Freund sei. Ich weinte vor Gott, wenn jemand mich geärgert hatte und stellte mir vor, wie er meine Tränen abwischte. Ich erzählte Gott, wenn etwas Großartiges passiert war und stellte mir vor, dass er sich ungeheuer mit mir freute. Als ich älter wurde, stellte ich mir vor, dass Gott so wäre, wenn er eine Person wäre. In Swami Vishwananda habe ich meinen Gott gefunden. Wie eine Mutter hat er meine Tränen abgewischt und wie ein Vater hat er mich korrigiert, wenn ich einen Fehler gemacht hatte. Er hat die guten Zeiten mit mir geteilt und hat mich durch schwierige Zeiten getragen. In ihm habe ich mein Alles gefunden.

***

EINE SCHWESTER SEIN

Kalyani – Mona Bauknecht – Deutschland

Im Sommer 2005, als ich gerade 19 Jahre alt geworden war, besuchte ich Swami Vishwananda zum ersten Mal in seinem *Ashram* in der Nähe von Frankfurt. Da wir ziemlich früh dort ankamen, verbrachte ich einige Zeit im Garten und schaute den Menschen, die dort arbeiteten, zu. Da erfüllte mich der Gedanke, dass es schön sein muss, eine Schwester oder Nonne zu sein und in einer Gemeinschaft zu leben und zu arbeiten und natürlich mehr Zeit mit Swamiji zu verbringen! Ich hatte vorher noch nie darüber nachgedacht, Nonne zu werden, doch nun war der Gedanke plötzlich da und ich konnte ihn auch nicht mehr abschütteln.

Während des Interviews sprach ich mit Swami über verschiedene Dinge und als ich so zu seinen Füssen saß, spürte ich, dass ich ihn nie mehr verlassen wollte - ich wollte für den Rest meines Lebens in seiner Gegenwart sitzen und in seine Augen blicken! Swamiji sah mich an und dann sagte er: „Du kannst auch hierher kommen und eine Schwester werden." Ich war wirklich überrascht, denn ich hatte ihm nichts von meinen Gedanken, die ich ein paar Minuten zuvor zum ersten Mal in meinem Leben gedacht hatte, gesagt.

Von dem Moment an war der Gedanke mit mir und wuchs täglich. Doch zuerst musste ich mein Abi schaffen. Das war auch, was Swami von mir verlangte und so versuchte ich, mich so gut es ging auf das Lernen zu konzentrieren. Das fiel mir nicht immer leicht. Ich lernte, was ich lernen musste und während der schrecklichen Matheprüfung - welche das Schlimmste für mich war - dachte ich an Swami und dass ich es für ihn tue. Ich dachte: „Gott, wenn du willst, dass ich den Menschen später einmal helfen kann, dann ist es deine Verantwortung, die Umstände so zu legen, dass mir keine verrückten Fragen gestellt werden, die ich nicht beantworten kann!"

Während dieser Zeit dachte ich viel darüber nach, ob ein Leben als Nonne für mich möglich sei und ob es wirklich das ist, was mein Herz will. Ich sprach mit meinen Eltern und einigen Freunden über meine Pläne und das war sehr wichtig, denn heutzutage gibt es nicht viele junge Menschen, die sich entschließen, ihr Leben und ihre Liebe vollkommen Gott zu weihen und als Mönch oder Nonne zu leben. Ich dachte darüber nach, warum ich diesen Wunsch nach einem Leben als Nonne habe und was die Konsequenzen seien. Am Ende dieser inneren Prozesse erhielt ich jedoch immer wieder dieselbe Antwort: Weil dein Herz schon lange ja gesagt hat!

Nachdem ich mein Abi erfolgreich geschafft hatte, fühlte ich mich bereit, *Brahmacharya* zu empfangen. An einem Wochenende war *Darshan* in Frankfurt und für mich war klar, dass ich hingehen würde, denn ich hatte den sehnlichen Wunsch, Swami zu fragen, ob ich nun *Brahmacharini* werden könne. Als ich in der Reihe auf meinen *Darshan* wartete, dachte ich: „Swami, du hast mir versichert, dass ich nach meinem Schulabschluss entscheiden könne, ob ich Nonne werden möchte oder nicht. Ich bin nun hier und von Herzen bereit, Nonne zu werden!"

Als ich an der Reihe war und vor ihm kniete, um seinen Segen zu empfangen, flüsterte er in mein Ohr: „Du möchtest *Brahmacharini* werden, nicht wahr? Ich werde dich einweihen." Ich war so glücklich darüber, dass er meinen Wunsch nicht vergessen hatte!

Als ich meiner Mutter von meinen Erlebnissen während des *Darshans* berichtete, machte sie sich etwas Sorgen - sie spürte, dass meine Gedanken Schritt für Schritt Realität wurden. Ich war darüber etwas traurig und wusste nicht, wie ich sie beruhigen konnte. Ich konnte gut verstehen, dass es schwierig für sie sein musste, den Gedanken anzunehmen, dass ihre Tochter das Leben einer Nonne führen würde.

Eine Woche später war wieder *Darshan* in Frankfurt und ich fragte meine Mutter, ob sie mich nicht begleiten wolle, doch sie wollte nicht, obgleich sie nicht uninteressiert war. Beim Verabschieden sagte sie scherzhaft: „Du wirst sehen, er wird mich bestimmt einladen, zu kommen um ihn kennenzulernen!"

Als ich dann vor Swami saß, bat er mich, wie in der Woche zuvor, näher zu kommen und fragte: „Hast du es deiner Mutter erzählt?" Ich war sehr überrascht und erzählte ihm von ihren Sorgen und

Zweifeln. Er Fragte: „Wo ist sie? Zuhause? Bring sie zu mir!" Als ich am Abend meiner Mutter von dem Gespräch mit Swami erzählte, sagte sie nur: „Ich hatte Recht! Ich hab es dir doch gesagt, dass er mich bestimmt einladen wird! Und ich konnte es heute sogar fühlen!" Wir waren beide sprachlos.

***

DER VERSTAND

Naamdev – Peter Maier – Deutschland

Swamiji sagt uns immer wieder, dass wir unseren gottgegebenen Verstand benutzen sollen. Er mag es nicht, wenn jemand extrem emotional oder gar irrational handelt. Er ist der Auffassung, dass der gesunde Menschenverstand unglaublich wichtig ist.

Die kosmische Illusion *Maya* wird durch den Verstand erzeugt und ist eine der größten Schöpfungen Gottes. Wir sollen dieses göttliche Spiel nicht ignorieren, sondern die Königin *Maya* verehren. Dies ist vor allem deshalb wichtig, da Sie so mächtig ist, dass selbst Gott sich in Ihr verlieren kann. Wir müssen unseren Verstand verwenden, um zu untersuchen und um zu unterscheiden, damit wir hinter diese Illusion schauen können. Es muss verstanden werden, dass wir einen Verstand haben, aber nicht der Verstand sind.

Die Macht des Verstandes ist die Rationalität. Wir müssen den Verstand vollständig nutzen, aber wir dürfen ihn nicht zu unserem Gott machen. Der Verstand und seine Macht müssen uns zu Diensten sein, besonders da der Rationalismus sehr begrenzt ist. Die Welt und auch unsere Persönlichkeit sind viel größer. Swami sagt, das Herz ist viel stärker als der Verstand. Dem Verstand sind weder die Dimensionen des Herzens noch die Gefühle der Seele zugänglich. Auch der stärkste Verstand kann die Kraft des Herzens nicht erfassen. Der Verstand kann nur verstehen, dass das Herz von einer anderen Dimension ausgeht, zu der der Verstand keinen Zugang hat. Die Wahrheit des Herzens ist die Liebe, welche das Gegenteil der Wahrheit des Verstandes ist, die rational oder logisch ist. Die Liebe ist immer stärker, da sie die ultimative Realität darstellt und damit in sich selbst begründet ist. Die Schwäche des Rationalismus ist, dass Logik immer mit einem Glauben anfangen muss, was an sich sehr irrational ist.

Dies stellt auch die Unvollkommenheit der äußeren Welt dar. Da sie unbeständig ist, kann man keine bleibende Freude in der *Maya* finden. Dies geht nur in der Liebe, die Gott ist. Die Konsequenz hieraus ergibt, dass wir den täglichen Ärgernissen und Problemen nicht so viel Aufmerksamkeit geben sollen. Da es die angeborene Aufgabe von *Maya* ist, aus allem eine große Sache zu machen, schenken wir ihr zu viel Beachtung. Swami sagt dann: „Wo die Aufmerksamkeit hin geht, da fließt die Energie. Es ist besser, den Verstand zu benutzen, um über Gott zu meditieren."

EINE ERFAHRUNG

Der Verstand kann niemals befriedigt werden. Jede Antwort auf eine Frage ergibt neue Fragen. Swami mag keine intellektuellen Ausführungen oder Herausforderungen, da er Situationen von einem entfernten Standpunkt anschaut und sie als endlos und schließlich auch bedeutungslos ansieht. Für ihn sind Diskussionen meist etwas langweilig. Er zieht es vor, zusammen *Bhajans* zu singen, Ikonen zu malen und von Heiligen und göttlichen Eingriffen zu hören oder zu erzählen.

Als ein sehr wissbegieriger Mensch musste ich immer alles ganz genau wissen und erklärt bekommen. Ich habe ihn immer mit Fragen gelöchert in der Hoffnung, wieder ein kleines Detail besser verstehen zu können. Oft waren andere schon genervt, nicht jeder teilte meine Leidenschaft, so tief über alle möglichen Aspekte Bescheid wissen zu wollen. Im Laufe der Zeit habe ich dann auch herausgefunden, wie bedeutungslos dieses Verständnis im Grunde ist. Ich bin Swamiji sehr dankbar, dass er in seiner unendlichen Liebe sich so viel Zeit genommen hat, um mich langsam und vorsichtig über die Begrenzungen aller Fragen des Verstandes zu führen.

KONSEQUENZEN AUS FRÜHEREN TATEN

Nach einem Essen gab es so viele Stunden, die wir zusammen gesessen haben und in denen wir versucht haben, das Ende des Verstandes zu finden. Eines Abends passierte es, dass wir bis zum Morgengrauen über Erleuchtung und die Überwindung des Verstandes gesprochen haben. Aber als ich ihm ein paar Tage später eine ähnliche Frage stellte, antwortete er nur: „Ich werde diese Frage nicht beantworten, da sie nur deinen Verstand aufbläst und sie dir in keiner Weise helfen kann." Mir war schon klar, dass er Recht hat und ich versuchte meinen fragenden Geist unter Kontrolle zu halten, aber ich habe doch immer wieder versucht, mit ihm zu diskutieren. Jeder kann sich vorstellen, wo das hinführt und schon bald sollte ich eine Lektion bekommen.

Eines Abends saßen wir noch nach dem Essen zusammen und es gab eine Diskussion über den freien Willen. Ich habe die Auffassung vertreten, dass alles nur die Konsequenz aus früheren Taten ist. Swami fragte dann, wie es mit dem Vorgang des Schluckens wäre? Ich habe geantwortet: „Nachdem das Essen in den Mund gesteckt wurde, braucht man nur die Schwerkraft ihren Job machen zu lassen." Hier hatte ich wohl eine dieser unsichtbaren Linien überschritten und er hatte endgültig genug von meinen endlosen Diskussionen. Er tat so als würde er ärgerlich werden und sagte: „Dir werde ich den Mund stopfen!" Er fing an, alles Mögliche an Essen vom Tisch in meinen Mund zu schieben. Brot, Oliven, Nüsse und Früchte – alles, was er gerade erreichen konnte, ging direkt in meinem Mund. Als er sicher war, dass auch keine kleine Nuss mehr hinein passen würde, sagte er mit einem Lächeln: „Jetzt lasse mal die Schwerkraft ihre Arbeit erledigen." Im Gegensatz zu meiner früheren Behauptung macht die Schwerkraft überhaupt nichts. Ich saß einfach da, mit einem Mund voller Essen und nichts passierte. Ich hatte zwei Möglichkeiten, entweder musste ich es ausspucken oder mich wirklich bemühen, es zu schlucken. Es war einfach zu viel, um es vernünftig zu kauen und es würde Stunden dauern, bis es sich aufgelöst hätte. Alle schauten mich an, um herauszufinden, was ich machen würde. Sollte ich kurz mal weggehen, um es auszuspucken? Es war so vieles in meinem Mund, was ich sowieso nicht so gerne mag und da wir gerade zu Abend gegessen hatten, war ich natürlich überhaupt nicht hungrig. Doch war mir das Essen von meinem geliebten *Guru* gegeben, konnte ich es da ablehnen? Ich glaube, dies war eine der schwersten Entscheidungen, die ich im ganzen Leben je getroffen hatte! Als die Unterhaltung langsam mit einem neuen Thema weiter ging und die allgemeine Aufmerksamkeit nicht mehr bei mir war, habe ich langsam mit dem Kauen angefangen. Soweit ich mich erinnere, habe ich an diesem Abend auch nichts mehr gesagt.

LASS LOS UND ÜBERLASSE ES GOTT

Kiran und Nirmal – England

Swamis Gegenwart war immer eine starke und beständige Säule in unserem Leben. Ob man in seiner physischen Gegenwart ist oder nicht, er ist immer da. In Zeiten von Kummer, Verzweiflung, Freude und Glück ist er immer da.

Während meiner Jahre an der juristischen Fakultät kam er in meine Träume und führte mich, wenn ich wegen einer Prüfung oder einer Aufgabe angespannt war. Ich fühlte mich danach so emporgehoben, dass das Unmögliche plötzlich möglich erschien. Ein bemerkenswertes Beispiel war, als ich meine 15.000 Worte umfassende Dissertation zu den Menschenrechten fertig stellen, meine Arbeit über Firmenkapitalrecht von 3.000 Worten beenden und mich zur gleichen Zeit auf eine Prüfung in der folgenden Woche vorbereiten musste - alles in einer Woche! Ich brauche nicht zu sagen, dass er mir half, das alles durchzustehen. Die wesentliche Botschaft in meinen Träumen war: „Lass los und überlasse es Gott."

Ich habe nie gerne Strafgesetz gemacht und ging in das Examen, als ich erst die Hälfte des Lehrstoffes gelernt hatte. Ich war nervös. Ich rief Swami an und sagte ihm: „Ich werde wirklich Deine Hilfe brauchen." Er sagte mir, ich solle mir keine Sorgen machen. Ich ging in die Prüfung und nach fünf Minuten roch ich einen wirklich starken Duft um mich herum. Es war der gleiche Duft, der mit Swami verbunden ist, und ich wusste, dass er da war. Ich schloss die Prüfung ab, konnte die festgelegten Fragen beantworten, und als die Ergebnisse herauskamen waren sie gut.

Als mein Bruder und ich eine weitere Berufsausbildung begannen, war Swami auch da. Bevor wir unseren Antrag für das Gericht einreichten, trafen wir ihn und erhielten seinen Segen. Für das BVC zu studieren war hart und es bestehen nur 33 Prozent. Glaube mir, man fühlt sich, als ob man durch eine Mühle gedreht wird. Dennoch fühlten wir, dass diese Segnungen uns sicherlich da hindurch führen würden, und so war es.

Als wir unsere Ergebnisse für das BVC bekamen, war Swami wieder da, denn er war während dieser Zeit nach London gekommen. Durch seine Gnade bestanden wir mit sehr guten Ergebnissen. Im Oktober, als wir als Anwälte vor Gericht zugelassen wurden und den Titel Rechtsanwalt verliehen bekamen, war er auch da und segnete uns nach der Zeremonie.

Ich sagte ihm, dass ich weiter machen wollte und mein Master Examen machen wollte. Er sagte: „Mach weiter." Ich sagte ihm, dass die ‚Inns of Court School of Law' nur fünfundzwanzig Plätze zur Verfügung stellte und dass es Tausende von Bewerbungen geben würde. Er sagte mir, ich solle mich dennoch bewerben. Ich dachte wirklich nicht, dass meine Bewerbung angenommen würde, weil ich nicht viel Zeit für die Recherche und die Vorbereitung verwendet hatte. Dennoch wurde ich dank seiner Gnade angenommen.

Nicht nur bei unserer akademischen und beruflichen Ausbildung war Swami da um uns zu leiten, sondern auch zu anderen Zeiten. Zum Beispiel, als wir nach Mauritius gingen, um einige Papiere in Ordnung zu bringen, hatte ich einige wichtige Dokumente in London vergessen. Wegen der bürokratischen Art der offiziellen Behörden wollten sie nur die Originale und sie akzeptierten keine Faxkopie.

Ich war etwas angespannt. Swami kam darauf in meinen Traum und fragte, was los sei. Ich sagte ihm was passiert war und er sagte, ich solle mir keine Sorgen machen, alles würde gut werden. Am nächsten Morgen ging ich zurück zur Behörde. Sie bestanden noch immer auf der Unterscheidung zwischen einem Original und einer Faxkopie, aber als ich mich mit dem Chef traf, genehmigte er alles ohne weitere Verzögerung.

IM ANGESICHT DES TODES ERWACHE ICH ZUM LEBEN

Shrihara - Michael J. Chille - USA

Krebs ist ein Wecker, der wirklich schwer zu ignorieren ist. Man kann nicht einfach auf die Schlummertaste drücken, sich umdrehen und weiterschlafen.

Das erste Mal, als ich von Swami hörte, war von Mahdevi im Jahr 2002. Wir wurden Freunde als sie als Wissenschaftlerin die Klinik im Norden der Schweiz besuchte, in der ich vier Wochen zur Krebstherapie verbrachte. Sie sagte mir, dass Swami Ende des Monats im Tessin, weit im Süden, sein werde. Sie gab mir eine komplizierte Wegbeschreibung, aber meine zwei kleinen Mädchen vermissten mich, ich war erschöpft und wollte nur noch nach Hause in die Staaten. Ich habe Swami nicht vergessen: Da war etwas

Unwiderstehliches in seinen Augen, als ich das Bild auf dem Faltblatt angeschaut hatte.

Im Jahr 2003 reiste ich wieder zur Behandlung in die Schweiz. Wieder war ich in seiner Nähe und meine zukünftigen Brüder und Schwestern wussten es nur nicht.

Vier Jahre später, wieder zu Hause in Rhode Island, schlug ich spontan eine *Yoga* Zeitschrift auf, die ich noch nie zuvor gelesen hatte und da war er – wieder. Er kam nach New York, ein vertrauter Tummelplatz für mich. Ich würde in vielerlei Hinsicht ein Heimkehrer sein. Ich erreichte Mahdevi und stellte fest, dass sie auch dort sein würde.

Als Swami eintrat, veränderte sich die Energie im Raum. Seine Stimme war wie ein Lasso und umgeben von Stille hatte ich das Gefühl, dass mein Leben, wie ich es gekannt hatte, sanft davon glitt. In einem persönlichen Gespräch am nächsten Tag, sprachen wir über meinen Entschluss, etwa im Alter von sechs Jahren ein Mönch zu werden, meinen Eintritt in einen religiösen Orden mit achtzehn und meinen Austritt wenige Jahre später, über Krebs und Erzengel Michael. Er versicherte mir, dass der Krebs „kein Problem sein werde." Später im Warteraum, während er auf den Hudson blickte, sagte er, dass er sich nicht viel aus New York mache. Er bemerkte eine Kruste auf meiner Hand, wo eine kleine, aber tiefe Wunde heilte. Lächelnd schnipste er einige Male von dieser Stelle etwas Unsichtbares weg. Ich versank in seinen Augen und fragte ihn, ob er mein *Guru* sei. „Höre auf Dein Herz", war alles, was er sagte, und seine Augen blitzten verschmitzt.

Ich kam zurück nach Hause, baute einen kleinen Altar, stellte sein Bild neben mein Bett und verwendete das *Vibhuti* so, wie es mir sinnvoll erschien. In Gedanken und im Herzen sprach ich mit Swami. Es schien so, als hörte ich niemals Antworten, aber das war in Ordnung.

Das war im April. Im Juli endete mein Leben, wie ich es gekannt hatte, ein weiteres Mal und überhaupt nicht sanft. Nach sechs Monaten kam ich nach New York zu einer Ultraschall-Nachkontrolle zurück. Ich erwartete, dass ich die gleiche Nachricht hören würde, die ich in den vorigen fünf Jahren alle vier bis sechs Monate gehört hatte – dass der Krebs noch immer wuchs, aber langsam und dass das, was ich unternommen hatte, um dies als chronischen Zustand zu bewältigen, noch immer wirksam war. Stattdessen erfuhr ich, dass es Metastasen in meinem Lymphsystem gab. Man riet mir, bald nach Holland zu gehen für ein einziges MRI. Dieses würde das Ausmaß klar zeigen und so die Entscheidung über angemessene Behandlungsmöglichkeiten erleichtern. Holland kam monatelang auf merkwürdigste Weise zur Sprache. Als ich diese Nachricht gehört hatte, lief ich wie betäubt in der Stadt herum, bevor ich nach New Jersey fuhr, um meinen Vater zu besuchen. Er ist fast neunzig und lebt noch immer eigenständig, aber nun ist er das Kind und ich bin der Vater. Ich log ihn an, indem ich sagte, dass die Krebs-Situation unverändert sei. Das war nicht zu fassen. Ich konnte es nicht begreifen.

Metastasierender Prostatakrebs ist medizinisch unheilbar. Aus medizinischer Sicht ist es der Anfang vom Ende. Obwohl ich immer geglaubt hatte, dass ich nicht an diesem Krebs sterben würde und Swami das bestätigt hatte, konnte ich diese neue Entwicklung nicht mit meinem Glauben, den ich lange aufrecht hielt, vereinbaren. Ich wusste, dass Swami mich nicht im Stich lassen würde. Ich wusste, dass er mir helfen würde, die Heilung zu finden, die nur Gott bieten konnte. Die einzige Behandlungsmöglichkeit für mich war nun die spirituelle. In gewisser Weise war das eine Befreiung.

Im August kam ich in Nijmegen am äußersten östlichen Rand von Holland an, eigentümlicherweise in Gehweite zu Deutschland und Swamis *Ashram*. Die Ergebnisse des MRI waren schlimmer als erwartet und es gab freundliche Entschuldigungen von den gutherzigen Ärzten. Oh je! Nichts davon fühlte sich real an. Ich fühlte mich alleine, aber hoffnungsvoll. Ich würde Swami wieder sehen.

Von Anfang an hatte ich geglaubt, dass der Krebs ein Weckruf meines Selbst an mich sei. Er würde nur ein Tod und eine Wiedergeburt meines Geistes sein. Er brachte mich zurück zum spirituellen Weg, auf eine stärker konzentrierte und intensivere Weise als jemals zuvor.

Im Alter von achtundfünfzig war es nun vierzig Jahre her, seit ich zum ersten Mal in ein Kloster eingetreten war. Seit frühester Kindheit wusste ich, dass ich Gottes Werk tun sollte. Es war mir kristallklar bis Mitte zwanzig, dass es meine Bestimmung war, ein Priester, Lehrer und Berater zu sein.

In meinen frühen dreißiger Jahren wurde ich nach zwei Studienjahren in eine nichtkonfessionelle Kirche ordiniert. Ich war unzufrieden und erkundigte mich über eine Ordination in der bischöflichen Kirche und der Vereinigung der Unitarier, besuchte Trappistenmönche, praktizierte Zen, erforschte die metaphysische Welt und besuchte jahrelang das Kripalu Zentrum in Massachusetts, das während dieser Zeit ein *Ashram* mit fast 300 Mönchen und Nonnen wurde.

Etwas an der hinduistischen Erfahrung fühlte sich gut an. Ich liebte die Musik, das Singen und Tanzen. Obwohl ich gut bewandert war in den Mythologien der Welt, erschien mir manches davon sehr fremd. Ich konnte mich niemals mit einem *Guru* sehen. Vielleicht fehlte mir der Glaube und das Vertrauen – oder ich aß nicht genug Curry. Im Laufe der Zeit brachten mich die Anforderungen einer wachsenden Familie, zwei Paare alternder Eltern und die Leitung eines Geschäfts immer weiter weg von der spirituellen Praxis.

Ende August 2006 kam ich im Steffenshof an. Swami war da und ein *Mudra* Kurs war in Freiburg geplant. Mahdevi würde dorthin gehen – sie hatte immer meine sich entwickelnde Verbindung zu Swami begleitet. Es schien so, als ob ich jeden Tag im *Ashram* und beim Workshop einen weiteren alten Freund treffen würde.

Zweifellos landete ich mitten in meiner spirituellen Familie. Es war berauschend und meine Füße fanden nur mit Mühe den Boden.

SAMEN DER WEISHEIT

Während ich auf mein Gespräch mit Swami wartete, sammelte ich Samen, so wie ich es überall tat, wohin ich ging. Pflanzen waren mein Leben und ich hatte achtzehn Jahre lang als Gartenbauer gearbeitet. Ungefähr zur gleichen Zeit in meiner Kindheit, als ich mir vorgestellt hatte, ein Mönch zu werden, waren Pflanzen meine Leidenschaft gewesen.

Ich war fasziniert von dem großen Springkraut, das an der Ecke von Swamis Haus von alleine unter einem Baum wuchs. Diese Pflanzengattung hat ihren Namen Impatiens, der Ungeduld bedeutet, weil ihre Samenkapseln buchstäblich explodieren, wenn sie reif sind. In der falschen Umgebung können sie sich sehr ausbreiten. Ich fragte mich, wie dieses einsame Springkraut hierher gekommen war. Ich umschloss die Kapseln mit meinen Händen, denn die leichteste Berührung konnte ein Verstreuen der Samen ohne Warnung auslösen.

Gerade dann kam Swami vorbei und amüsierte sich sehr darüber, wie das funktionierte. Er und ich drückten spielerisch jede Kapsel und versuchten die Samen zu fangen und lachten und unterhielten uns dabei.

Die reifen Samen waren schwarz und die unreifen waren weiß. Nach meiner Erfahrung kann ein Samen weiter reifen, wenn er vollständig ausgebildet ist, er kann keimen und wachsen. Swami nahm meine hohle Hand, in der ich die Früchte unserer spaßerfüllten Arbeit hielt: Es war eine Handvoll schöner schwarzer und weißer Punkte. Nur zwei Tage zuvor hatte die MRI Ultraschallaufnahme in Holland die von Krebs befallenen Lymphknoten weiß gezeigt und die normalen schwarz. Er sagte: „Weißt Du, die weißen werden nie wachsen.“ Nach Maßgabe meiner beruflichen Kenntnisse sagte ich: „Nun, tatsächlich ist es so, wenn man sie reifen lässt, werden viele von ihnen keimen ...". Während er meine Hand fest drückte sagte Swami laut und mit flammenden Augen: „Nein! ...Nein, sie werden niemals wachsen. Sie haben kein Leben." Im Geiste sagte ich so etwas wie: „Er ist wirklich gut in Swami Angelegenheiten, aber ich denke er versteht nicht viel vom Gärtnern...." Mamma mia! Lächelnd ging er und sagte, ich solle um zwei Uhr wiederkommen, um ihn zu treffen.

VIERZIG JAHRE IN DER WÜSTE

Als ich eine Stunde später wiederkam, war mir noch immer nicht bewusst, was vorher wirklich passiert war. Er gab mir Heilöl und sagte mir mit Nachdruck, dass ich nicht an Krebs sterben würde und dass ich positiv bleiben müsse. Er schloss seine Hände und Augen und sagte meinen Namen, Michael. Als er seine Hände öffnete, war da ein Ring. Ich schlang meine Arme auf italienische Art um ihn und sagte ihm, dass ich ihn liebe. Ich erinnere mich nicht an alles, was er oder ich sagte. Wir schwammen in einem warmen Meer der Gefühle. Ich sagte Swami, dass ich eingeweiht werden wolle und er sagte: „Sicher, wir werden das heute Abend nach dem *Darshan* machen."

Danach ging ich zu der kleinen Kapelle voller Ikonen, wo ich das aufnehmen konnte, was gerade geschehen war. Ich bemerkte, dass dies genau das gleiche Wochenende des Tages der Arbeit war wie vor vierzig Jahren, als ich zum ersten Mal versucht hatte, ein Mönch zu werden. Es war ein biblisches Gleichnis.

Ich war vor vierzig Jahren in den Dominikaner Orden in Providence, Rhode Island eingetreten. Nun schien es so, als ob vierzig Jahre Wanderschaft in der Wüste zu Ende waren. Als ich erkannte, dass die Suche vorbei war, dass ich das Gelobte Land erreicht hatte, lag ich mit dem Gesicht nach unten auf dem Boden und weinte. Ich hatte so lange ein gebrochenes Herz gehabt. In diesem Augenblick waren alle meine spirituellen Sehnsüchte erfüllt. Ich wusste, dass ich in jeder

Hinsicht geheilt war.

Die Samen eines ganz neuen spirituellen Lebens wurden in mir in der Nacht während der Einweihung gesät: Ich bin sicher, dass sie zur Blüte kommen und viele Früchte tragen werden. Nach göttlichem Plan war mein Schutzengel, meine Freundin Mahdevi, anwesend, um zu bezeugen, wie Swami mich als *Jal Brahmachari* namens Shrihara einweihte. Der Name steht für Lakshmi und Vishnu, das ewige Weibliche und das ewige Männliche.

Erst als ich nach Holland zurück fuhr, verstand ich die wahre Bedeutung von Swamis Worten, während wir die Samen sammelten: „Die weißen werden niemals wachsen! Sie haben kein Leben!“ Nun wäre ich nicht überrascht, wenn ich all die Samen des Springkrautes säe und die Hälfte nicht wächst.

Der heilige Thomas von Aquin, der mittelalterliche Dominikaner Mystiker, prägte den Satz „felix culpa“ um Ursünde zu beschreiben, der freudige Fehler, der glückliche Fehler in der menschlichen Natur, der die Notwendigkeit eines Erlösers erzeugt, und der Jesus in die Welt gebracht hat. Ohne den glücklichen Fehler des Krebses wäre ich vielleicht nicht mit Swamis Gegenwart in meinem Leben gesegnet worden. Vielleicht hat er mich die ganze Zeit angezogen und wartete auf den Krebs als Mittel, mich zurück zu der Erinnerung an mein wahres Selbst und einen Ort der Bereitschaft zu bringen.

In einem Retreat in den Vereinigten Staaten im gleichen Jahr sprach Swami von sich selbst als einer Brücke – einer Brücke zu Gott. Gott ist das wahre Ziel.

***

TUE ES EINFACH

Shankari - Italien

Im März 2007 erhielt ich eines Tages eine E-Mail von einem Freund in der Schweiz. Im Anhang war ein Faltblatt, in dem ein *Darshan* mit Sri Swami Vishwananda in Bellinzona in der Schweiz angekündigt wurde. Vor Monaten hatte der gleiche Freund mir eine CD mit dem Titel *Brachmachari* gegeben. Fast jeden Tag hörte ich den schönen Gesang auf der CD an. Auf dieser CD sang Swami Vishwananda, aber zu dieser Zeit wusste ich nicht, wer er war. In einer Broschüre las ich über den *Darshan* mit Swami Vishwananda und da ich mich bereits tief verbunden fühlte mit den frommen Liedern, die er auf der CD sang, spürte ich sofort den Ruf, zu seinem *Darshan* zu gehen. Ich wusste nicht, was ein *Darshan* war!

Die Atmosphäre in dem Raum, in dem der *Darshan* stattfinden sollte, war schön und sehr feierlich. Die Menschen sangen *Bhajans* und man konnte die Begeisterung der Leute spüren. Ich hätte weinen können vor Freude darüber, dass ich hier war, aber ich beschloss, den Augenblick zu genießen, mit dem Weinen aufzuhören und Spaß zu haben.

Schließlich betrat Swami Vishwananda den Raum und die Energie wurde plötzlich stark erhöht. Er setzte sich und begann mit bewundernswerter Hingabe zu singen. Dann hielt er einen *Satsang,* worin er von der andächtigen Art des Singens sprach. Er sagte: „Singt den Namen Gottes, wann immer ihr könnt und das wird euch helfen, euch Ihm und der Liebe zu öffnen." Er sagte auch: „Wenn ihr den Namen Gottes liebevoll singt, dann erhöht das eure Schwingung und Er wird sich mit euch verbinden." Während ich Swamis Rede über das Singen hörte, dachte ich: „Deshalb liebe ich die *Brahmachari* CD, sie gibt mir ein so gutes Gefühl!" Unter den Liedern auf der CD ist ein Lied das ich sehr liebe. Es heißt: „Oh mein *Guru,* komm zu mir!" Und am Abend, bevor ich zu meinem ersten *Darshan* mit Swami Vishwananda ging, schlief ich ein, während ich dieses Lied und diese Worte hörte. Und als ich einschlief, ging mir dieses Lied durch den Kopf und ich sang sanft: „Oh mein *Guru,* komm zu mir Und es schien fast wie ein Gebet.

Bei diesem ersten *Darshan* sangen wir *Bhajans,* gefolgt von einem *Satsang* und dann begann Swami Vishwananda damit, *Darshan* zu geben. Die Menschen standen Schlange und einer nach dem anderen kamen sie nach vorne zu ihm, um seinen Segen zu erhalten. All das war begleitet von Gesang und Tanz. Ich stand lange da und beobachtete ihn. Ich liebte sein Lächeln und den Ausdruck von Liebe auf seinem Gesicht. Nach einer Weile reihte ich mich ein. Als ich mich ihm näherte, begann mein Herz schneller zu schlagen und das Lied, das gespielt wurde, hatte den Text: „Swami, kannst Du nicht mein Herz hören? Kannst Du nicht mein Herz hören?" Das Lied schien für mich zu sprechen, denn innerlich fragte ich mich wirklich, ob Swami mein Herz hören könnte. Ich kniete vor ihm und er gab mir seinen Segen. Während er mir sein Geschenk aus *Vibhuti* und Rosenblättern gab, schaute ich in seine Augen. In diesem Augenblick fühlte es sich so an, als ob ich in die Unendlichkeit schaute. Als ich zurück zu meinem Platz ging, verbrachte ich etwa zwanzig Minuten in einem Zustand zwischen Wonne und Traurigkeit, denn ich hatte das Gefühl, dass ich nicht lange genug in seine göttlichen Augen geschaut hatte. Es war so, als ob man etwas sieht, das einem sehr gefällt, bei dem man aber mit dem Gefühl zurück bleibt, es nicht vollständig oder genau genug gesehen zu haben.

Ich konnte die Dinge nicht dabei belassen und fühlte in solches Loch in meiner Brust, dass ich beschloss, mich nochmals anzustellen und ihn zu bitten, meine *Mala* zu segnen und ihm ein Bild von meinem halbwüchsigen Sohn zu zeigen, der die typischen Probleme des Erwachsenwerdens hatte. Als ich wieder vor ihm ankam, segnete er mich erneut. Bevor er die *Mala* segnete, fragte er nach meinem Namen. Er schaute das Bild meines Sohnes an und wir wechselten ein paar Sätze. Danach schaute ich wieder tief in seine Augen und es war, als ob ich mit Liebe aufgefüllt würde.

Ich war mindestens drei Wochen lang in diesem Zustand der Liebe, der mich durch seine Augen erreicht hatte. Es schien so, als ob ich diese Glückseligkeit nie mehr loslassen würde. Innerlich wusste ich, dass ich meinen Meister getroffen hatte. Aber es dauerte eineinhalb Jahre, bevor ich ihn wieder treffen würde. Offenbar brauchte ich diese Zeit, um für etwas so Großes und Machtvolles bereit zu sein.

Im Juli 2008 ging ich nach Assisi, um den *Atma Kriya* Kurs zu machen. Während dieser drei Tage hatte ich wie alle anderen auch die Gelegenheit, ziemlich oft nahe bei ihm zu stehen, denn er besuchte uns während des Kurses. In diesen drei Tagen fühlte ich mich sehr aufgewühlt, denn auf der einen Seite wusste ich, dass ich nur einen Schritt von meinem Meister entfernt war und andererseits ließ mich mein Verstand nicht in Ruhe. Ich wollte ihn fragen, ob er mir erlauben würde, seine Schülerin zu sein. Schließlich dachte ich: „Heute Abend während des *Darshans* werde ich ihn fragen, ob ich seine Schülerin werden dürfte!" Augenblicklich entspannten sich mein Körper und mein Verstand und ich wusste, dass ich auf dem richtigen Weg war.

Endlich begann der *Darshan*. Die Menschen sangen und tanzten, aber ich zog es vor, still zu stehen und meinen Lehrer lange zu beobachten. Plötzlich empfand ich Angst. „Was, wenn er mich nicht als seinen Anhänger annimmt? Wird das bedeuten, dass ich nicht bereit bin?" Mit diesen Fragen stellte ich mich in die Schlange und sagte mir, dass ich seine Antwort akzeptieren muss, wie sie auch immer ausfällt. Als ich vor ihm kniete, verschwand all meine Angst, selbst die Zeit existierte nicht. Es schien so, als ob alles um mich herum still stand. Es gab nur Swami Vishwananda und mich.

Nachdem ich seinen Segen empfangen hatte, fragte ich ihn, ob er mich als seine Schülerin annehmen würde. Nachdem wir einige Sätze ausgetauscht hatten, sagte er mit einem liebevollen Lächeln und leuchtenden Augen: „Ja!" In diesem Moment fing jede Zelle in meinem Körper an zu vibrieren und dieses „Ja!" wurde der Schlüssel, der mich mit ihm verband.

Ich sagte mir, dass dieses Gefühl bestimmt das ist, was man Glück nennt. Nach dem *Darshan* erhielt ich meine Einweihung. Von diesem

Tag an wusste ich, dass ich niemals allein sein würde. Ich machte die Erfahrung, wie man *Kriya* praktizieren kann, selbst wenn man den alltäglichen Verpflichtungen nachgeht.

Es gab Tage, an denen ich eine grenzenlose Liebe für alles um mich herum fühlte. Ich war eingetaucht in ein Glücksgefühl, obwohl ich in mein alltägliches Leben eingebunden war. Einige Wochen später löste sich dieses Gefühl auf, aber dann lernte ich durch *Gurujis* Erklärungen, dass diese Hochs und Tiefs wichtig sind als Teil des spirituellen Weges, denn wir müssen durch die Dualität gehen, bevor wir wählen, wo wir sein möchten.

Eines Tages, während ich im Zentrum in Springen war, sah ich Swami in der Lobby. Ich näherte mich ihm und stellte eine Frage, über die ich schon einige Zeit nachgedacht hatte. „*Guruji*, wie kann ich mich hingeben?" Und er antwortete: „Tue es einfach." Nun kann ich mir ein Leben ohne *Guruji* nicht einmal vorstellen. Ich spüre seine ständige Gegenwart in meinem Leben und „Tue es einfach" ist oft in meinem Kopf. Danke *Guruji* für all Deine Liebe und Geduld.

***

DER STÄNDIGE HERAUSFORDERER

Triambhakeshwari – Violetta Jocic - Serbien

Es kommt gelegentlich vor, dass wir die innere Verbindung mit dem göttlichen *Guru* nicht spüren, und „wie innen so außen" spiegelt der *Guru* unseren inneren Zustand wider.

Swami hat mich tage-, wochenlang nicht beachtet. Ich hatte sogar das Gefühl, er geht mir absichtlich aus dem Weg. Zu manchen *Devotees* schien er sehr freundlich und verständnisvoll zu sein, zu mir aber streng und förmlich.

Ich habe darunter sehr gelitten, mich nicht geliebt und verlassen gefühlt. Während dieser Zeit habe ich angefangen zu analysieren, weshalb Swami das macht. Ich merkte schnell, dass ich große Erwartungen ihm gegenüber habe. Ich hörte jemanden sagen: „Wenn ihr Erwartungen an Euren *Guru* habt, ist das keine Hingabe." So wusste ich, woran ich arbeiten muss, aber ich wusste nicht wie. Ich hatte nicht den Mut, mit Swami darüber zu sprechen, aus Angst, von ihm abgewiesen zu werden. Auch er spielte das Spiel mit, schien gar keine Zeit und Interesse an einem Gespräch mit mir zu haben.

Eines Tages entschied ich mich, einen Therapeuten ausfindig zu machen, um an meinen Erwartungen zu arbeiten. Ich überlegte mir auch die Möglichkeit, außerhalb des Zentrums einen Job zu finden und meinen Fokus nicht mehr so sehr auf Swami zu richten.

Mein Therapeut war ein ganz netter Herr, doch nach unserem ersten Gespräch merkte ich, dass die Hilfe im Inneren und nicht im Äußeren zu finden ist. Neben Swami und all den Meditationstechniken, die er uns gegeben hatte, suchte ich nach einer äußeren Hilfe.

Swami wusste von meinen Arztbesuch und als Antwort darauf schüttelte er nur leicht den Kopf. Wochen später fragte er mich im Vorbeigehen: „Hast du Fragen?" Ich sagte spontan, dass ich mit ihm über eine private Angelegenheit sprechen wollte. „Du kannst mit Deinem Therapeuten darüber sprechen.", antwortete er. Ich war erstaunt über seine Antwort und gleichzeitig freute ich mich, denn es war ein Entgegenkommen von seiner Seite. Ich erklärte ihm, weshalb ich Hilfe von Außen gesucht habe und mein Bedauern, ihn nicht früher um Rat gefragt zu haben. „Ich brauche jetzt einen Freund, Swami.", sagte ich ihm. „Dann gehe nach draußen und finde einen Freund.", entgegnete er. Ruhig sagte ich ihm, dass ich **i**hn als Freund brauche. Dann wurde Swami sanfter und sagte, dass er immer mein Freund sei. In diesem Moment spürte ich, dass er gewollt hätte, dass ich früher zu ihm gekommen wäre, um ihn um Rat zu fragen, nicht mit den Gedanken von ihm wegzulaufen und draußen in der Welt nach Rat und Trost zu suchen. Im weiteren Gesprächsverlauf wurde Swami sehr sanft.

Wenn die innere Beziehung zum Göttlichen und zum *Guru* nicht da ist, dann ist es sehr schwer die äußere herzustellen, erklärte mir Swami. Auch wenn er uns in solchen Situationen Aufmerksamkeit schenkt, können wir es nicht wahrnehmen. Die innere Verbindung mit ihm existiert aber immer, unsere Unwissenheit überdeckt sie lediglich. Ich spürte, wie sehr er uns alle liebt.

Swami erklärte noch, dass er uns herausfordert, unsere Begrenzungen zu erkennen und sie schließlich zu überwinden. Er ist der ständige Herausforderer und wir sollen uns nicht entmutigen lassen, wenn er so tut, als ob er kein Interesse an uns hätte. Swami ist immer unser bester Freund. Er möchte, dass wir in unsere innere Kraft kommen, stark und unberührt von äußeren Umständen werden, mit einem klaren und stabilen Verstand.

Ich habe verstanden, dass unser spiritueller Lehrer unser Alles ist: Mutter und Vater, Therapeut und Freund. Wonach wir auch suchen, wir finden es mit Seiner Gnade. Hinter jeder äußeren Form steht er und wartet mit offenen Armen auf unsere Heimkehr!

***

SIE MALT AUCH EIN WENIG

Digambari – Cornelia Putz - Deutschland

Meine Freundin Zita ist eine begnadete Malerin. Sie hat einen sehr verinnerlichten Malstil, den *Guruji* hoch schätzt. So hängen also einige von Zitas Ikonen vor und in der Kapelle des *Ashrams* in Springen. Zwei von ihnen sondern duftendes Öl ab. Nun trug sich folgende Geschichte zu:

Nach einer langen Autofahrt endlich angekommen, saß Zita in der orthodoxen Kapelle des *Ashrams* und versuchte sich zu sammeln und ein bisschen zu meditieren.

Da stürmte *Guruji*, gefolgt von einer Gruppe italienischer *Devotees*, denen er den *Ashram* zeigte, herein. Swami warf einem kurzen Seitenblick auf Zita, dann wandte er sich theatralisch einer von Zitas Ikonen zu und sagte stolz: „Diese hier habe ich selbst gemalt." Bewunderung folgte. Zita blieb der Mund offen stehen, aber schon zeigte Swami auf die nächste ihrer Ikonen und sagte voller Stolz: „Und diese hier habe ich auch gemalt." Er führte die ölende Madonna meiner Freundin als sein eigenes Meisterwerk vor.

Am Ende der Führung ging Swami zu Zita, tätschelte ihre Wange und sagte zu allen „Sie malt auch ein wenig."

Künstler haben eine Tendenz zu einem wachsenden Ego. Swami Vishwanandas Arbeit als Lehrer ist, Demut zu lehren, und er tut das oft mit viel Humor.

***

EINE GROSSE LERNAUFGABE

Pari - Deutschland

Einmal begleitete ich Swamiji auf seiner gesamten Schweiz-Tour. An einem Abend gab er einen *Satsang* und ich wollte ihm eine schöne Postkarte überreichen. Ich bin immer sehr aufgeregt, wenn ich die Chance habe, mit ihm zu reden.

Nach dem *Satsang* bildete sich eine lange Warteschlange und jeder wechselte ein paar Worte mit Swami. Ich wartete, bis alle bei ihm waren und ging mit einem vor Aufregung roten Gesicht nach vorne. Ich wollte ihm die Postkarte geben, aber alles, was er sagte, war: „Die Deutschen können in Deutschland zu mir kommen." Ich war schockiert und zutiefst traurig. Eine normale menschliche Reaktion ist es, in so einer Situation verärgert zu reagieren. Ich war nicht verärgert, sondern nur traurig. Ich wusste zu dieser Zeit noch nicht, dass das Gefühl von verletzt sein eigentlich Ärger ist, den man nach innen auf sich selbst richtet. Ich war traurig und hatte Tränen in den Augen. Ich hatte das Gefühl, mein Herz würde brechen und so beschloss ich zu meditieren. Ich wollte verstehen, warum Swami mich so behandelte. Als ich mich endlich wieder beruhigt hatte, öffnete ich langsam meine Augen, um zu sehen, was Swami machte. Ich bekam den nächsten Schock. Ein Mann aus Deutschland redete munter mit ihm und die beiden schienen eine Menge Spaß zu haben. Das war zu viel für mich. Ich schloss wieder meine Augen um zu meditieren. Es ist unmöglich zu beschreiben, wie viele unterschiedliche Emotionen das in mir auslöste. Gleichwohl fühlte ich eine starke Liebe für Swamiji und mein einziger Wunsch war es, zu verstehen, was er mit diesem Spiel zeigen wollte. An einem Punkt in tiefer Meditation und Selbstanalyse hörte ich auf einmal Swami sehr laut lachen. Ohne nachzudenken schaute ich ihn direkt an und sah, wie er seinen Arm in meine Richtung streckte. Er signalisierte mir, zu ihm zu kommen. Er fragte mich dann: „Was hast du in deiner Hand?" Ich überreichte ihm die Postkarte, die ich ihm zuvor schon geben wollte. Er nahm die Karte an und strahlte mich mit einem Lächeln an, das ich nie wieder vergessen werde. In diesem Moment verstand ich, dass das alles ein großer Test für mich war.

***

MEINE LAST WIRD MIR ABGENOMMEN

Rolf – Deutschland

Schon seit vielen Jahren mache ich meistens morgens meine *Sadhana* (*Yoga*/Meditation). Dabei fing es auf einmal an, dass während meiner *Sadhana* in mir immer wieder eine sehr intensive Aggression gegen Swamiji aufkam. Dies hielt mehrere Monate an. Es machte mich sehr traurig und ich konnte mir das Ganze nicht erklären. Eines Tages hatte ich Gelegenheit, Swami darauf anzusprechen und ihm auch zu sagen, dass es mich sehr verletze. Er schaute mich an und sagte, dass ich eine Aggression gegen mich selbst gehabt hätte, die er mir genommen habe. Von da an war die Aggression verschwunden und trat auch nie wieder auf. Ich bin so unendlich dankbar für diese Gnade, die mir durch Swamiji widerfahren ist.

***

DER SARI

Ambika – Italien

Es war am letzten Tag von *Navaratri* 2009 in Springen, als ich nach einer *Yagna* zum *Darshan* der Göttlichen Mutter vor den Altar kam und mich tief im Gebet versunken vor ihr bzw. mehr vor ihm verbeugte, denn *Guruji* stand gerade am Altar vor mir. Als ich aufstand und wieder gehen wollte, fragte er mich: „Du hast doch einen *Sari*, ja!? " Ich verstand nicht und schämte mich, dass ich immer noch meine braunen Sachen von der Küche anhatte, anstelle mir einen sauberen *Sari* angezogen zu haben. Dann fragte er noch einmal: „Hast du einen *Sari* bekommen?" Darauf sagte ich, mir keiner Schuld bewusst, nein und dass ich nicht verstehe, was er meinte. So erklärte mir *Guruji*, dass er allen *Matajis* einen *Sari* geschenkt hatte... Nun verstand ich endlich: Ich war nicht da gewesen, als er die *Saris* ausgab und hatte keinen bekommen! Und ich bemerkte, wie es mich natürlich freuen würde, einen *Sari* von meinem *Guru* geschenkt zu bekommen, was für eine Ehre... und dennoch verspürte ich eine unbeschreibliche Art von Gleichmut – alles war gut so! Ich war überhaupt nicht eifersüchtig auf die anderen *Matajis*, denn eigentlich brauchte ich ja gar keinen! Und wenn er mir nun trotzdem einen schenken wollte, war das auch gut!

Später kam Swamiji noch einmal zu mir runter in die Küche und stellte mir wieder dieselbe Frage: „Hast Du einen *Sari* bekommen?" Wie er da so vor mir stand, in seiner wundervollen dunkelroten

Robe und der langen Blumengirlande von der Göttlichen Mutter um seinen Hals, war mein Verstand plötzlich wie ausgestellt und ich hörte mich nur wieder wie vorher ganz unschuldig mit nein antworten. Ich wusste ja gar nichts davon. Darauf sagte er nur: „Du wirst einen bekommen!" Das war schön...aber trotzdem fast dasselbe für mich; mit oder ohne *Sari*, da gab es keinen Unterschied! Nur der bloße Gedanke, dass er sich um mich Gedanken machte und sorgte, ließ mein ganzes Herz voller Liebe erstrahlen... Ich fühlte mich in diesem Augenblick so unverhaftet und wunschlos glücklich, das war ein wunderbarer Moment des Friedens. Doch dann spielte er sein *Lila* weiter...

Draußen auf der Treppe fiel mein Blick dann auf eine *Mataji* mit einem nagelneuen, noch verpackten *Sari* in der Hand und kurz darauf kam dann auch noch eine andere *Mataji* zu mir und fragte mich ganz besorgt: „Ambika, hast du einen *Sari* bekommen?" Ich antwortete auch ihr wieder nur mit nein. Dann, einen Tag später, erzählte mir eine andere Schwester von der Szene mit den *Saris* und dass sie sogar zwei bekommen hätte, als *Guruji* nämlich zum Schluss noch alle übrigen an alle anderen *Matajis* verteilte und in den Raum geworfen hatte, fiel ihr noch einer in den Schoss. Den nahm er ihr dann jedoch wieder weg, mit der Erklärung, dass eine *Mataji* wohl noch keinen bekommen hätte. Während sie mir das alles so erzählte, wollte ich erst sagen, dass ich es war und ihr meine ganze Geschichte von dem *Sari* erzählen, doch dann verstand ich, dass ich es noch für mich behalten sollte und unterdrückte ein inneres Lachen. Und wieder beobachtete ich mich und sah, dass alles gut war – mit oder ohne *Sari*!

Doch der Groschen fiel erst, als eine andere *Mataji* später in mein Zimmer kam und mir freudestrahlend von ihrem *Sari* berichtete, dass sie genau die Farbe bekommen hätte, die sie sich schon immer und noch kurz zuvor so sehr gewünscht hatte. Da machte es klick! Lieblingsfarbe! Und ich sah wieder die Szene der *Yagna* am letzten

Tag von *Navaratri* und wie ich *Guruji* genau gegenüber am Feuer saß. Ich sah den wunderschönen pinkfarbenen *Sari*, den er *Devi* im Feuer opferte und wusste jetzt, dass das mein *Sari* war! Ich sah wieder die Szene vor meinen Augen, wie *Guruji* diesen wunderschönen *Sari* in meiner Lieblingsfarbe den Flammen opferte, ganz langsam und mit genauester Sorgfalt. Und ich erinnerte mich, wie sich dabei etwas in mir auftat und sagte, dass dieser *Sari* doch viel zu schön sei, um ihn einfach so im Feuer zu verbrennen und dass ich ihn gerne für mich haben würde! Das war mein *Sari*! Jetzt verstand ich. Ich sah mich plötzlich wieder in Italien, am Tag vor meiner Abreise in den *Ashram,* um *Brahmacharini* zu werden, und wie ich all meine Fotos, all meine Erinnerungen aus meinem alten Leben verbrannt hatte, wie ich meine so innig geliebten Kleider eins nach dem anderen weggegeben und Mühe hatte, mein letztes pinkfarbenes Lieblingsstück braun zu färben. Mir wurde bewusst, dass ich jetzt endlich frei war. Ich bin frei! Und ich begriff, dass ich nichts anderes mehr sein wollte als einfach und simpel wie eine Rose, die in aller Stille ihren Duft und ihre Schönheit verströmt, ohne besser oder mehr sein zu wollen als alle anderen Blumen um sie herum.

Oh, mein geliebter *Guruji*! Du hast mich erhört, als ich Dich in meinen endlosen Gebeten darum bat, mir alles zu nehmen, was mich fernhält von Dir und Gott!

***

DIE LEKTION DER RINGE

Swamini VishwaLakshmianandama
(ehemals Utpalavati) - Colorado - USA

An diesem schicksalsreichen Morgen, als die Lektion der Ringe begann, saß ich in der Lobby eines Hotels. Es war so, dass sich sonst niemand zu dieser Zeit in der Lobby befand. Swami Vishwananda, der sich in der seltenen Situation befand, allein in der Öffentlichkeit zu sein, kam dorthin, wo ich saß. Er fragte: „Wohin gehst du?“ Ich berichtete ihm von meinen Plänen, für das *Aarti* zum *Krishna*tempel zu gehen und danach zu *Yoganandas* Lake Shrine (Es war mir eine große Freude, als Swami später in den Tempel kam und sich zum *Krishna Aarti* neben mich auf den Marmorboden setzte.)

Eine Minute später kam Swami dahin zurück, wo ich saß und stellte sich vor mich. Vishwananda hielt mir seine geschlossene Hand entgegen, und ich legte meine rechte Hand auf und meine linke Hand unter seine geschlossene Faust. Swami hält oftmals die Hände seiner *Devotees*, sehr zu jedermanns Entzücken.

Plötzlich schien ich in meiner inneren Wahrnehmung zu erkennen, wie Energie Vishwanandas rechten Arm hinunterlief. Ich wusste, dass entweder etwas materialisiert oder als bereits fertiges festes Objekt in seine geschlossene Hand platziert wird - ich war mir nur nicht sicher, wie er das, was ich wahrnahm, vollbringen würde. Das Objekt würde entweder durch seine Hand in meine hindurchgehen, oder er würde es in meiner Hand lassen, wenn er seine Hand zurückzieht. Ich dachte damals: „Er manifestiert etwas für mich, denn ich fühle es kommen.“ Einige Momente später zog Swami seine Hand aus meiner zurück, wobei er einen Ring auf meiner offenen Handfläche zurückließ. Ich fühlte nichts von seiner Hand in meine fallen und obwohl ich gedacht hatte, dass ich innerlich Energie strömen spürte, begleitet von dem Bild eines festen Objekts, war ich dennoch zu einem gewissen Grad verblüfft, einen Ring in meiner Hand zu sehen. Ich fragte mich: „Hatte Swami Vishwananda den Ring bereits in seiner geschlossenen Hand, als er seine Hand in meine legte, oder hat die Energie, die ich auf einem inneren Level seinen Arm hinab laufen zu sehen glaubte, den Ring in eine feste Form manifestiert, als sie seine Hand erreichte? Oder hat er Energie in einen Ring gegeben, den er bereits in seiner Hand gehalten hat, als er zu mir kam?“ Swami Vishwananda hat mich weder dann noch später darüber informiert, ob er den Ring materialisiert hat oder nicht. Und ich habe ihn aus mir unbekannten Gründen nicht gefragt.

Ich nahm den Ring und steckte ihn an den Ringfinger der linken Hand, doch er war zu groß. Swami zeigte auf die rechte Hand, wobei er mir andeutete, dass ich den Ring an diese Hand stecken sollte. Daraufhin steckte ich den Ring auf den rechten Ringfinger und er war wieder zu groß. Dann versuchte ich es am rechten Zeigefinger und er war zu groß. Als letzte Möglichkeit steckte ich den Ring an den rechten Mittelfinger, wobei ich dachte, dass er irgendwo passen musste. Doch leider war er zu klein für den Mittelfinger. Da gab ich auf und ließ den Ring am rechten Mittelfinger unter dem Knöchel. Dann schaute ich auf in Swami Vishwanandas amüsiertes und lächelndes Gesicht, als er da stand und sich meine fruchtlosen Versuche anschaute, den richtigen Finger auszumachen.

Ich sagte: „Swami, er passt nicht." Ohne jegliche Pauken und Trompeten streckte er seine Hand aus, nahm den Ring zwischen seine Finger und schob ihn ganz leicht über meinen Knöchel. Ich war total erstaunt aufgrund der Tatsache, dass ich vor einem Moment erfolglos und mit viel Kraft versucht hatte, dasselbe zustande zu bringen.

Ich wurde daran erinnert, dass ich buchstäblich Hunderte solcher Vorfälle gelesen hatte, die den *Devotees* eines anderen indischen *Avatars*, der momentan auf diesem Planeten verkörpert ist, widerfahren sind. Nun war ich überrascht und glücklich, dieses Phänomen selbst zu erleben! Als Swami Vishwananda mühelos den Ring über meinen Knöchel schob, war ich absolut überzeugt, dass er die Kraft der Manifestation besaß und gerade demonstriert hatte, indem er die Größe des Ringes geändert hatte.

So merkwürdig dies erscheinen mag - ich fühlte, wie er seinen Willen auf den Ring fokussierte, um ihn über meinen Knöchel an die richtige Stelle an meinem Finger zu schieben. Wie auch immer, es blieb ein starkes inneres Bewusstsein und intuitives Wissen darüber zurück, dass göttliche Energie seinen rechten Arm hinunter in meine rechte Hand geflossen ist, die etwas gebracht oder manifestiert hat, das sich dann durch seine geschlossene Hand in meine bewegte.

EIFERSUCHT

Einige Nächte später, als ich aus dem Fenster schaute, sah ich eine meiner Freundinnen auf der Veranda des benachbarten Hauses stehen und mit Swami sprechen. Ich habe nicht weiter darüber nachgedacht. Als meine Freundin später in das Haus kam, in dem ich zu der Zeit war, schauten meine Augen aus keinerlei erkennbarem Grund auf ihre Hände und ich entdeckte, dass sie nun einen jener großen, bunten Ringe trägt, die Swami vielen *Devotees* gibt. Zu meinem Leidwesen war ich plötzlich eifersüchtig. Mein Ego (mein zweijähriges Ego ist momentan noch lebendig und sich seiner Sache sehr sicher) dachte tatsächlich: „Swami liebt sie mehr, da ihr Ring größer ist, als der, den er mir gegeben hat." Ich war sowohl beschämt als auch überrascht darüber, dass Eifersucht dieser Art so nah der Oberfläche war, obwohl ich in den letzten Jahren so hart daran gearbeitet hatte, Eifersucht aus meinen Gedanken und Taten auszuradieren!

Darüber hinaus ist die Frau, die das Objekt meiner Eifersucht war, jemand, den ich sehr liebe und die gerade durch zwei emotional sehr harte Tage gegangen war. Natürlich war ich in dieser Situation vollkommen in *Maya* und Dualität. Auf einer anderen Ebene freute ich mich aufrichtig für meine Freundin, dass sie diesen Ring erhalten hatte! Einige Minuten, nachdem ich den Ring an der Hand meiner Freundin gesehen hatte, nahm ich den Ring von Vishwananda in einem Panikausbruch wie bei einer Zweijährigen vom Finger und warf ihn in meine Brieftasche, da ich ihn keine Sekunde länger am Finger haben wollte. Ich erinnere mich, dass ich, ganz im Gegensatz zu Vishwananda, der den Ring so leicht über meinen Knöchel geschoben hatte, große Schwierigkeiten und mehr als nur ein wenig

Schmerz dabei hatte, ihn abzunehmen!

Später an diesem Abend, auf dem Weg zurück zum Hotel, nur der Fahrer des Hotelfahrzeugs war bei mir, änderte ich meine Meinung und ich wollte den Ring wieder an meinem Finger haben. Dann hatte ich meine zweite Egopanik in einer Stunde, wobei ich fürchtete, dass Swami ziemlich gewiss den Ring dematerialisieren könnte und vielleicht sogar würde, da ich ihn abgelehnt hatte. Aber zu meinem Glück und meiner Erleichterung konnte ich den Ring noch in meiner Brieftasche finden. Mein Hotelfahrer und ich waren zwar die einzigen im Auto, dennoch steckte ich den Ring ein bisschen unbeholfen und mit Schwierigkeiten unter Schmerzen wieder an meinen Finger. Und mit dieser Handlung habe ich mich von der Eifersucht losgesagt. Folglich habe ich gelernt den Ring wertzuschätzen, nicht für den Stil, die Größe oder die Schönheit, die er vielleicht hat oder nicht hat, sondern einfach, weil Swami Vishwananda ihn mit Liebe geschenkt hat. Und der Ring ist eine ständige Erinnerung an Gott, da er eine Verbindung zu *Premavatar* Sri Swami Vishwananda und seine göttliche Liebe und Gnade darstellt.

***

EIN WERTVOLLER DIAMANT

Dyutidharananda - Deutschland

Im Sommer 2007 war ich zum ersten Mal über einen längeren Zeitraum hinweg auf dem Steffenshof. Ich ging damals noch zur Schule und wollte die Hälfte meiner Ferien mit Swamiji verbringen. Es war gerade einmal ein halbes Jahr her, seit wir uns zum ersten Mal getroffen hatten – und trotzdem kam es mir so vor, als ob wir uns schon seit ewigen Zeiten kennen würden. Mein Herz sagte mir, dass er mein *Guru* war. Ich hatte keinen Moment daran gezweifelt. Doch erst in jenem Sommer wurde mir bewusst, was es bedeutet, einen *Guru* zu haben. Mir wurde klar, dass einen *Guru* zu haben nicht nur bedeutet, jemanden „*Guruji*" nennen zu können und sich ihm zu Füßen zu beugen, sondern einen Menschen zu haben, der einen bedingungslos liebt und der alles daransetzt, dass wir unser wahres Selbst verwirklichen. Das bedeutet aber, dass zuerst unser Ego beseitigt werden muss – und das kann zuweilen äußerst schmerzhaft sein.

Ich kam gerade aus der Kapelle. Im Gang saß Swamiji auf einem weißen Stuhl. Er sagte: „Komm, setz dich zu mir." Neben ihm stand ein leerer Stuhl. Ich setzte mich aber auf den Boden. Nach einem kurzen Moment des Schweigens sagte er zu mir: „Mach dir keine Sorgen – alles wird gut. Okay?" Ich antwortete: „Okay." Aber in Gedanken fragte ich mich, was nun wohl mit mir passieren würde. Nach einem weiteren Moment der Stille drehte er sich um und rief einen Jungen, der etwa in meinem Alter war, zu sich. Der andere Junge kam und setzte sich auf den leeren Stuhl. Es entwickelte sich ein kurzes Gespräch zwischen Swamiji und dem anderen Jungen über oberflächliche Themen. Ich versuchte trotzdem daran teilzunehmen, aber irgendwie ignorierten sie mich. Nachdem sie fertig geredet hatten, winkte Swamiji den Jungen zu sich und sie gingen zusammen in die Kapelle. Ich wusste nicht so richtig, ob ich jetzt sitzen bleiben oder weggehen sollte. Nach etwa drei Minuten entschied ich mich zu gehen. Ich war gerade aufgestanden, da kam der andere Junge aus der Kapelle heraus und zeigte mir mit strahlendem Gesicht seine rechte Hand. An seinem Ringfinger war der größte und strahlendste Diamant, den ich je gesehen hatte. Ich lächelte zurück. Aber innerlich war ich traurig und verletzt. „Warum materialisiert Swamiji mir keinen Ring? Liebt er mich etwa nicht?" Das waren meine Gedanken. Später wurde mir bewusst, dass er diesen inneren Konflikt von mir vorausgesehen hatte, indem er sagte, dass alles gut wird. Heute weiß ich, dass das, was mir Schmerzen und Traurigkeit bereitet hat, mein gekränktes Ego war. Und dass das Geschenk, das ich von ihm erhalten habe, weit wertvoller war als irgendein Diamantring – seine Schulung. Sie ist es, die wir brauchen, um Gott näher zu kommen.

Ich erinnerte mich auch an die Rede, die er beim *Darshan* in Friedrichshafen gehalten hatte, als ich ihn zum ersten Mal getroffen habe. Er sagte, dass die schönsten und wertvollsten Schätze und Juwelen im Ozean immer an den tiefsten Stellen liegen und die Menschen alles tun, um daran zu kommen. Auch wir müssen tief in den Ozean unseres Herzens tauchen, um an den wertvollsten Juwel zu kommen, den es gibt – die Liebe.

***

SPIRITUELLE FÜHRUNG

Nirmal - England

Einmal habe ich in Frankreich Swamiji gefragt: „Warum essen manche Menschen Fleisch?" Swami sagte mir darauf: „Es kommt nicht darauf an, was sie essen, sondern was sie in ihrem Herzen haben. Du brauchst kein Vegetarier zu sein. Wichtiger ist, was du in deinem Herzen hast: deine Liebe, deine Hingabe."

Swami Vishwananda gibt uns spirituelle Führung. Er sagte zu uns: „Findet die Dreifaltigkeit in euch." Zu jener Zeit habe ich die Welt auf dualistische Weise gesehen, nach Unrecht und Recht im *dharmischen* Sinn. Swami sagte mir, dass die Dinge im Leben nicht richtig oder falsch sind, sondern dass das, was man tut, immer Konsequenzen hat. Für einige Menschen wird es gut ausgehen, für andere schlecht.

Dies war eine wichtige Lektion, die ich von ihm gelernt habe: Der heilige Senoch oder Sankt Pantaleimon hatten so viel Glauben und Hingabe an Jesus und Maria wie ein Hinduheiliger, der zu Rama oder Krishna betete. Beide haben bedingungslose Liebe und totale

Hingabe.

Einmal habe ich mich nicht auf mein Examen vorbereitet. Ich rief Swami an und sagte zu ihm: „Ich habe Schwierigkeiten mit dem kommenden Examen." Swami sagte: „Mach dir keine Sorgen, ich werde dir helfen." Ich bin zum Examen angetreten und das Ergebnis war sehr gut.

Als ich mein Studium begonnen habe, sagte ich zu ihm: „Ich benötige eine zwei eins." Er betete zu Maria und sagte dann zu mir: „Keine Angst, du wirst sie bekommen." Ich erzählte ihm, dass ich ein Prozessanwalt werden wolle. Das war fünf Jahre, bevor ich das Anwaltsstudium (BVC) aufgenommen habe und er sagte: „Du wirst es schaffen, ein Prozessanwalt zu sein."

VERSUCHT ES WEITER!

Wir waren in den Ferien mit der Familie in Indien. Unser Vater fragte, ob wir nach Mauritius gehen wollten. Wir beschlossen, dass wir nach Mauritius fliegen würden, wenn wir Flugtickets für die Zeit bekommen könnten, in der wir gehen wollten. Wenn es keine Tickets gäbe, wollten wir stattdessen nach Nordindien gehen. Glücklicherweise standen drei Sitze zur Verfügung und so gingen wir nach Mauritius.

Wir nahmen uns ein Mietauto zum *Ashram* von Swami Vishwananda in Quatre Bornes, doch da wir die Adresse des *Ashrams* nicht hatten, konnten wir ihn nicht finden. Plötzlich sah ich einen Freund, der Swami kannte, und ich fragte ihn nach der Adresse. Er nannte uns die Richtung und ich bat diesen Freund, mit uns zu kommen. Als wir im *Ashram* ankamen, war Swami draußen und goss die *Tulsi*pflanze. Er sagte uns, dass er in den letzten drei Tagen an uns gedacht habe und uns treffen wollte. Es geschah durch seine Gnade, dass wir am *Ashram* ankamen.

Wir wären gerne länger in Mauritius geblieben, doch wir sind mit Tickets nach Indien geflogen, die nur für vierzig Tage gültig waren und diese Zeit war um. Wir versuchten, die Tickets zu verlängern, doch das misslang. Swami sagte uns, wir würden es schaffen, die Tickets zu verlängern. Wir trafen einige hohe Mitarbeiter von Air Mauritius, doch sie teilten uns mit, es wäre nicht möglich. Also riefen wir Swami an, um ihm von unseren Schwierigkeiten zu berichten. Er antwortete uns: „Versucht es weiter!" Wir gingen ein weiteres Mal zum Flugbüro kurz vor Schluss und diesmal tat der Angestellte es ohne Berechnung und wir konnten sogar die Abflugszeit wählen.

***

BRUNO MÖCHTE BHAJANS SINGEN

Padmavati - Portugal

Im April 2007, nachdem Swami Portugal besucht hatte, war ich plötzlich mit einer Gruppe von *Gurujis Devotees* verbunden. Ich verspürte den starken Ruf in meinem Herzen, Menschen anzuregen, sich regelmäßig zum *Bhajan*singen zu treffen. Doch anfangs schienen die Menschen sehr widerständig zu sein. Sie schoben es immer wieder auf, zum *Bhajans*ingen zu kommen und stellten der Sache viele Hindernisse in den Weg, die mir so einfach erschien. Eines Nachts fühlte ich eine große Trauer in mir. Während ich innerlich mit *Guruji* sprach, übergab ich schließlich ihm diese Angelegenheit, indem ich sagte: „Bitte, *Guruji,* hilf mir, das anzunehmen und mit diesen Umständen Frieden zu schließen. Ich glaube, dass ich meinen Teil getan habe. Jetzt ist es an dir."

Am nächsten Morgen, es war gegen sieben Uhr – ich war mitten im Morgengebet - als ich ein leises Klopfen an der Tür hörte. Zu dieser Zeit betete ich jeden Morgen und jeden Abend die gleichen Gebete wie in Swami Vishwanandas spirituellem Zentrum. Ich sang auch *Bhajans* zu *Gurujis* CDs. An diesem Morgen also hörte ich das Klopfen an meiner Tür und ich dachte zuerst, dass müsse ein Missverständnis sein, denn wer könnte um diese Zeit an meine Zimmertür klopfen? Dann hörte ich ein weiteres Klopfen, dieses Mal etwas lauter. Als ich die Tür öffnete, stand da zu meiner Überraschung mein zweijähriger Neffe. Er stand da mit einem breiten Lächeln im Gesicht und großen leuchtenden Augen und schaute zu mir hoch. Er sagte: „Ich möchte mit Fátinha singen." (Er hatte gehört, dass jeder in der Familie mich so nennt.) In diesem Moment rief ihn meine Schwester, seine Mutter, vom Flur aus: „Komm her Bruno, störe deine Tante nicht!" Ich fragte sie, ob er eine Weile bei mir bleiben könne und sie war einverstanden. Noch nie war er so zu meinem Zimmer gekommen und er hatte noch nie um so etwas gebeten. Irgendwie wusste ich in meinem Herzen, dass *Guruji* mich unterstützte, indem er dieses Kind schickte, um an meine Tür zu klopfen und mich auf seine unschuldige und reine Art zu bitten, mit mir singen zu dürfen. Aber das war noch nicht alles. Später an diesem Abend, gegen zehn Uhr, hörte ich wieder ein Klopfen an der Tür. Bruno war wieder hier, in seinen Windeln. Er rieb sich die Augen und sagte: „Ich möchte mit Fátinha tanzen." Mittlerweile lachten seine Mutter und seine achtjährige Schwester im Flur und meine Schwester sagte: „Er schien schon zu schlafen, als er plötzlich seine Augen öffnete, sich in seinem Bett aufsetzte und sagte: ‚Ich möchte mit Fátinha tanzen.' Er sprang auf den Boden und lief zu deinem Zimmer." Danach lief Bruno täglich am Nachmittag die Treppe vom Kinderzimmer nach oben, laut rufend: „Ich möchte *Gopala*." Sein Lieblings*bhajan* war „*Gopi Gopala*."

DER GÖTTLICHE VERSORGER

Im Oktober 2009 zog ich in ein anderes Zimmer im Zentrum in Springen. Mir wurde gesagt, dass *Guruji* möchte, dass wir alle in die Zimmer in einem anderen Flügel des Gebäudes zogen. Jedoch war mir auch gesagt worden, dass ich nicht umziehen müsse, weil ich das Zimmer mit jemandem teilte. Nun, nachdem immer mehr Leute mit dem Umzug begannen, kam mir das Wort ‚alle' immer wieder in den Sinn, und ich fühlte mich nicht wohl mit dem Gedanken, eine Ausnahme zu sein.

Eines Nachts dachte ich daran, *Guruji* eine E-Mail zu schreiben, um nach seinem Rat zu fragen, aber da er auf einer privaten Pilgerreise in Israel war beschloss ich, stattdessen um Klärung und Unterstützung zu beten. Während dieser Nacht wurde es mir jedoch klar, dass ich auch umziehen sollte. Am nächsten Morgen sagte ich meiner Zimmergenossin, was mit mir während der Nacht geschehen war, und teilte ihr meine Entscheidung mit, umzuziehen. Im Verlauf dieses Tages sagte sie mir, dass sie in der letzten Nacht tatsächlich eine E-Mail an *Guruji* geschrieben und nach seinem Rat in dieser Angelegenheit gefragt hatte. Als ich ihr am Morgen von der Entscheidung, umzuziehen, erzählte, nahm sie dies als Antwort auf ihre E-Mail an. Später erhielt sie tatsächlich eine Antwort von *Guruji* per E-Mail die besagte, dass ich mein eigenes Zimmer haben solle.

Während des Umzugs stellte ich erstaunt fest, dass ich mit einem Bett, Vorhängen, einem Schreibtisch und einem Schreibtischstuhl ausgestattet worden war. Worte können die Dankbarkeit nicht ausdrücken, die in den Herzen derer wächst, die mit der Erfahrung gesegnet sind, von *Guruji* geführt, unterstützt und beschützt zu werden. Tage später, nach dem *Darshan,* fragte mich *Guruji:* „Hast Du jetzt Dein eigenes Zimmer?"

***

MEIN VATER IM KOMA

Ajay – Rodrigues Island

Mein Vater war eigentlich ein netter Mann, aber leider konnte er nach seiner Pensionierung im Alter von sechzig Jahren das Trinken nicht lassen. Schließlich – durch den zusätzlichen Stress, den ich dadurch verursachte, dass ich ohne seine vorherige Einwilligung heiratete - wurde er aufgrund seines übermäßigen Trinkens krank und ins Krankenhaus eingewiesen. Ich erinnere mich noch gut an die Zeit, als er im Koma lag und wir uns alle wünschten, dass er sich erholen und zu uns zurückkommen würde.

Während dieser Tage bat ich *Guruji* darum, meinem Vater zu helfen. Ich erinnere mich daran, wie *Guruji* mit meinem Vater im Koma kommunizierte und schließlich sprach mein Vater mit uns.

Leider war sein Körper bereits jenseits der Möglichkeit zur Genesung und er konnte nicht mit uns nach Hause kommen. Schließlich starb er nach einem Monat im Koma. Als er starb, konnten wir jedoch alle ein bezauberndes und glückliches Lächeln auf seinem Gesicht sehen. Jetzt, mehr als zwei Jahre nach dem Tod meines Vaters, kann ich mit Sicherheit sagen, dass mein Vater wieder bei mir ist. Ich weiß, wer er ist, denn *Guruji* hat es bestätigt und ich verstehe nun, was er getan hat und was er mir während dieser Tage des Schmerzes gesagt hatte. Ich weiß jetzt, wie *Guruji* eingegriffen hat.

***

VERTRAUEN AUF DIE INNERE INTUITION

Marion - Deutschland

Ich bin eine ganz junge Anhängerin von Swami Vishwananda. Bewusst kenne ich ihn erst seit dem 2. April 2009.

Meine erste persönliche Begegnung mit Guruji war im *Bhakti Marga* Zentrum in Springen. Ich wurde ihm vorgestellt, er erschien so außergewöhnlich und doch so menschlich. Warmherzig stellte er mir ein paar Fragen. Ich war so aufgeregt, einem Meister begegnen zu dürfen, was ich ihm auch mitteilte. Swamiji hat gleich abgewinkt, wollte davon nichts hören. Er sei ein ganz normaler Mensch, hat er mir geantwortet.

Zwei seiner Schüler haben sich an diesem Tag ganz liebevoll um mich gekümmert. Ich wurde durch das Zentrum geführt, ein Gefühl von Geborgenheit und ein Gefühl, nach Hause zu kommen, kamen hoch. Noch konnte ich dieses Gefühl gar nicht richtig einordnen und war eher erstaunt darüber und doch war ich einfach nur glücklich. Da an diesem Abend *Darshan* war, habe ich mich kurz entschlossen vom Second-Hand- Shop mit einem *Sari* einkleiden lassen.

Mein erster *Darshan* mit Swami Vishwananda und ich in einem *Sari*! Ich konnte es fast nicht glauben, aber es war wahr. In dem Moment, als ich vor Swamiji kniete und den *Darshan* empfing, kam es mir vor, als würde ich zugedeckt werden, zugedeckt mit einer Decke, die aus dem Stoff Liebe besteht. Es war ein sehr warmes und kribbelndes Gefühl, das noch lange Zeit bei mir blieb.

Seit diesem Tag ist eine innere Sehnsucht erwacht, Swamiji und diesen Ort der Kraft in Springen wieder und wieder zu besuchen. Jedes Mal komme ich mir beschenkt vor. Beschenkt von Swamiji, der zu jeder Zeit all seine Liebe in jeder Handlung offenbart.

Er hat mich gelehrt, auf mein Herz zu hören, zu vertrauen, was meine eigene Intuition mir sagt. Mögen noch viele Menschen dieses Glück erfahren.

***

STILLE

Lakshiya - Russland

Während eines Besuchs in Swami Vishwanandas spirituellem Zentrum begann mein Morgen wie immer. Ich stand auf, betete und bat die Göttliche Mutter, durch mich zu handeln und mich bei jeder Handlung zu leiten. An diesem Tag sollte ich das Essen für Swamiji und seine Gäste kochen. Wenn ich koche, stelle ich mir immer vor, dass es die Göttliche Mutter an meiner Stelle tut, und wenn alles fertig ist und ich es probiere, sage ich immer: „Nun, wie ist es Mutter? Was hast Du heute gekocht?“

Aber genau an diesem Morgen ging alles schief, ich weiß nicht warum. Ein Gericht war angebrannt, während ein anderes nur halb gar war. Entweder waren zu viele Leute in der Küche oder ich war nicht konzentriert. Alles ging schief. Ich wusste, dass sehr angesehene Menschen zu diesem Abendessen eingeladen waren und da waren auch diejenigen, die zum ersten Mal da waren. Ich wollte wirklich, dass Swamiji und auch seine Gäste das Abendessen mochten. Aber ich war besorgt, dass das Essen nicht wohlschmeckend genug war.

Ich war besorgt und begann zur Göttlichen Mutter zu beten: „Mutter, tue etwas, damit Swamiji und seinen Gästen das Abendessen schmeckt!“ Viele störende Gedanken tauchten in meinem Kopf auf und hielten mich davon ab, mich auf die Hauptsache zu konzentrieren.

Ich schaute Swamiji an und er machte eine Geste, ich solle mir keine Gedanken darüber machen. Im nächsten Moment sprach er mit seinen Gästen und ich hörte etwas, das wirklich wichtig für mich war. Er sagte: „Wisst ihr, was all die *Yoga*-Techniken bewirken sollen? Stille im Inneren zu schaffen. Nur in der Stille kann man die Stimme Gottes hören und nur in der Stille kann man sich mit Ihm verbinden. Als ich heute die Schüler fragte, was Erleuchtung bedeutet, hörte ich alle möglichen verschiedenen Antworten, aber wisst ihr, was ich hören wollte? Ich wollte hören: ‚Stille’. Die Antworten von allen waren auf ihre Art richtig, aber ich wollte ‚Stille’ hören.“ Danach begann Swami über Krishna zu sprechen. Krishna sagte zu Arjuna: „Erfülle deine Pflichten in der Welt und mache dir um nichts Sorgen.

Dann wird deine Arbeit zum Gebet werden." Nach diesen Worten war nichts mehr wichtig. Ich erkannte, dass man seinen Verstand beruhigen muss, wenn man die Stimme des Göttlichen hören möchte. Und nun lerne ich, die Führung des *Gurus*, des Höheren Selbst, des Göttlichen zu hören. Mein Ziel ist jetzt, in Übereinstimmung mit dem Herzen zu leben und nicht nach dem Verstand. Nun kommt viel von meinem Verstehen durch die Intuition des Herzens, unter Umgehung des Verstandes. Dem *Guru* und den Menschen zu dienen, bereitet mir viel Freude. Und vielleicht kann ich nicht viel tun, aber dieser kleine Teil des Dienens bringt mir Freude.

***

WAS ESSEN BEWIRKEN KANN

Gloria - Deutschland

Es war in den Anfangsjahren im Steffenshof, als Swamiji noch mit uns am Mittagstisch saß. Immer wieder betonte er geduldig, dass wir beim Kochen darauf achten sollten, was wir denken und sprechen. Langsam führte uns Swamiji dahin, dass wir uns bemühten, *Mantras* während der Essensvorbereitung zu singen. Es gelang uns nicht immer, aber zwischendurch schon. Swamiji lehrte uns, dass das Essen gewisse Eigenschaften von uns übernimmt, während wir kochen. Und genau diese Gedanken und Worte müssten dann die anderen essen, und würden es auch spüren, nicht bewusst, aber energetisch. Ehrlich gesagt, auch das vergaßen wir hin und wieder zwischendurch, aber wir bemühten uns. Es kam die Zeit, dass Swamiji sich freute, wenn ich mittags kochte, und immer wurde ihm zuerst das Essen serviert. Doch auch das hatte ein Ende, denn als ich wieder erwartungsvoll von Swami hören wollte, dass das Essen sehr gut sei, wurde mir gesagt: „ Swami hat dein Essen nicht gewollt." Das war ein Schlag für mich. Was hatte ich nicht beachtet und falsch gemacht? Am nächsten Tag, obwohl ich mich darauf konzentrierte, *Mantras* beim Kochvorgang zu singen, kam die gleiche Nachricht wie am Vortag. Swami wollte mein Essen nicht. Das ging einige Tage so. Ich wurde immer stiller und wollte auch nicht mehr wissen und hören, was Swami zu meinem Essen gesagt hat. Wir servierten an sonnigen Tagen das Essen auf der Wiese im Steffenshof, und während ich noch einmal die Schüsseln nachfüllen wollte, stand Swamiji hinter mir und bemerkte kurz: „Du hast gut gekocht." Damit hatte ich nicht mehr gerechnet, verstand aber, dass Swamiji meine Erwartungshaltung, auch wenn sie noch so subtil war, nicht erfüllen konnte und wollte. Ab diesem Moment machte das Kochen wieder mehr Freude. Die eigene Erwartungshaltung konnte ich loslassen.

JAI GURUDEV LILA

In der Zeit, in der wir im Steffenshof waren, fuhr ich öfters nach Kastellaun zum Einkaufen. Und eines Morgens, als ich in die Küche kam, saß Swamiji mit einigen Indern aus London am Frühstückstisch. Gerade wollte ich höflich *„Jai Gurudev"* zur Begrüßung sagen, wurde aber unterbrochen, denn Swamiji sah mich und verließ den Frühstückstisch und den Raum. Ich fühlte mich angesprochen und konnte mich kaum mehr auf die Worte von *Dakshini* konzentrieren, die mir sagte, was ich aus Kastellaun alles mitbringen sollte. Als ich am Auto stand und meine Gedanken diesem Vorfall nachrasten, hatte ich auch vergessen, was ich mitbringen sollte. Mutig ging ich wieder in die Küche und wieder verließ Swamiji, als er mich sah, den Raum. Gottlob schrieb ich mir auf einen Zettel, was eingekauft werden musste.

Im Auto hatte ich ein virtuelles Gespräch mit Swamiji und ließ ihn auf dem Weg nach Kastellaun wissen, wie ich mich gefühlt hätte, als ich nur höflich in den Raum kommend *„Jai Gurudev"* sagen wollte. Ich war ziemlich wütend. Irgendwie ist mir meine Wut abhanden gekommen, als ich zurück in den Steffenshof kam und beschlossen hatte, authentisch zu sein und weiterhin *„Jai Gurudev"* zu sagen, egal, ob er den Raum verlässt oder wegschaut. Während ich mit den Einkäufen beschäftigt war und sie in die Küche tragen wollte, kam mir Swamiji entgegen, hoch erfreut und glücklich, mich zu sehen und sagte *„Jai Gurudev"* und lachte. Das war die Bestätigung für mich, authentisch zu bleiben - ungerührt von Verletzungen des Egos.

SWAMIJIS ALLWISSENHEIT

Einmal war Swamiji bei uns zu Hause und gab Interviews. Monate zuvor waren alle Termine vergeben, was bedeutete, dass die Nachfrage nach ihm sehr groß war. Nach den Interviews beschloss Swamiji, für uns alle zu kochen. Er war zum ersten Mal in unserer Küche, die nach unserem erst kürzlich erfolgten Umzug noch nicht vollständig eingerichtet war.

Einige Hängekörbe waren mit Küchenutensilien gefüllt. Als Swamiji eine kurze Pause vom Kochen machte, ging er zu einem dieser Körbe und zog zielsicher eine kleine Tüte von ganz unten hervor, wo er sie vorher nicht gesehen haben konnte, denn er war zum ersten Mal bei uns zu Hause. Während er die Tüte in der Luft schwang sagte Swamiji: „Das ist das Lieblingsgewürz der Hausfrau." Wir schauten auf die Tüte und konnten es kaum glauben, denn er hatte Recht. Es war ein Tütchen *Vibhuti*, heilige Asche aus Indien, mit der wir unser Essen zu würzen pflegten.

***

WILL ICH WIRKLICH ALS MÖNCH LEBEN?

Bhaveshananda - Schweiz

Ich habe die Gnade erhalten, Swami Vishwananda zu treffen und von ihm lernen zu dürfen. Ich war Anfang 2006 zum ersten Mal in einem *Darshan* von Swami. Ich ging daraufhin immer mal wieder zum *Darshan* zu ihm und begann, alles viel mehr zu schätzen. Die Liebe und die hohe Energie, die er uns zukommen lässt, haben mir sehr gut getan. Die spirituellen Utensilien in meiner Wohnung häuften sich, doch auf der Autobahn meines Lebens war die Spiritualität nur eine Nebenstrasse. Im Januar 2008 besuchte ich in Steffenshof einen *Atma Kriya* Kurs. Dort bekam ich das Geschenk, mit Swamiji sprechen zu dürfen.

Er sagte mir, dass es gut wäre, wenn ich *Brahmachari* werden würde. Ich war total überwältigt. Ich hätte von mir aus niemals gewagt zu fragen. Ich dachte, das sei für Leute, die schon viel weiter sind.

Mir kam damals der Gedanke: „Das ist der schönste Tag meines Lebens." Dieser Gedanke hat sich seit dann öfters wiederholt. Dank Swamiji durfte ich sehr viel Schönes erleben und sehr viel lernen.

Ich hatte auch immer wieder Zweifel, die auftauchten: „Will ich wirklich als Mönch leben? Wieso nicht zurück in die *Maya*?" Doch Gott sei Dank hab ich den Zweifeln nicht nachgegeben. Swamiji hatte auch immer die richtigen Antworten bereit, und wenn die Zweifel wieder einmal vorbei waren, merkte ich jeweils aufs Neue, dass Gott megagroßartig ist.

Einmal ließ die Motivation nach, Gott näher zu kommen. Damit verbunden ließ auch die Disziplin in meinen spirituellen Aktivitäten nach. Das wiederum führte dazu, dass ich die Wartezeit auf die Motivation mit weltlichen Aktivitäten ausfüllte. Daher sagte mir Swamiji, dass ich noch lange warten werde, wenn ich einfach nur auf die Motivation warte. Je mehr ich mich jedoch auf Gott konzentriere (Hingabe), desto mehr wird die Motivation kommen. Er sagte auch, je mehr Nebenaktivitäten ich habe, denen ich Aufmerksamkeit schenke, desto weniger kann ich mich auf Gott konzentrieren und dass ich immer Zweifel haben werde, wenn ich versuche den Mittelweg zu gehen.

Ich danke dir, Swami Vishwananda. Mein Leben ist sehr bereichert, seit ich dir begegnet bin und deine Gnade, deine Liebe und deinen Segen empfange. Du hast mir geholfen, mein Leben auf Gott zu fokussieren.

***

DAS SCHLEICHENDE GIFT DES HOCHMUTS

Swami VishwaKurunandhananda
(ehemals Divyananda) – Schweiz

Eines Abends im Sommer 2008 saßen wir im Wohnzimmer des Männerhauses in Springen. Dieses Haus diente als vorübergehender Aufenthaltsort, da die nötigen Renovierungsarbeiten abgeschlossen sein mussten, bevor wir in das jetzige Zentrum in Springen einziehen konnten.

Wie an vielen anderen Abenden, wenn Swami da war, war der Raum voller Besucher, die seine Gesellschaft genossen. Die meisten waren mit dem Essen fertig und Swami trank seinen Tee. Ich saß am anderen Ende des Raumes und hatte meine Aufmerksamkeit halb auf den Laptop vor mir und halb auf die Beobachtung dessen, was um Swami herum geschah, gerichtet.

Ab einem gewissen Punkt begann Swami sich laut über den Hochmut vieler seiner *Brahmacharis* zu beklagen, den er offenbar in letzter Zeit wahrgenommen hatte. Dann richtete er seine Augen intensiv auf mich und fügte in einem Anflug von Triumph hinzu: „Nicht nur die *Brahmacharis,* auch einige der Swamis!" Ich war leicht verwirrt und verlegen, denn zunächst machte es für mich keinen Sinn, warum er so etwas sagte. Dann fuhr Swami fort und zeigte auf sein Handy: „Und ich kann es beweisen, ich habe es alles als Textnachrichten." „Mein Gott", dachte ich mit Lichtgeschwindigkeit, „was kann das sein? Worauf weist er hin ... ich habe nichts falsch gemacht, nicht dass ich wüsste ... Textnachrichten?" Mein Verstand rotierte wie die Festplatte meines Laptops, der eine verlorene Datei so schnell wie möglich wieder zu finden versucht.

Dann verstand ich plötzlich, was Swami gemeint hatte. Vor meinem geistigen Auge sah ich die Botschaften, die ich ihm während der vergangenen Tage und Wochen geschrieben hatte. Es waren viele, denn ich musste ihm oft wegen organisatorischer Dinge schreiben. Es ist Teil meiner Arbeit, ihn um Entscheidungen, um Rat etc. zu bitten (übrigens als Randbemerkung: Es erstaunt mich immer, wie schnell er eine SMS beantwortet und er versäumt es nie, zu antworten). In meinem Eifer, ihm zu gefallen und ein guter Schüler, Freund und Diener zu sein, hatte ich damit begonnen, in meinen Botschaften direkt auf den Punkt zu kommen. Ich fing an, alle formalen Elemente wegzulassen wie zum Beispiel „lieber Swamiji" zu Beginn und „mit Liebe" am Ende. Ich fühlte oder ich sollte besser sagen, ich dachte, dass jeglicher unnötige Text, der nicht zum eigentlichen Inhalt der Nachricht beitrug, Zeit und Raum kostete und daher nicht vollkommen respektvoll ihm gegenüber sei. „Wir kennen uns nun schon seit vielen Jahren und überdies weiß er ohnehin alles - warum also sollte man ihn mit etwas Überflüssigem belästigen? Lasst uns die Formalität weglassen."

Was ich damals nicht bemerkt hatte war, dass ich nicht nur die Formalität weggelassen hatte, sondern dass auf eine fast unmerkliche Weise damit etwas Respekt verloren gegangen war, obwohl ich nicht im eigentlichen Sinne unhöflich war. Ja, es ist wahr, dass man in der engeren Familie oder unter Freunden sehr zwanglos sein kann. Das war es nicht. Es war etwas anderes. Schließlich war er nicht irgend jemand, er war mein *Guru*. Und so ungezwungen er sein kann und so zwanglos seine Freunde mit ihm sein können: Sie sind nicht nur Freunde, sondern auch Schüler, und sie dürfen nie vergessen, immer äußersten Respekt zu zeigen. Unmerklich hatte ich begonnen, Respekt zu verlieren und das Ironische daran war, dass ich dachte, ich würde die höchste Anstrengung unternehmen, respektvoll zu sein. Dieser Lektion folgte umgehend ein zweiter Schlag für mein Ego, so wie einen eine Doppelklinge besser rasiert.

Swami bat mich, die *Srimad Bhagavatam* zu holen, die ich während einer angeordneten Abgeschiedenheit vor einigen Wochen gelesen hatte. Ich hatte also sorgfältig das ‚Buch der Bücher', wie es manche nennen würden, von Anfang bis Ende gelesen. Folglich fühlte ich mich sehr vertraut damit. Ich eilte rasch davon, doppelt eifrig in dem Versuch, meine vor einem Augenblick offen gelegten Unzulänglichkeiten wieder auszugleichen. Als ich zurückkam – wäre ich ein Auto gewesen, hätten meine Reifen beim Ankommen gequietscht – bat mich Swami, einen bestimmten Abschnitt des Buches nachzuschlagen. Noch immer in dieser Energie des Eifers und angenommenen Gehorsams, blätterte meine rechte Hand im Eiltempo durch die Seiten dieses dicken heiligen Buches. Swami unterbrach mich, indem er streng vor allen sagte: „Die Art und Weise, wie du die *Bhagavatam* behandelst, zeigt, dass du keinen Respekt vor ihr hast!" Au, das tat weh. Wieder erhielt ich sozusagen einen Strafzettel für Geschwindigkeitsüberschreitung. Ich hatte versucht, gut und schnell zu sein, um den bestmöglichen Dienst zu bieten und letztendlich scheiterte ich daran, die höchsten Maßstäbe zu erfüllen. Was ist das Rezept für Erfolg und Scheitern? Äußerlich oder in unserem Verstand ist der Unterschied fast unmerklich. Er ist so subtil. Aber die Antwort ist einfach: Das Problem ist der Verstand. Wenn man versucht, gut zu sein und aus der Sicht des Verstandes handelt, d.h. man denkt, man macht dieses oder jenes gut, dann wird man scheitern. Der Verstand ist erklärtermaßen nicht perfekt. Er wird entweder zu langsam oder zu schnell sein, zu formell oder nicht formell genug, zu viel dieses oder zu viel jenes. In jedem Fall ist der Verstand niemals perfekt. Die einzige Perfektion liegt im Herzen. Wenn das Herz erst denkt und anschließend handelt, dann entsteht Perfektion.

Solange ich zulasse, dass mich mein Verstand steuert, auch wenn es nur zu einem geringen Grad ist, schaffe ich Raum für das stille und höchst unmerkliche schleichende Gift des Hochmuts, das ich selbst nicht sehen oder riechen kann Ich bin dafür blind. Nur eine Sichtweise von außen in Gestalt des *Gurus* in persönlicher Form, oder der getarnte *Guru* in der Gestalt anderer Menschen, der Natur, der Lebensumstände kann das Heilmittel bringen. Um das zu erkennen, brauche ich nicht nur Gnade, sondern auch meine eigene Demut. Immer, wenn ich einen Schlag erhalte, zum Beispiel wenn ich öffentlich gescholten und daher gedemütigt werde (d.h. demütiger gemacht werde), sollte ich das nicht übel nehmen, auch wenn das natürlich menschlich ist, sich zunächst schlecht zu fühlen. Stattdessen sollte ich dankbar sein, weil ich wieder etwas mehr Boden gut gemacht habe auf dem unendlich großen Feld der Demut. Und es ist diese Demut, die nicht nur die höchste Tugend ist, sondern die auch Voraussetzung und der innerste Wesenskern der Göttlichen Liebe ist, nach der wir alle suchen, des höchsten Zieles im Leben.

KAPITEL SECHS

Transformierende Erlebnisse

„Glaubt Ihr, ich habe Euch umsonst gerufen?"

Sri Swami Vishwananda

ZU SEINEN FÜSSEN SITZEN

Drishti - Deutschland

Das erste Mal habe ich Swami Vishwananda am 20. Januar 2000 in der Nähe von Freiburg für ein Interview getroffen. Ich erfuhr, dass ein junger Inder aus Mauritius dort sein sollte und ich bin schnell entschlossen dorthin gefahren. Ich war neugierig und wollte ihn sehen, Fragen hatte ich keine. Als ich ihn dann endlich sah, war er so entzückend! Nach dem zweiminütigen Interview hatte ich keine Lust mehr wegzufahren - es war so schön in seiner Nähe zu sein, um vielleicht noch einen Blick zu erhaschen...

Monate später hörte ich, dass Visham, so wurde er damals genannt, nach Frankfurt käme. Ich war in einem Zwiespalt. Auf der einen Seite fühlte ich mich magisch angezogen, wollte dabei sein, in seiner Nähe sein und auf der anderen Seite sagte mein Kopf: „Also nein, wirklich, was soll ich einem jungen Inder hinterher rennen! Bleib mal auf dem Teppich." Ich blieb auf dem Teppich und manchmal rannte ich ihm auch hinterher… und war glücklich!

Einen Monat später erfuhr ich von einer Busreise mit Visham durch Norditalien, um einige Klöster und Marienerscheinungsorte zu besuchen. Plötzlich wollte ich unbedingt mit. Vorsichtshalber bin ich mit meinem eigenen Auto und nicht im Reisebus gefahren, damit ich jederzeit hätte aussteigen können!

Es war eine wunderbare Reise. Wir besuchten viele verschiedene heilige Orte, haben gesungen und gebetet und waren in einfachen Klöstern untergebracht. Für mich war es sehr beeindruckend ihn anzuschauen, wenn er betete. Er betete mit einer besonderen, zarten Innigkeit. Man konnte spüren, wie sehr er Jesus und Maria liebt, achtet und ersehnt. Manchmal bekam er die Stigmata an Händen und Füssen und an der Seite. Oder plötzlich verströmte er einen unglaublichen Rosenduft.

In Turin verlor ich einmal die ganze Gruppe. Ich irrte durch die Stadt und roch plötzlich diesen bezaubernden Duft, lief dem Duft hinterher und kurz danach fand ich die Gruppe wieder! Am Ende dieser Italienreise wusste ich, dass ich immer bei ihm bleiben wollte.

Wenn Visham eine Erscheinung von Maria oder Jesus hatte, fiel er plötzlich mit einem Mal auf die Knie und hatte die Hände gefaltet und schaute leicht nach oben. Seine Lippen bewegten sich manchmal. Ab und zu lächelte er zart oder ein paar Tränen rannen ihm aus den Augen. Wir anderen sahen nichts und standen verlegen, andächtig betend und abwartend da, wohl wissend, dass sich hier etwas ganz Besonderes abspielte. Doch es blieb uns im Verborgenen.

Nach einer Erscheinung war Visham immer sehr verklärt. Wenn

es wieder möglich war mit ihm zu sprechen, dann horchte ich ihn gerne etwas aus: „ Wie sah Maria aus? Was hatte Sie an? Wie stand Sie da? Wie war der Schleier? Welche Farbe hatte Ihr Kleid?“ Er erzählte dann immer in den höchsten Gefühlen der Liebe von Maria. Er war verzückt, es war so schön ihm zuzuhören. Man konnte einen Hauch davon spüren, wie wunderbar Marias Liebe ist. Er erzählte dann z.B., dass der Schleier so schön gewesen sei. „Das Licht hinter Ihr war so hell, Du kannst es Dir nicht vorstellen, viel heller als das Sonnenlicht! Rundherum waren viele kleine Engel, manche hatten keine Lust zu singen und haben gelangweilt geschaut...” Er bekam oft eine Botschaft von Maria, er schrieb sie dann auf und las sie uns vor. Es war sehr schön, ihn in dieser Verzückung zu erleben.

Die nächsten Monate versuchte ich, ihn so oft wie möglich zu sehen. Viele Leute erhielten etwas Materialisiertes von ihm, nur ich nicht und darüber war ich sehr traurig. Ich dachte, er würde mich weniger lieben als die anderen. Als ich dann wieder einmal zu einem Interview in die Schweiz fuhr und wieder einige andere etwas materialisiert bekamen, fasste ich mir ein Herz und fragte ihn: „Ich hätte auch so gerne einen Ring von Dir.“ Er strahlte mich an und antwortete: „Aber Du brauchst keinen!” Ich dachte, okay und bin etwas traurig nach Hause gefahren. Zu Hause angekommen, telefonierte ich mit einem Freund, der mich mit den Worten tröstete, es sei doch wunderbar, dass alle einen Ring hätten und ich die einzige wäre, die keinen bekam, weil ich nämlich keinen bräuchte! Ich solle glücklich darüber sein, und da war ich endlich wieder ganz glücklich!

Vier Wochen später sah ich Swami in der Schweiz wieder. Er ließ mich rufen und wollte unbedingt mit mir sprechen. Er sagte: „Letztes Mal war ich ganz traurig, dass ich dir keinen Ring gegeben habe.” Ich saß vor ihm auf den Boden und antwortete: „Aber sei bitte nicht traurig, ich brauche keinen Ring. Ich bin auch ohne Ring glücklich.” Er lächelte mich an und sagte: „Jetzt mache ich dir einen.“, und er materialisierte mir einen wunderbaren Ring. Die ganze Situation war so voller Liebe. Der große Stein berührt mit seiner Spitze immer meine Haut auf dem Finger, wie eine permanente Akupunktur und Swami erklärte mir, dass der Stein wie eine Antenne sei. Er bringt die Energie, die ich brauche. Manchmal tut mir der Ring etwas weh, ich kann ihn dann kaum ertragen. Dann käme die Energie, erklärte mir Swami.

Im Sommer des Jahres 2002 fing Swami an, wieder mehr die hinduistische Religion zu praktizieren. Darüber habe ich mich sehr gefreut. Auf Mauritius baute er neben die Marienkapelle einen Sri Shirdi Sai Baba Tempel. Dort erlebte ich zum ersten Mal all die hinduistischen Zeremonien und hörte, wie wunderschön Swami *Bhajans* singen kann. Ich fühlte mich sehr wohl. Das Rezitieren von *Mantras*, das allmorgendliche *Lingam-Abishekam* und die gelegentlichen *Yagnas* gefielen mir sehr. Swami so zu erleben war ganz neu und sehr aufregend.

Hier in seiner Heimat erlebte ich wunderbare Zeiten. Einige Besucher aus Europa mieteten ein kleines Fischerboot und wir fuhren morgens ganz früh auf das Meer hinaus, um mit den Delphinen zu schwimmen. Wir waren gespannt, ob wir überhaupt welche zu sehen bekämen, aber Swami war dabei und dann würde es schon gut gehen.

Es kamen sehr viele Delphine, sie schwammen sehr nahe um das Boot herum und wir konnten sie anfassen. Sie führten fast so etwas wie ein Ballett für uns auf, es war wunderbar, und wir hatten sehr viel Freude.

Am Ende dieses Mauritiusurlaubes beschäftigte ich mich immer wieder mit dem Gedanken, ob denn Swami Vishwananda mein *Guru* sei. Eigentlich wollte ich so etwas ja gar nicht. Ob ich ihn mal fragen sollte? Ich traute mich nicht richtig und es war ja auch nicht so wichtig.

An meinem letzten Abend auf Mauritius wollte ich schon ins Bett gehen, als Swami nach mir rief. Er stand auf dem Balkon und wir schauten über die Stadt. „Schöner Abend", sagte er. „Ja", antwortete ich. „Es ist nicht so heiß“, sagte er. „Nein, es ist wirklich ein schönes Wetter.”, antwortete ich. „Was für eine Unterhaltung,“, dachte ich bei mir. „Was soll das? Warum steht er hier? Okay, wahrscheinlich merkt er, dass du etwas auf dem Herzen hast und gibt dir die Chance, jetzt zu fragen.“ Also fasste ich mir ein Herz und sagte: „Ich habe eine dumme Frage, darf ich sie stellen?“ Er machte mir Mut und antwortete: „Ja, frag!” Also fragte ich: „Bist du mein *Guru*?” Er schaute in meine Augen und wollte wissen: „Was sagt dein Herz?” „Mein Herz sagt ja.” Da nickte er und sagte: „Ja, so ist es, ich bin dein *Guru*.” Das war ein wunderbarer Moment. Ich war endlich zu Hause angekommen. Seitdem fühle ich mich absolut ruhig, aufgehoben und beschützt.

Bei einem weiteren Besuch auf Mauritius hat Swami uns, wir waren eine Gruppe von ungefähr fünfzehn Leuten, jeden Morgen bei Sonnenaufgang auf dem Dach seines kleinen *Ashrams* verschiedene Energieübungen gelehrt und mit uns meditiert. Am Ende hat jeder von uns sein persönliches *Guru-Mantra* erhalten.

In den nächsten Jahren kam Swami immer mal wieder nach Deutschland, um seinen *Darshan* zu geben. Manchmal gab es auch Einzelgesprächstermine. Es war immer eine sehr aufregende Zeit. Bei einem solchen Besuch stand ich einmal mit Swami in der Küche um zu kochen. Ich bereitete die Sauce und er schüttete die Spaghetti ins kochende Wasser. Plötzlich sah ich aus dem Augenwinkel wie er mit der bloßen Hand ins kochende Wasser fasste, um die Nudeln umzurühren. Er bemerkte jedoch meine Verwunderung und sagte: „Hast du gesehen, was ich gemacht habe? Shirdi Baba tat es genauso. Komisch, ich habe noch nicht einmal darüber nachgedacht. Ich habe es einfach getan und es hat überhaupt nicht wehgetan.” Er schien selbst überrascht über seine selbstvergessene Aktion zu sein.

Swami konnte auch sehr lustig sein. Als wir hier in den Hunsrück zogen, fand er in einem Umzugskarton eine Faschingsperücke im

Rasta-Stil und eine sehr dickglasige Brille. Er setzte beides auf, nahm noch einen Stock und sah aus wie ein richtiger Rastafari! Bevor er ins Wohnzimmer ging, um die anderen zu erschrecken, hielt er einen Moment inne und sagte: „Warte, ich muss ganz in die Rolle hineingehen." Dann ging er, leicht vornüber gebeugt, schlurfend ins Wohnzimmer. Alle erschreckten sich total und fingen im selben Moment an, Tränen zu lachen, so überzeugend spielte Swami seine Rolle.

Im Jahre 2005 versuchte er uns beizubringen, wie man *Bhajans* singt. Er war sehr streng und wir mussten einzeln vorsingen. Er hat uns gnadenlos wiederholen lassen, bis jeder Ton stimmte.

Bei allem was Swami tut, ist er äußerst konzentriert. Er lässt sich nur sehr ungern stören. Im letzten Winter fingen wir alle an, Ikonen zu malen. Swami wollte nicht, dass irgendetwas gesprochen wurde. Wir sollten während des Malens beten. Es ist immer eine sehr schöne Stimmung am Tisch, sehr still, obwohl zwanzig oder dreißig Leute im Raum sind. Irgendjemand kocht immer mal wieder Tee für alle und erst spät in der Nacht gehen alle schlafen. Wenn Swami so beschäftigt ist, bekommt man nicht allzu viel Schlaf, aber diese Stunden mit ihm sind mittlerweile so rar, dass wir sie sehr genießen.

Einmal, während eines *Darshans*, kam eine Mutter mit einem kleinen Baby auf dem Arm. Sie kniete vor Swami und legte ihm ihr Kind in den Arm! Dies war ein sehr berührender Augenblick. Wie sehr würde ich mir wünschen, ein Baby in seinem Arm zu sein!

Ein anderes Mal während eines *Darshans* im Jahre 2004 waren wir in einem übervollen Raum. Wir sangen *Bhajans* und einige Leute kamen zu spät. Swami brauchte jemanden, der neben ihm sitzen und ihm die Päckchen mit *Vibhuti* reichen würde. Ein junges Mädchen, ganz neu in unserem Kreis, war schnell zur Stelle und hatte die Ehre, Swami diesen Dienst zu erweisen. Ich war sehr verletzt und auch sehr eifersüchtig. Die Frage, warum sie, warum sie sich so vordrängelte, tauchte auf. Er duldete es und es war in Ordnung, dass sie neben ihm saß. Ich war ziemlich wütend. Nach dem *Darshan* räumte ich noch auf und machte den ganzen Raum sauber. Das junge Mädchen saß schon bei ihm im Auto. Ich war eifersüchtig wie eine bittere, widerliche, eifersüchtige Ehefrau. Später, als auch ich endlich zu Hause ankam, habe ich das Auto ausgeladen. Swami kam zu mir und sagte: „Es war ein sehr schöner Abend, nicht wahr?" Ich stand da und dachte: „Oh mein Gott, Nein!" Dann antwortete ich: „Ich bin sehr verärgert, ich bin total eifersüchtig! Also, warum saß sie neben dir und warum ist es immer sie?! Ich organisiere alles und sie drängelt sich immer in den Vordergrund! Ich will nicht so eifersüchtig sein. Bitte, nimm diese schlechten Gefühle und schlechten Gedanken weg von mir, ich will so nicht sein!" Dann begann ich zu weinen. Swami nahm mich tröstend in den Arm. In diesem Moment muss er mich geheilt haben. Nachher war es in Ordnung und ich war auch nie wieder eifersüchtig. Dieses Thema ist jetzt erledigt. Es ist ausgestanden. Jetzt mag ich dieses junge Mädchen sehr und sie ist mir eine gute Freundin geworden. Am nächsten Tag sagte Swami zu mir: „Eva, mir hat es sehr gefallen, dass du direkt zu mir gekommen bist und darüber gesprochen hast. Ich behandle die Dinge gerne auf diese Weise."

Jetzt lebe ich in einer kleinen Gemeinschaft im Hunsrück. Wir praktizieren täglich die Gebete, die Swami uns gelehrt hat. Ende letzten Jahres hat er uns als *Brahmacharis* geweiht. Ich habe gelernt, dass er keine persönliche Liebe für jemanden speziell hat. Er liebt uns alle gleich und jeder bekommt die Behandlung und Fürsorge, die er gerade braucht. Manchmal denkt man vielleicht, dass man ungerecht behandelt wird, dass der eine mehr Aufmerksamkeit bekommt als der andere, doch später merkt man, dass es eigentlich genau richtig war und dass es gestimmt hat so wie es war.

Im Alter von achtzehn Jahren fing ich an, mich für *Yoga* und autogenes Training zu interessieren. Ich hatte nie einen *Guru* und fand es unnötig, einen zu haben. Am Anfang meiner Begegnung mit Swamiji dachte ich nicht im Geringsten an einen *Guru* oder Meister, er war für mich einfach ein Heiliger, der den Menschen das Herz für die Liebe öffnet und die Seelen dadurch erfüllt und entzückt. Er war für mich ein Heiliger, wie es viele gibt. Jetzt ist er für mich die größte Inkarnation, die ich mir vorstellen kann. Ich glaube, er ist Jesus, Krishna, Vishnu und alles zusammen. Am liebsten würde ich mein ganzes Leben lang zu seinen Füßen sitzen.

***

DER RICHTIGE ZEITPUNKT

Rakesh – Kenia

Es war im Juni 1995 an einem Sonntagnachmittag und die *Bhajans* hatten gerade geendet. Dann wurde angesagt, dass es *Darshan* von einem jungen Swami geben würde, der Nairobi am nächsten Tag besucht. Der Organisator erwähnte, dass der junge Swami wundersame Kräfte hätte. Ich war sehr daran interessiert, diesen Meister zu treffen und ich stellte sicher, dass ich die Adresse, wo er sich aufhalten würde, bekäme.

Am nächsten Abend machte ich mich zum Veranstaltungsort auf, doch trotz meiner Bemühungen konnte ich das richtige Gebäude nicht finden, obwohl ich es vier Stunden lang versuchte. Enttäuscht machte ich mich wieder auf den Heimweg. Am nächsten Tag fand ich heraus, dass Swami Vishwananda nach London abgereist sei und am Montag darauf wieder in Nairobi sein würde. Ich sagte mir, wenn es mein Schicksal sei, ihm zu begegnen, dann würde ich ihm begegnen.

Ich verbrachte die ganze Woche damit, über meine Begegnung mit Swami nachzudenken und ich arrangierte, dass meine guten Freunde Kajal und ihr Mann Sanjit mich begleiten würden. Wir vereinbarten, dass wir ihn als Gruppe treffen würden und organisierten das mit seinen Gastgebern. Uns wurde versichert, dass wir eine Gelegenheit bekämen, Swami persönlich zu begegnen, sobald er wieder in Nairobi sei.

Ich war in der Erwartung, Swami am Montag Abend zu treffen, aber wie das Schicksal es bestimmt hatte, wurde Swami zum Masai Mara Wildtier Reservat gebracht, als er in Nairobi ankam und sollte erst sehr spät an diesem Abend zurückkommen. Sanjit, Kajal und ich gaben jede Hoffnung auf, ihm zu begegnen. Es war 23.00 Uhr und Swami war noch nicht wieder zurück. Ich rief Sanjit an und sagte ihm, dass ich zu Bett ginge.

Um 7.00 Uhr am nächsten Morgen erhielt ich einen Anruf von Kajal, die mir sagte, dass sie Swami gesehen hätten, als er nach Mitternacht vom Masai Mara zurückgekommen war. Swami hatte sie zu einem sofortigen Treffen angerufen. Sie klang sehr aufgeregt und war voller Lob über ihn. Sie hatte es geschafft, mir ein Treffen für 8.30 Uhr zu arrangieren und ermahnte mich, mich zu beeilen, da Swami eine *Yagna* machen würde und den ganzen Tag beschäftigt sei.

Ich stand schnell auf und machte mich fertig. Meine Mutter wollte mit mir kommen. Die Zeit war nicht günstig für mich, da ich weit entfernt von dem Hause wohnte, in dem Swami war. Um 8.00 Uhr war ich auf der Straße und hielt nach einem Taxi Ausschau, konnte aber keines ausfindig machen. Ich brauchte vierzig Minuten, um ein Taxi zu finden und inzwischen hatte ich die vereinbarte Zeit verpasst. Ich betete zu *Shirdi Baba* um Hilfe, da ich Swami wirklich sehen wollte. Ich betete die ganze Fahrt über, doch als ich das Haus erreichte, war es 9.40 Uhr und ich war somit sehr spät. Ich ging ins Haus und wurde von dem Gastgeber in Empfang genommen, der mir sagte, dass Swami auf mich wartete.

Ich dankte Gott und machte mich auf in Richtung Wohnzimmer. Als ich Swami das erste Mal sah, war ich sehr bewegt. Er hatte dieses breite Lächeln in seinem Gesicht und ich fühlte mich, als habe ich diese Person mein ganzes Leben lang gekannt. Er begrüßte mich und ich entschuldigte mich für meine Verspätung. Er lächelte und im nächsten Moment beobachtete ich, wie er für mich *Vibhuti* materialisierte.

Ich war gleichzeitig begeistert und sprachlos, da dies das erste Mal war, dass ich eine Materialisation sah.

Swami bat daraufhin meine Mutter und mich, ihn zum Gebetsraum zu begleiten. Als wir den Gebetsraum betraten, bemerkten wir, dass sich *Vibhuti* auf den Bildern auf dem Altar materialisiert hatte. Swami sprach mit meiner Mutter und segnete sie. Er bat mich, ihn in die Lounge zu begleiten. Er setzte sich hin und fragte mich, wie es mir ging. (Ich hatte viele Schwierigkeiten, da ich keine feste Arbeit hatte - finanzielle, gesundheitliche und familiäre Probleme.) Ich sah ihn an und sagte ihm, dass ich einige Probleme hätte, aber dass ich sehr glücklich sei, ihn zu sehen. Ich erwähnte ihm gegenüber, dass ich die letzten acht Tage versucht hätte, ihn zu treffen. Er sah mich an und sagte, dass es noch nicht die richtige Zeit gewesen sei. Jetzt sei es die richtige Zeit, ihm zu begegnen.

Als wir uns unterhielten, wurde mir klar, dass er mich und all meine Probleme kannte, trotz der Tatsache, dass dies meine erste Begegnung mit ihm war. Nach einer Weile stand er auf und sagte, dass er zu einer *Yagna* gehen müsse, doch dass er mich bei seinem nächsten Trip nach Nairobi bestimmt wieder sehen würde. Ich dankte ihm und sagte, dass ich wirklich glücklich sei, ihn kennengelernt zu haben. Als ich ging, rief er mich zu sich. In der darauf folgenden Minute materialisierte er eine Statue der Göttin Lakshmi und legte sie mir in die Hand. Sie war aus Metall und noch sehr heiß, als ob sie gerade aus einem heißen Ofen gekommen sei.

Er trug mir auf, täglich eine *Puja* für sie zu machen, da mir das helfen würde, meine Probleme zu überwinden. Bis zu diesem Tag sind Swamis Worte in meinem Herzen geblieben, da das, was er gesagt hatte, wahr wurde. Lakshmi hat mir über viele Probleme in meinem Leben hinweg geholfen und bis zu diesem Tag verehren wir sie.

Swami trat in mein Leben, als die Dinge in meinem Privatleben schief liefen, doch mit ihm fing alles an, sich zu meinen Gunsten zu verändern.

DAS ALLERSCHÖNSTE LÄCHELN

An einem Morgen ging ich zu Swamis *Darshan* in Nairobi. Ich fand Swami in einem Tempel im Garten des Hauses, wo er untergekommen war. Als Swami das *Aarti* beendet hatte, kam er auf mich zu. Er fragte mich, wie es mir ginge, worauf ich antwortete, dass das Leben sehr gnädig zu mir sei, seit ich ihm begegnet bin.

Er lächelte und ich stellte ihm schnell eine völlig unerwartete Frage: „Swami, bin ich in einem anderen Leben bereits bei dir gewesen, da ich solch wunderbare Gnade von dir erfahre?" Er lächelte und antwortete: „Ja." Er beantwortete keine weiteren Fragen. Ich wusste, er sprach die Wahrheit, doch wer bin ich, wer ist er? Diese Fragen blieben. Wie auch immer, das Leben geht weiter und genau eine Woche später hatte ich einen wunderbaren Traum.

In diesem Traum sah ich Swamis Gesicht, er sah strahlend aus. Er lächelte und drehte dann sein Gesicht von mir weg und als er wegschaute, konnte ich sehen, wie sein Gesicht sich von Swami Vishwananda zu Lord Krishna veränderte.

Niemals zuvor habe ich Lord Krishna in meinen Träumen erlebt. Doch dies war das allerschönste Wesen, das ich jemals gesehen hatte. Selbst im Zustand des Traums war ich überwältigt von der Schönheit Lord Krishnas. Ich erinnere mich noch an diese schönen Augen, die Pfauenfeder in seiner Krone und das wunderschöne Lächeln. Ich war tagelang voller Bewunderung für dieses Erlebnis.

***

ROSENKRANZ UND JAPA, DAS IST DASSELBE

Dakshini - Claudia Zepf –Deutschland

Ungefähr sechs Monate bevor ich Sri Swami Vishwananda begegnet bin, haben mir Freunde von diesem jungen Swami aus Mauritius erzählt. Ich habe auch einen *Lingam* gesehen, von dem gesagt wurde, dass er von Swami materialisiert worden sei, doch ich hatte keine Vorstellung von der Bedeutung. Da ich keinen spirituellen Meister gesucht habe, hatte ich kein großes Interesse an der Geschichte meiner Freundin. Zu jener Zeit bin ich ausgiebig gereist, besonders in Indien. Ich habe Indien sehr geliebt und hoffte, oft dahin zurückkehren zu können.

Zu der Zeit, als ich von Swami Vishwananda hörte, nahm ich an einer *Bhajan*gruppe in meiner Heimatstadt teil. Eine Freundin brachte einen kleinen kristallenen *Lingam* mit in diese Gruppe, der von Swami manifestiert worden ist, und gab ihn am Ende des Treffens herum. Der *Lingam* hat gemischte Gefühle in mir hervorgerufen. Einerseits gefiel mir der schöne Stein, andererseits wollte ich nicht davon abweichen, mich auf meinen damaligen spirituellen Lehrer zu konzentrieren.

Ungefähr vier Monate, nachdem ich zum ersten Mal von Swami Vishwananda gehört hatte, erzählte mir meine Freundin, dass er Erscheinungen von Mutter Maria hatte. Etwas in mir wurde angerührt, als ich davon hörte und mir wurde bewusst, dass ich ihn treffen wollte. Ich wurde informiert, dass Swami eine kleine Stadt im Schwarzwald besuchen würde, wo er private Interviews gewähren würde. Eine Freundin bat mich, ihr Interview mit Swami zu übersetzen. Obwohl ich ihm gegenüber noch etwas zurückhaltend war, stimmte ich zu, für sie zu übersetzen, denn sie war zu jener Zeit sehr krank. Außerdem würde ich selbst auch ein Interview haben.

In der Nacht vor dem Treffen hatte ich nicht geschlafen, da ich sehr aufgeregt war. Ich wusste allerdings nicht warum. Am Morgen der Interviews zitterten meine Knie und mein Herz raste auf dem Weg zum Termin. Als ich Swami die Treppen hinunterkommen sah, lässig in Jeans und T-Shirt gekleidet, war ich so aufgeregt, dass ich stotterte. Während des Interviews fragte er mich, ob ich den Rosenkranz betete und ich antwortete ihm, dass ich *Japa* machte. „Ja, ja, das ist dasselbe.“, antwortete er. Ich war bei dieser ersten Begegnung zutiefst berührt von Swami Vishwananda.

Nach dem privaten Interview fuhren Swami und einige andere Leute mit ihm nach Maria Lindenberg in St. Peter, einem Pilgerort der Heiligen Maria, in der Nähe meiner Wohnung. Wir wollten dort singen und den christlichen Rosenkranz beten. Ich bin allein durch den Wald im wundervoll wirbelnden Schnee gelaufen. Ich kam früh an und sicherte mir einen Platz in der ersten Reihe. Wie in der Nacht zuvor fühlte ich wieder die innere Aufregung, die ich nicht deuten konnte. Während des Rosenkranzes sind Tränen über mein Gesicht geflossen. Ich war sehr tief berührt und gleichzeitig kamen viele Gedanken, Fragen und Zweifel in mir auf und ich fragte mich, was ich denn da tue. Während wir die christlichen Lieder am Erscheinungsort von Mutter Maria sangen, flossen die Tränen wieder reichlich. Plötzlich hörte das Singen auf und ich sah Swami auf seinen Knien, betend und in Richtung Altar schauend.

Mir wurde gesagt, dass Mutter Maria Swami jeden Freitag um 18.15 Uhr erschiene. Swami erzählte uns später, dass Mutter Maria und Jesus ihm erschienen seien und Botschaften des Trostes und des Segens mitgeteilt hätten. Jesus hat süße Worte gesprochen und brachte den Wunsch zum Ausdruck, dass wir regelmäßiger zum Gebet zusammen kommen sollten. Ich war voll Bewunderung, dass Jesus Swami persönlich erschien und mein Herz war tief bewegt. Da wusste ich, dass ich Swami Vishwananda gerne wieder sehen würde.

Shivaratri in den schneebedeckten Schweizer Alpen mit Swami Vishwananda stellte für mich im Jahr 2000 eine unwiderstehliche Einladung dar. Damals war ich noch reserviert und schüchtern in seiner Gegenwart. Am Tag nach unserer Ankunft in der Schweiz war ich für ein persönliches Interview mit Swami eingetragen, das ich freudig annahm. Swami wollte mir wahrscheinlich helfen, mich frei mit ihm zu fühlen, denn er beantwortete eine persönliche Frage in diesem Interview, die zu fragen ich zu schüchtern war. Die Weisheit seiner Worte drang tief in meine Seele ein.

Swami Vishwananda rief ungefähr vierzig Menschen aus meiner Heimatstadt zu einem Gruppeninterview. Als ich dahin blickte, wo Swami saß, fühlte ich, dass die Atmosphäre in dem Raum mit einer hohen spirituellen Energie gefüllt war. Swami hielt ein Tuch vor seinen Mund. Alle Augen in dem Raum waren auf Swami gerichtet, als zu meiner Überraschung ein grüner *Lingam* aus seinem Mund kam und in das Tuch fiel, das er an seine Lippen hielt. Nachdem der grüne *Lingam* von Swami manifestiert worden war, brachte er den Wunsch zum Ausdruck, dass wir uns jeden Montag nach unserer Rückkehr nach Deutschland in einem anderen Zuhause treffen. Er gab uns die Anweisung, ein *Lingam-Abishekam* während jedes Treffens abzuhalten. Ich hatte wenig Kenntnis von *Lingams* und *Abishekams*.

In der Nacht von *Shivaratri* in der Schweiz offenbarte Swami uns zahlreiche spirituelle Wunder. Er manifestierte mehrere *Lingams* und Maria erschien ihm zweimal und sprach mit ihm. Meine Beziehung zu ihm und zu den *Abishekamritualen* wuchs enorm während der Tage von *Shivaratri*. Ich hatte das Gefühl, in einer anderen Welt, weit weg von weltlichen Ablenkungen zu sein. Eine kleine Gruppe von uns aß mit Swami zu Mittag, bevor er die Schweiz wieder verließ. Er unterhielt sich entspannt mit uns, verteilte Geschenke und inspirierte uns mit aufbauenden Worten. Da er wusste, dass ich nach Indien gehen wollte, sah er mich eindringlich an und sagte: „Du musst nicht unbedingt nach Indien gehen, du kannst alles auch hier finden." In den folgenden Wochen dachte ich gründlich über die Bemerkung von Swami nach.

ERSCHEINUNGEN

Bei einer Reise mit Swami Vishwananda zu Pilgerorten in Italien besuchten wir hauptsächlich katholische Pilgerstätten. Plötzlich durchdrang ein wunderbarer Rosenduft die Luft der Kirchen, in denen Swami in diesem Moment betete. Oftmals quoll Rosenöl aus seinen Händen und Füßen. An einigen Tagen erschienen die *Stigmata* Christi auf seinen Händen und manchmal als Dornenkrone auf seiner Stirn. Nach der Reise mit Swami nach Italien fühlte ich, dass meine Wunde aus meiner Zeit in der katholischen Kirche geheilt war. Mein Widerstand, den christlichen Rosenkranz zu beten, verschwand und ich fing an, die christliche Art der Gottesverehrung mit anderen Augen zu betrachten.

Bei einer Gelegenheit nach Swamis Geburtstagsfeier waren mehrere Leute mit Swami draußen. Einige von uns spielten christliche Musik, während andere Skulpturen aus Ton formten. Swami malte mit einer kleinen Gruppe das Kreuz. In dieser speziellen Atmosphäre geschah es, das Swami plötzlich auf seine Knie fiel und anfing zum Himmel zu beten. Wir rannten alle zu ihm, da wir dachten, dass Mutter Maria ihm erscheinen würde. Als Swami zum normalen Bewusstsein zurückkehrte, erzählte er uns, dass ihm die Heilige Mutter in ungewöhnlich großer Form erschienen sei und ihm Baby Jesus in die Arme gelegt hätte.

OSTERN IM ASHRAM IN MAURITIUS

In den ersten Jahren, in denen ich Swami Vishwananda kannte, habe ich Mauritius mehrfach besucht und wohnte im kürzlich erbauten *Ashram*. Die Einweihungen von *Ashram* und der Mutter Maria Kapelle fanden beide im Jahr 2000 statt. Swami sammelte auf seinen Reisen nach Europa schöne Marienstatuen und stellte sie in der ihr gewidmeten Kapelle auf. Manchmal waren die Statuen der Göttlichen Mutter mit Tränen oder duftendem Rosenöl bedeckt.

Ein Jahr nach der Einweihung fand in der heiligen Osterwoche in Mauritius ein unvergessliches Ereignis statt. Am Gründonnerstag bat uns Swami, die Nacht hindurch in der Kapelle zu beten. Die meisten von uns waren sehr müde und so ging einer nach dem anderen zu Bett. Mein Zimmer lag am hinteren Ende des Ganges, der auch zu Swamis Zimmer führte. In dieser Nacht konnte ich nicht schlafen. Ich fühlte eine merkwürdige Aufregung in mir aufsteigen. Ich dachte, ich sollte nicht schlafen, da Swami uns gebeten hatte, wach zu bleiben und zu beten. Während der langen Nachtwache steigerte sich meine Identifikation mit dem Leiden und der Einsamkeit Jesu – geschichtlich wird diese Nacht als die Nacht vor seiner Kreuzigung bezeichnet.

Gegen Mittag trafen wir uns wieder in der Kapelle zum Gebet. Plötzlich wurden wir alle in Swamis Zimmer gerufen. Er lag mit Jesus Christi *Stigmata* an Händen und Stirn im Bett. Wir saßen alle um sein Bett herum und beteten den Rosenkranz. Ich war tief berührt von Swamis Tiefe seiner Liebe und Identifikation mit Jesu Leiden. Ich konnte ihn kaum anschauen, da ich so besorgt um ihn war. Worte können die heilige Atmosphäre in Swamis Zimmer nicht beschreiben.

In der Vergangenheit habe ich mich vom christlichen Glauben wegbewegt, doch solche Erfahrungen mit Swami schafften einen Weg für Jesus und Maria, in mein Leben zurückzukehren. Ich war Swami sehr dankbar. Ich genoss es wieder, den Rosenkranz zu beten und machte auch mit meinem *Japa* nach hinduistischer Tradition weiter.

INNERER KONFLIKT

In meinen ersten Jahren mit Swami Vishwananda gärte ein tiefer Konflikt in mir. Jahre bevor ich Swami Vishwananda begegnet bin, hatte ich einen spirituellen Lehrer gefunden, den ich sehr liebte und respektierte. Ich versuchte beides, die Lehren Swamis und diejenigen des anderen Heiligen zu verbinden, da es dieselbe Wahrheit in beiden

Lehren ist. Dennoch fühlte ich mich innerlich zerrissen. Intensive emotionale Beschwerden zwangen mich zuzugeben, dass ich eine Entscheidung darüber fällen musste, welchem *Guru* mein Herz folgen wollte.

Während dieser intensiven und schmerzvollen Zeit führte mich Swami sehr liebevoll und mit viel Verständnis. Manchmal neckte er mich, wobei er die ganze Zeit wusste, wohin meine Seele gehört. Es ist Swamis Art, seine *Devotees* liebevoll zu führen, wobei er ihnen den freien Willen lässt, ihre eigenen Entscheidungen zu treffen. Nachdem ich meine Entscheidung gefällt hatte, weihte mich Swami in mein *Gurumantra* ein, das meinen Weg mit dem seinen verknüpfte.

UMZUG IN DEN DEUTSCHEN ASHRAM

Ungefähr sechs Monate, nachdem ich mich entschieden hatte, dass er mein *Guru* ist, fragte mich Swami, ob ich in den Steffenshof ziehen und dabei helfen wolle, seinen ersten *Ashram* in Deutschland aufzubauen. Eines Tages fuhren wir nach Köln, um uns nach indischen Objekten für den Tempel umzuschauen. Swami entdeckte sofort eine schöne Statue von Lord Vishnu. Er fühlte sich davon sehr angezogen. Es gab dort auch eine Statue der Göttin Lakshmi in derselben Größe. Da die Statuen beinahe Lebensgröße hatten, nahmen wir an, dass die *Murtis* zu teuer seien. Durch Gottes Gnaden entdeckten wir ganz unerwartet ein Schild mit halbem Preis und Swami kaufte sowohl Lakshmi als auch Vishnu. Das Göttliche Paar wurde zusammen mit Mahavatar Babaji zu unseren Haupt*murtis* in unserem Tempel in Steffenshof.

Ich zog im Dezember 2004 im Steffenshof ein. Swamiji stand in einem Fenster und trug einen weißen Maleranzug. Die Renovierung des deutschen *Ashrams* hatte an diesem Tag begonnen. Am selben Abend strich ich die Wände meines neuen Zimmers. Swamiji half mir beim Malen. Die Renovierungsarbeiten gingen im schnellen Tempo voran. Wir verwandelten die Scheune im Steffenshof in einen

Hindutempel. Am Tag waren wir mit den Bauarbeiten beschäftigt, abends kamen wir im Wohnzimmer zum *Abishekam* zusammen. Der Tempel war rechtzeitig zu *Shivaratri* fertig.

Sobald die Einweihung des Tempels vorbei war, sprach Swami langsam mit uns darüber, *Brahmacharinis* und *Brahmacharis* zu werden. Ich bin in Indien gewesen und war vertraut mit dem Leben einer *Brahmacharini*. Ich hatte es Jahre vorher als eine Möglichkeit für mein Leben in Betracht gezogen. Es hat dennoch mehrere Monate gedauert, bis ich von Herzen wusste, dass ich diesen lebensverändernden Schritt tun wollte.

***

GOTTES LIEBE ERFAHREN

Jaahnvi - Judith Hildebrandt – Deutschland

Die Beziehung zwischen dem *Guru* und seinem Schüler ist dem göttlichen Gesetz unterworfen. Wenn der Jünger bereit ist, wird er seinen Meister finden und ihm folgen. Wenn ich über mein Leben nachdenke, bevor ich Swami Vishwananda traf, bin ich in der Lage, einen roten Faden einer inneren Führung zu erkennen. In den frühen Jahren meiner spirituellen Suche war ich mir dieser Tatsache nicht bewusst.

Ich wuchs in Ungarn auf – eine Umgebung, in der kein Platz für Religion war, noch nicht einmal für den Ausdruck von Religion. Daher schuf ich mir eine innere Welt, zu der nur einigen wenigen Menschen der Zutritt erlaubt war. So weit ich mich zurück erinnern kann, war ich immer auf der Suche nach etwas außerhalb der sichtbaren Welt. Einem Platz, wo Liebe und Einheit in der Weise existierten, wie ich sie verstand. Zu Beginn der achtziger Jahre begann ich damit, mich für verschiedene Religionen und philosophische Schriften zu interessieren, um meinen inneren Durst nach Verständnis zu stillen.

Bis zu einem bestimmten Punkt war ich in der Lage, dieses Bedürfnis nur zu befriedigen, wenn ich durch spirituelles Malen Kontakt mit meiner Seele aufnehmen konnte. So konnte ich meine inneren Erfahrungen in Zeichnungen umsetzen. Diese Verbindung mit der kreativen Kraft gab mir einen gewissen inneren Frieden. Meine Intuition wurde stärker und stärker und ich konnte davon in meinem täglichen Leben Gebrauch machen.

Meine Suche nach meinem Meister ging weiter, im Inneren wie auch im Äußeren. Als ich das erste Mal durch einen Bekannten von Swami Vishwananda hörte, wurde etwas tief in meinem Innern berührt. Ich glaubte, ich kannte ihn bereits. Es dauerte jedoch noch einige Zeit, bevor ich mit ihm Verbindung aufnehmen konnte, da er irgendwo in der Abgeschiedenheit lebte. Schließlich schaffte ich es, ein Treffen mit ihm zu vereinbaren. Seine jugendliche und freundliche Art hatte eine beruhigende Wirkung auf mich. Das Gefühl war unbeschreiblich und mein Herz war voll von Frieden und Stille.

Als er die Tür öffnete war ich überrascht, wie jung er war, aber seine Augen waren der Beweis dafür, dass er nicht von dieser Welt war. Mein erstes Gespräch mit ihm dauerte nur fünf Minuten, aber für mich steht es für den Beginn eines neuen Lebens, in jedem Punkt, innerlich und äußerlich. Ich begriff, dass meine Suche beendet und ich angekommen war. Ich hatte alles gefunden, nach dem ich während meiner spirituellen Suche gesucht hatte. Dieser Tag würde mein Leben ändern.

Die innere Gelassenheit so tief in meinem Herzen wurde ab diesem Zeitpunkt mein ständiger Begleiter. Seit dem wurde sie tiefer und tiefer und ich kann auch in schwierigen Zeiten in diese Energie eintauchen, wenn ich glaube, ich kann meine Probleme nicht lösen!

Für eines meiner folgenden Treffen mit Swamiji nahm ich mir vor, nicht über meine inneren Beschwerden und Ängste mit ihm zu reden. Jedoch kam alles ein wenig anders. So bald ich den Gesprächsraum betrat, war ich nicht mehr in der Lage, auch nur ein einziges Wort zu äußern. Ich weinte so sehr, als wäre ein großer Schmerz tief in mir berührt worden. Alles, was ich für so lange Zeit unterdrückt hatte, brach aus mir heraus wie ein Vulkan. Ich erinnere mich immer noch daran, dass ich mich schrecklich schämte, weil ich dachte, ich sei zu schwach um mich zu kontrollieren. Swami lächelte mich einfach liebevoll an. Nach einigen Minuten erwähnte er sehr ruhig den Brief, den ich ihm geschrieben hatte, um ihn nach Baden-Baden einzuladen. Ich schnappte nach Luft, mein Gesicht war voll von Tränen und ich sagte ihm, dass ich dachte, ein Besuch sei nicht möglich, da ich nicht gut genug Englisch sprach. Er sagte, es gäbe die Möglichkeit, einen Übersetzer zu engagieren. Diesen Moment werde ich nie vergessen. Ich fühlte mich wie ein Kind, das ein Stück Schokolade bekommen hat, damit es aufhört zu weinen. In diesem Moment vergaß ich alle meine Ängste und Beschwerden. Mein Herz war voller Freude und grenzenloser Liebe. Nichts anderes war mehr wichtig. Er würde kommen! Mit seiner grenzenlosen Liebe befreite er mich innerhalb von Minuten aus meinem inneren Gefängnis.

Seit damals war ich einige Male Zeuge, wie Swami versucht, uns durch Seine Göttliche Liebe zu zeigen, wie wir Gottes endlose Liebe in unseren eigenen Herzen erfahren können. Während seines ersten Besuchs in meinem Haus und auch bei späteren Zusammentreffen mit ihm habe ich gesehen, wie er arbeitet.

Ich wurde Zeuge, wie sich die Herzen von Fremden und Freunden, die kamen, um ihn zu sehen, in seiner Gegenwart öffneten. Oft gab er einfache Tipps oder Ratschläge. Jeder empfing genau das, was in seiner oder ihren momentanen Situation nötig war. Es ist eine wirklich außerordentliche Erfahrung für mich, seine Art zu sehen, wie er durch seine Empfindsamkeit und Göttliche Liebe die Menschen lehrt. Zu sehen, wie alle Last abzufallen scheint von denen, die seine Hilfe suchen und wie sie sich in dem Moment verändern, in dem sie ihn treffen, ist ein wirklich schöner Anblick. Zum ersten Mal in meinem Leben war ich in der Lage, einem göttlichen *Guru* bei seiner spirituellen Arbeit zuzuschauen.

UNTERSTÜTZUNG UND INNERE BEGLEITUNG

Meine Mutter wurde 2004 unerwartet sehr krank. Ich lebte mit ihr in einem Haus, in dem sie eine Wohnung im Erdgeschoß bewohnte. An jenem Tag, an dem dieses Ereignis geschah, wollte ich am Nachmittag zu Swami nach Idstein fahren. In der Frühe an diesem Tag erlitt meine Mutter einen Schlaganfall, später im Laufe des Tages dann einen zweiten. Sie kam mit Verspätung in eine Klinik, sodass es gravierende Folgen hatte. Sie schwebte in Lebensgefahr. Für mich stürzte alles zusammen. Ich fühlte mich hilflos und sah meine Mutter, wie sie sich in einem Zustand zwischen Leben und Tod befand. Ich hatte auf meinem spirituellen Weg bereits viel darüber gehört, dass es den Tod nicht wirklich gibt. Dass unser Körper im Augenblick des Todes nur ein Kleid ist, dass wir ablegen und dass die Seele weiterlebt. Nun, all das wusste ich. Aber ich stand hilflos am Krankenbett meiner Mutter, die nicht mehr diejenige war, die ich mein ganzes Leben lang kannte. Ich rief noch Jyotirananda an mit der Bitte, er möge Swami ausrichten, was geschehen war. Kurz darauf fühlte ich mich beruhigt, in mir konnte ich diese innere Sicherheit wieder wahrnehmen.

Trotz dieser ungewissen Situation fuhr ich nach Idstein, um Swami zu sehen. Ich wusste, dass ich fahren musste, ganz gleichgültig, was passieren würde. Im strömenden Regen und mit viel Verkehr ging es nach Idstein. Ich dachte, dass sich die ganze Welt gegen mich verschworen hatte.

Dort angekommen empfing mich Swami einfach liebevoll und sagte zu mir, dass alles in Ordnung sei. Es folgten dann Zeiten, in denen ich äußerst gefordert wurde. Ich entschied mich, meine Mutter bei mir zu Hause zu behalten und einen Pfleger zu engagieren, der sie Tag und Nacht betreute.

Unter diesen Umständen betrachtete ich dies als die beste Option für die Zeit, die uns noch zusammen blieb. Ich habe akzeptieren können, dass alles, was geschieht, einen Sinn hat, auch wenn ich die Ursache hierfür nicht genau kenne.

Meine Mutter hat eine starke Beziehung zu Mutter Maria und wünschte sich, einmal mit Swami Vishwananda den Rosenkranz beten zu dürfen. Und so kam es dann auch, dass während eines weiteren Aufenthalts von Swami in Baden-Baden ihr dieser Wunsch erfüllt worden ist. Das war damals wie ein Wunder für mich. Ich habe von ihm gelernt, dass wir selber vieles erreichen und aushalten können, wenn wir uns Gott anvertrauen. Das scheinbare Drama, das ich zu Beginn mit meiner Mutter erlebte, hat sich durch die innere Hingabe an seine Kraft aufgelöst. Mittlerweile kann ich das Schöne und das Positive an den damaligen Umständen sehen und das hat sich bis in die heutige Zeit fortgesetzt.

Ohne die Führung und Unterstützung von Swami Vishwananda wäre ich niemals in der Lage gewesen, diese Situation zu meistern.

Es gibt viele weitere Geschichten und Erlebnisse, die ich mit Swami Vishwananda hatte. Ich befinde mich noch immer in dem Prozess zu verstehen, was es bedeutet, einen *Guru* zu haben, der mich durch den Dschungel der Illusionen führt. Ich wünsche mir nur, dass ich meine Angst, mich völlig hinzugeben, verliere und fähig werde, mich mehr und mehr dem Göttlichen zu öffnen. Das Leben mit Swami Vishwananda ist ein Segen, doch ich bin noch nicht in der Lage, seine wahre Bedeutung zu erfassen. Ich kann nur so viel verstehen, wie mein Bewusstsein mir gestattet zu verstehen. Ich bete um den Mut, diesen Weg zu gehen.

***

NICHT MEHR NUR EIN GROSSER BRUDER, EIN FREUND, ABER AUCH MEIN GURU

Oriane Bretaudeau – Frankreich

Seit meiner Kindheit habe ich immer an Gott und Seine Stellvertreter geglaubt. Mit Hilfe der Gebete, die meine Mutter mich gelehrt hat, habe ich mich regelmäßig an eine Vielzahl von Heiligen gewendet - die Göttliche Mutter, Ihren geliebten Sohn und andere. Im Gebet konnte ich all meine Ängste und Nöte bekennen. Als Kind war ich glücklich, wenn ich ein heiliges Buch lesen konnte oder meine Gebete sprechen konnte. Ich war überzeugt, dass eine Antwort auf meine fortwährende Suche von oben kommen würde.

Als Kind hatte ich nicht viel Selbstbewusstsein. Mir fiel es schwer, mit anderen zu sprechen und ich hatte Probleme mit der Außenwelt im Allgemeinen. Meine Eltern waren präsent und sehr aufmerksam, doch ich konnte meinen Mangel an Selbstvertrauen nicht überwinden.

Das änderte sich sofort, als ich Swami Vishwananda begegnete.

Von dem Moment an, als ich ihn und sein breites Lächeln sah, fühlte ich mich plötzlich ruhig, als ob er mich in Liebe und Freundlichkeit eingewickelt hätte. Bei ihm war ich nicht schüchtern und es war, als ob ich ihn seit langer Zeit gekannt hätte.

In den folgenden Jahren lernte ich Swami kennen und meine Eltern und ich sind ihm sehr nahe gekommen.

Ich wusste, dass Swami Vishwananda ein sehr hochentwickeltes spirituelles Wesen mit der Haltung eines Heiligen war, ein wahrer Meister. Doch für mich in meinem jungen Alter, in dem ich zu jener Zeit war, bedeuteten Worte wie *Guru* oder Meister nichts.

Swami Vishwananda war mein großer Bruder, mein Beschützer. Er war wirklich aufmerksam und geduldig mit mir. Er half mir dabei, mich der Außenwelt zu stellen. Er ermutigte mich, nahm mir meine Angst und half mir, Schritt für Schritt an Selbstbewusstsein zu gewinnen. Unsere Beziehung war einfach: Er half mir, Selbstvertrauen aufzubauen, während er auf mich aufpasste. Ich, im Gegenzug, wuchs mit dem Ziel auf, eine beispielhafte Haltung zu entwickeln und meine Leidenschaft für Gott weiter zu pflegen. Ich wollte einfach Swamiji mein Bestes zeigen.

Heute denke ich manchmal an all die Jahre, als ich zu Gott betete, mir jemanden zu schicken, der mir helfen würde. Dann denke ich an die Freundlichkeit, Aufmerksamkeit und Zärtlichkeit, die Swami Vishwananda gleich von Anfang an in mein Leben gebracht hat, wie auch das Selbstbewusstsein, das er mir half zu entwickeln. Er ist nun seit zehn Jahren in unserem Leben. Diese zehn Jahre umfassen Glücklichsein, Glück, Lachen und spontane Zärtlichkeit, die mit Swami zu teilen ich gesegnet bin. Diese schöne Beziehung hat mich genährt und sie hat meinem Herzen erlaubt, in der Liebe zu wachsen. Jetzt bin ich beinahe siebzehn Jahre alt, ich habe Vertrauen in mich und ich bete sogar noch intensiver zu Gott als zuvor. Diese wunderbare Seele Swami Vishwananda ist nicht länger nur ein großer Bruder und Freund, sondern er ist mein *Guru*… für immer.

***

MEINE SUCHE IST VORBEI

H. – N. H. - Deutschland

Wenn ich zurückblicke, scheint es, dass die Anlässe, die zu meinem ersten Treffen mit Swami Vishwananda führten, vorherbestimmt waren. 2005 glaubte ich nicht, dass wahre *Gurus* existierten und wusste nicht, dass ich vielleicht einen treffen und ihm folgen würde. Ich war atheistisch aufgewachsen, doch ich fühlte immer eine Leere und eine Sehnsucht nach etwas, das mir zu fehlen schien.

Im Laufe der Jahre entwickelte ich eine innere Haltlosigkeit und fühlte mich wie jemand, der sich treiben lässt, ohne wirkliches Zugehörigkeitsgefühl. Ich begann nach etwas zu suchen, um diese Leere, die ich innerlich fühlte, auszufüllen, ohne eine Ahnung zu haben, was dieses „etwas" war.

Schlussendlich führte mich meine Suche zum Studium der Ethnologie und das erweiterte meinen Verstand genügend, um das Göttliche als reale, universelle Energie anzuerkennen

Im Sommer 2004 zog ich in eine Wohnung im Dorf Beltheim, Deutschland, wo ich plante, die Abschlussarbeiten meines Universitätsstudiums zu schreiben. Ich hoffte, dass die neue Umgebung von Vorteil sei. Ich suchte eine Arbeit und war freudig überrascht, als mir ein Schreiner anbot, an seinem Haus im Nachbardorf Steffenshof zu arbeiten.

Ein paar Monate später eröffnete mir mein Arbeitgeber, dass er sein Haus einer Gruppe von Leuten verkauft hätte, die ein Meditationszentrum einrichten wollten. Im Dezember 2004 zog der Schreiner weg und von da arbeitete ich für ihn an seinem neuen Wohnort. An einem warmen sonnigen Tag im Frühling 2005 machte ich einen Spaziergang durch den Wald und kam beim Meditationszentrum Steffenshof vorbei, wo ich früher gearbeitet hatte. Das neue Zentrum weckte in mir sowohl Skepsis als auch Neugierde. Ich hatte negative Geschichten gehört über Kultstätten und Organisationen, die Spiritualität als ihr Banner in den Vordergrund stellten, auch wenn ihre Motive eigentlich überhaupt nicht spiritueller Art waren.

Ich beschloss, Nachforschungen anzustellen und ging langsam auf den Eingang des Gebäudes zu. Dort traf ich auf eine Frau mit einem orangen Punkt auf der Stirn. Sie informierte mich, dass jeden Abend Gebete abgehalten würden und auch, dass Swami im Tempel geplante Darshans gab. Als ich den Tempel verließ, sah ich Swami, der auf der Treppe stand und mit jemandem sprach. Sein Blick streifte mich kurz und wir grüssten einander.

Trotz meiner Beklommenheit kehrte ich am nächsten Tag tapfer zu den Gebeten ins Meditationszentrum zurück. Danach begann ich, das Zentrum regelmäßig zu besuchen und ich kam, um die Gebete und die Meditationen ungemein zu genießen. Zu Beginn fand ich es etwas schwierig, den *Sanskrit*texten und den Ritualen zu folgen, aber bald wurden sie mir ganz geläufig.

Die Sonntage waren in erster Linie Jesus und Maria gewidmet und ich schätzte Swami Vishwanandas Konzept, das alle Religionen umfasst. Ich war sehr glücklich, eine Gruppe von Menschen gefunden zu haben, mit denen ich meditieren und beten konnte. Ich zögerte, Swami Vishwananda zu treffen, denn wie man mir sagte, war er beides, ein Swami und ein erleuchtetes Wesen. Und da ich noch nie weder auf das eine noch auf das andere gestoßen war, wusste ich nicht, wie er sein würde. Das erste Mal, als Swami mit uns in den Tempel kam, fühlte ich mich den Menschen in Swamis *Ashram* zugehörig, doch als er den Tempel betrat, spürte ich plötzlich, wie mich Selbstmitleid übermannte und ich fühlte mich klein, schlecht gelaunt und minderwertig. Ich war nahe daran zu weinen!

An diesem Abend begann Swami ein Lied zu singen. Der Text lautete: Im Garten meines Herzens pflanze ich den Samen der Liebe. Im Garten meines Herzens, Jesus Christus, Du bist dort. Im Garten meines Herzens, oh mein Herr, warte auf mich.

Besonders die letzte Zeile des Liedes berührte mich tief. Ich spürte, dass Swami mir das Geschenk gab zu verstehen, dass Gott in den Herzen aller Menschen ist, ungeachtet ihrer Erziehung, ihres Glaubens oder anderer Hintergründe. Ich realisierte, dass die Liebe Gottes immer gegenwärtig ist und dass Er in meinem Herzen auf mich wartete, damit ich Ihn finde. Die inneren Mauern, die ich aufgebaut hatte um mich zu schützen, stürzten plötzlich ein und ich weinte Tränen des Selbstmitleids und des Schmerzes, die sich nach einer gewissen Zeit in Tränen der Dankbarkeit gegenüber Gott und

Swami Vishwananda für das Entfernen dieser Wände umwandelten.

Einmal sagte ich bei einem Interview mit Swami: „Ich finde es schwierig, deine bedingungslose Liebe zu akzeptieren, da ich mich selbst nicht so sehr liebe wie du mich liebst." Swami schüttelte seinen Kopf und erwiderte: „Denkst du, dass ich dich für nichts gerufen habe?" Ich sagte ihm, dass es sich anfühlt, als ob er an die Türe meines Herzens klopfen würde. Swami sagte mir, dass alles da ist, im Inneren des Herzens, doch die Türe hätte keinen Türgriff, um von anderen geöffnet zu werden. Also muss ich die Türe zu meinem Herzen selber öffnen. Swami gab mir seinen Segen und ich verließ ihn mit dem großartigen Gefühl, so wie ich war, geliebt zu werden. Durch all das Erlebte erkannte ich, dass Gott an mich glaubte, auch wenn ich Zweifel hatte und ich begann, mir zu vertrauen.

Nach dem erfolgreichen Universitätsabschluss begann ich zu arbeiten. Das Leben verlief wirklich gut. Ich liebte den Ort, an dem ich lebte und hatte einen Freund, der viele meiner Ansichten über das Leben teilte. Unterdessen waren in Steffenshof Vorbereitungen im Gange, das Zentrum in einen *Ashram* für Mönche und Nonnen umzuwandeln. Mein innerer Aufruhr begann erneut, als ich mich fragte, ob der klösterliche Weg, den Swami ermöglichte, mein Weg wäre. Einerseits hatte ich ein materialistisches Leben und eine harmonische Verbindung mit meinem zukünftigen Lebenspartner. Anderseits fand bei mir Swamis *Ashram*leben Anklang. Endlich, nach wochenlangem stillen Leiden und Zögern, sprach ich mit meinem Freund. Er sagte mir, dass er sich nie zwischen mich und Gott stellen würde! Seine bedingungslose Liebe für mich ließ im selben Moment das tiefe innere Wissen in meinem Herz entstehen und ich wusste, dass mein Platz in der Welt mit meinem Partner war, als ein spiritueller Haushaltsvorstand. Kurz darauf segnete Swami uns beide, als wir während eines *Darshans* vor ihm knieten. Mit seinem Segen bestätigte er mir, dass ich den richtigen Weg für mich mit einem nun geöffneten Herzen gefunden hatte.

Mittlerweile wurde ich eine *Jal Bramacharini* in Swami Vishwanandas *Bhakti Marga* Orden. Der Weg eines *Jal Brahmacharis* folgt Swamis *Bhakti Marga* Pfad, dem Weg der Hingabe an Gott und den *Guru*. Diese Gelübde erlauben, zu heiraten und einen Haushalt in der Außenwelt zu führen. Swami weihte mich im Oktober 2006 ein und gab mir den spirituellen Namen Hamsa.

Swami getroffen zu haben, führte mich zu Dimensionen des Lebens, nach denen ich immer auf der Suche war. Seither fühle ich mich so, als hätte ich endlich meinen Weg nach Hause gefunden.

* * *

ICH KENNE SIE, SIE IST LIEB

Eva – Salzburg, Österreich

Meine Freundin erzählte bei unserem gemeinsamen Kaffeekränzchen von einem jungen weisen Mann in Springen und sagte mir, dass man zum Einzelinterview gehen könne. Wir beschlossen gemeinsam hinzufahren. Unsere älteste Freundin – sie ist fast 90 Jahre alt und nahezu blind - wollte sein Bild ganz nahe betrachten und hielt es sich vor die Augen. Plötzlich rief sie aus: „Oh, ist der lieb!" Und küsste das Bild fünf Mal. Sie bat mich, Swami Vishwananda um einen Segen für sie zu bitten.

Als ich einen Monat später zu Swami Vishwananda kam, erlebte ich sehr wundersame Dinge auf vielen Ebenen.

Ich betrat das Geschäft und sah das Regal mit Swamis persönlichen Dingen. Darunter war ein Reiseführer über Ägypten. Ich dachte kurz daran, ihn zu kaufen, da ich schon lange nach Ägypten fahren wollte, aber dann entschied ich, mir doch ein deutschsprachiges Buch zu besorgen, da ich es besser verstehen würde als ein englisches. Am nächsten Tag, als ich zufällig wieder an dem Regal vorbeikam, stand darin genau dasselbe Buch über Ägypten, aber deutschsprachig. Ich kaufte es.

Ich wartete auf mein persönliches Gespräch mit Swami. Ich hatte zwei Fotos mit, eines meiner Tochter und eines meiner neunzigjährigen Freundin. Als ich das Zimmer betrat, begann ich zu weinen. Sathyananda, ein Bewohner des *Ashrams*, hatte mir erzählt, dass Swami jedem Menschen so gegenübertritt, wie es dieser Mensch braucht. Ich hatte das Gefühl, es säße mir eine Mutter gegenüber, die viele Kinder großgezogen hatte, bei der ich mich aussprechen konnte und die meine Sorgen verstand.

Ich zeigte Swami das Bild meiner neunzigjährigen Freundin, und er nahm es ganz nahe vor die Augen, rief laut aus: „I know her, she is lovely!" („Ich kenne sie, sie ist so lieb!") Und er küsste das Bild fünf Mal, gerade so, wie es meine Freundin gemacht hatte. Ich brachte ihr Anliegen vor und Swami sagte, er werde sich darum kümmern. Dann bat er mich, ihr zu sagen, es wäre ihm eine große Ehre, wenn sie für ihn zu Gotte beten würde. Er sagte dies mehrmals und ich versprach es. Dann nahm er *Vibhuti* und küsste es und bat mich, dies meiner alten Freundin zu bringen. Sie betet seither täglich für Swami, dass er die Kraft haben möge, allen zu helfen und seine Bestimmung zu erfüllen.

Dann zeigte ich Swami das Bild meiner 12 Jahre alten Tochter, die das Down-Syndrom (landläufig als mongoloid bezeichnet) hat und erzählte ihm, dass sie behindert sei. Ich fing zu weinen an und erzählte Swami, dass sie sich mit 5 Jahren von meiner Hand losgerissen hatte und über eine stark befahrene Straße gelaufen war, vor den entsetzten Augen aller. Mein Herz brach fast. Ihr ist nichts geschehen, aber ich habe immer sehr große Sorge um sie wegen des Verhaltens im Straßenverkehr.

Swami sagte: „Niemand ist behindert. Deine Tochter lebt aus dem Bewusstsein heraus. Bei ihr ist nicht der Verstand dazwischen so wie bei dir. Du kannst von ihr lernen, was du sonst von niemandem auf der Welt lernen kannst." Dann fragte er mich, was ich denke, was die Aufgabe eines Meisterlehrers sei. Ich antwortete spontan und ohne zu denken: „Die Leute glücklich zu machen." „Nein!", rief Swami bestimmt, „seine Aufgabe ist, den Menschen zu helfen, selbst Meisterlehrer zu werden." Dann sagte er: „Auf der Ebene des Bewusstseins gibt es keine Meisterlehrer und keine Schüler, da sind wir nur da, um voneinander zu lernen."

Swami sprach sehr lange mit mir, und ich konnte mein Herz regelrecht ausschütten. Das Gespräch gab mir Mut, Vertrauen, Hoffnung und Einsicht in viele Dinge. Er sprach auch sehr freundlich über meine Lebensaufgabe und meine Arbeit.

Als ich schließlich keinerlei Fragen mehr hatte, verabschiedete ich mich. Da schien ihm etwas einzufallen. Er fragte nochmals nach dem Namen meiner Tochter und noch während ich ihn sagte, bewegte er die geöffnete linke Hand und warf mir plötzlich einen Silberanhänger zu. „Das ist für sie,", sagte er," „lass uns sehen, was sie dazu sagt." Ich war so glücklich über das Geschenk für meine Tochter.

Dann fragte er mich zu meinem absoluten Erstaunen, verschmitzt, „Was ist denn drauf?" Ich zeigte ihm wortlos den Anhänger und er rief freudestrahlend: „Saraswati, die Göttin des Lernens und der Musik." Als ich hinausging, dachte ich, es sei mindestens eine Stunde vergangen, tatsächlich aber waren es auf der Uhr nur zehn Minuten.

Danach ging ich mit meiner Freundin in den Garten und wir setzten uns auf eine Bank, wo auch ein kleiner Elefant aus Ton aufgestellt war. Meine Freundin hatte einen Ring von Swami bekommen. Da flog ein blauer Schmetterling vor uns auf, ich hatte noch nie zuvor einen gesehen und ich sagte: „Schau mal, Swami hat für dich einen Ring gemacht, für meine Tochter einen Anhänger und für mich einen Schmetterling." „Und?", fragte meine Freundin schmunzelnd, „gibt dir das nicht zu denken?" Ich wusste nicht was sie meinte, und so wies sie mich lachend darauf hin, dass der blaue Schmetterling auf meinen Visitenkarten, meinem Briefpapier und meiner Homepage ist - es ist mein Logo für meine Arbeit. Es war so offensichtlich und ich hätte trotzdem den Zusammenhang in dem Moment alleine nicht erkannt.

Wir kamen nach Hause. Ich bestellte ein indisches Harmonium und fragte mich, wo ich wohl lernen könnte, *Bhajans* zu singen. Da rief eine Freundin meiner Freundin an und sagte, sie habe Besuch aus Indien. Zwei Leute, die seit dreißig Jahren in Sai Babas *Ashram* leben und *Bhajans* singen. Sie waren sofort bereit uns zu unterrichten. Sie blieben zwei Wochen und kommen nächstes Jahr zurück, um uns weiter zu unterrichten. In der Zwischenzeit sind wir eine Gruppe, wir üben regelmäßig und es macht uns allen viel Freude. Leute aus der Nachbarschaft, aus vielen Kulturen kommen zusammen, und es macht besonders auch meiner Tochter Spaß, mit allen zu trommeln und zu singen.

Kurz nachdem ich heimgekommen war und meine Tochter bei den Großeltern abholte, begrüßte sie mich mit den Worten „Ja, Eva, gerne komme ich mit zum Elefanten."

Im Auto auf der Heimfahrt fragte ich sie: „Weißt Du, was ein *Avatar* ist?" Sie antwortete prompt: „Ja!" „Und? Was ist das?" „Eine Spinne, die ein Netz webt.", war ihre Antwort.

Ich zeigte ihr ein Foto von Swami und fragte sie „Wer ist das?" – „Ein Freund", war ihre Antwort. „Und der Freund schickt Dir ein Geschenk.", sagte ich und gab ihr mit einer Bewegung der offenen Hand den Anhänger. „Ich will auch zaubern können!", rief meine Tochter heftig, nahm die Münze und ging alleine in ihr Zimmer. Ich hörte sie über eine Stunde sprechen, lachen und weinen. Dann kam sie zurück.

Sie zeigte mir die Münze und sagte ganz eindringlich: „Eva, weißt Du was das ist? Das ist Wunsch erfüllend."

Ich sah mir oft den Anhänger an und versuchte heraus zu finden, was für ein Zeichen auf der Rückseite ist, ein offenes Viereck, darin viele endlose grafische Figuren.

Als ich meine Tochter zu ihrem Vater brachte, kamen wir wie

immer an jener Stelle vorbei, wo sie sich damals vor Jahren von meiner Hand losgerissen hatte. Ich musste immer daran denken, wenn ich dort vorbei kam. Dieses Mal war das sehr besonders. Auf dem Asphalt hatte jemand mit grüner Farbe das offene Viereck gemalt, das auf der Münze ist. Ich muss viel darüber nachdenken. Später fand ich das Zeichen in einem Buch. Es ist ein *Yantra*, das die kosmische Balance herstellt.

Meine Tochter ist sehr kooperativ und lernt nun lesen, schreiben und ein wenig rechnen. Wir singen vorher zu Saraswati. Sie hilft auch gerne im Haushalt mit und es ist viel Frieden, Freude und Harmonie in meinem Haus. Meine Arbeit wird mehr und mehr geschätzt.

Swami hatte mich ermahnt: „Egal, ob viele oder wenige Menschen zu dir kommen, du musst immer bescheiden sein und wissen, dass jede Gabe von Gott kommt, aus dir selbst kommt nichts. Wenn du das vergisst, wird dir alles genommen. Also, bleib bescheiden." Ich denke ganz oft daran.

Manchmal bitte ich im Stillen darum, das Leben und die Menschen ein wenig so sehen zu können, wie Swami sie sieht. Ich danke dem Leben dafür, dass ich einen solchen Lehrer treffen konnte, der mir auf so vielen Ebenen Wunder schenkte. Am größten bleibt für mich das Wunder, dass meine Tochter und ich uns so gut verstehen und so glücklich sind. Ich wünschte, der Weg wäre nicht so weit nach Springen und ich könnte sie zu Swami bringen. Ich wünschte, sie würden einander einmal begegnen.

***

DER BERG VON VIBHUTI

Bhadrananda - Schweiz

Während meines Aufenthaltes im *Ashram* von Sri Swami

Vishwananda in Mauritius diesen Sommer, durfte ich manch ein wunderbares Ereignis erleben, welches mich am Ende sowohl direkt als auch indirekt betreffen sollte.

So auch am Mittwoch, den 28. Juli 2004. An diesem Morgen kam Swami zu mir und teilte mir mit, heute sei ein besonderer Tag, denn heute würde er *Vibhuti* machen. Er erklärte mir weiter, dass dies durchschnittlich zweimal pro Jahr passiere, den Zeitpunkt jedoch würde nicht er bestimmen können. Neugierig und etwas naiv fragte ich, ob ich dabei sein dürfe, wenn *Vibhuti* entstehe. Doch verging meine Hoffnung schnell, weil er mir sagte, ich würde die extrem starke Energie, die diesen Vorgang begleite, nicht aushalte können und dem Ereignis somit nicht unmittelbar beiwohnen. Doch würde ich gerufen werden, wenn er fertig sei. Ich fasste mich also in Geduld, nicht genau wissend, was denn nun geschehen würde.

Am frühen Nachmittag besuchte mich Visham in meinem Zimmer, bekleidet mit einem weissen Lendentuch und einem zweiten rotbraunen Tuch, das er sich um die Schultern gelegt hatte. In der Hand hielt er ein weiteres bronzefarbiges Stück Stoff. „Binde mir das bitte um den Kopf und sieh zu, dass alle Haare verdeckt sind. Ich muss sie sonst immer so lange waschen, weil sie voller Asche sind."

Mit einiger Mühe saß schließlich das Tuch fest und sogleich stand er wieder auf, um sich in sein Zimmer zu begeben, das unweit von meinem lag.

Ich weiß nicht mehr wie lange ich gewartet hatte, doch plötzlich war es so weit: Soorej, ein Schüler und Freund von Swami, der sich auch um den *Ashram* kümmert, kam den Gang zu meinem Zimmer entlang gerannt und teilte mir mit: „Swami ruft dich." Gespannt begab ich mich sogleich mit ihm in das Zimmer unseres Lehrers, wo auch schon Arpana, Swamis Schwester sowie Claudia und David, beides Schüler von Swami, anwesend waren.

Swami saß in einem Berg von *Vibhuti*, über und über bedeckt, sein Gesicht, ja sein ganzer Körper sah aus wie der eines Geistes, grau-weiß gefärbt, voller heiliger Asche. In der Luft hing ein feiner weißer Staub und es roch nach dem wunderbaren Duft von Rosen, Myrrhe und Sandelholz. Hier lag in großer Menge die heilige Asche, die die jeweils beim *Darshan* Anwesenden in kleinen Beutelchen als Geschenk erhalten.

Langsam stand Swami auf und begann, *Vibhuti* von seinem Körper und seiner Bekleidung zu klopfen. Obwohl das ganze Zimmer mit Packpapier ausgelegt worden war, war trotzdem jeder Gegenstand leicht mit Asche bedeckt.

Der größte Teil jedoch befand sich unmittelbar an der Stelle, an der Swami zuvor gesessen hatte. Mit einem Lächeln drückte er mir anschließend das Tuch in die Hand, welches prall gefüllt mit *Vibhuti* mehrere Kilo wog. Es war so schwer, dass ich unweigerlich einen Schritt nach vorne machen musste, um das Gleichgewicht zu halten. (Anmerkung: Der Autor ist etwa zwei Meter groß und eine starke Person. Das Gewicht muss daher beträchtlich gewesen sein.)

Kurz darauf war Swami schon wieder verschwunden, um in seiner kleinen privaten Kapelle zu beten. Wir anderen waren damit beschäftigt, das Zimmer von dem feinen Staub, der noch überall verteilt auf allen Möbeln und Gegenständen lag, dort, wo wir ihn nicht mehr aufnehmen konnten, wegzuwischen.

Obwohl ich hörte, dass dieser Vorgang im Allgemeinen sehr viel von Swami Vishwanandas Energie kostet, war er doch zwei Stunden später wieder bestrebt, den nächsten Ausflug zu machen.

Solch ein Erlebnis hinterließ wohl zwangsläufig bei jedem von uns Spuren. Zum einen, weil wir zur Erkenntnis gelangen, dass alles möglich ist. Zum anderen, weil wieder einmal klar wurde, dass das, was wir sehen, schmecken, hören, riechen und ertasten können, bei weitem nicht alles ist, was es in dieser Welt zu entdecken und zu lernen gibt.

***

DIE VERLORENE STIMME

Yogeshini - Mauritius

Eines Tages riss Swamiji ein Haar von meinem Kopf aus. Ich verlor meine Stimme für fünf Minuten. Ich konnte während der Zeit überhaupt nicht sprechen. Er hatte damit eine Menge Spaß und lachte. Dann riss er wieder an meinem Haar und ich bekam meine Stimme zurück.

VIBHUTI

Zur selben Zeit, als ich 2003 meine Stimme in Rose Hill verloren hatte, produzierte Swami eine Menge *Vibhuti* mit seinen beiden Händen über einem großen Teller. Er bat uns, kleine Päckchen mit dem *Vibhuti* zu füllen, so dass er sie an die Menschen geben könnte. In dem *Vibhuti* fanden wir Ringe und Anhänger.

SWAMIJIS GESICHT

Im Juni 2001 flogen wir mit Swamiji nach Indien, um für meine Schwester Hochzeitskleidung zu kaufen. Eines Tages ging ich alleine einkaufen und Swami war auch allein. Als er zurückkam, machte er sich Sorgen, da ich nicht im Hotel war. Als ich zum Hotel zurückging, sah ich auf allen Gesichtern der Männer, an denen ich vorüber kam, Swamijis Gesicht. Ich wusste, er war schon zurück und suchte nach mir.

DAS VERSTECKTE ALBUM

Einmal erhielt ich Bilder von Swami und wollte sie in ein Album heften, um sie ihm zu zeigen. Ich war in meinem Zimmer als er kam. Also versteckte ich schnell den Umschlag mit den Fotos unter meinem Kopfkissen. Als er in mein Zimmer kam, fing er an herumzulaufen und sagte zu mir: „Du versteckst etwas, lass mich sehen, was du versteckst!" Ich sagte: „Nein." Doch er nahm das Kissen weg und sagte: „Was ist das?" Ich sagte ihm: „Ich wollte das nicht verstecken, doch ich wollte warten und es dir schön präsentieren." Swami sah sich die Bilder im Umschlag an.

STIGMATAS

Eines Tages bat mich Swamis Mutter per Telefon, nach Rose Hill zu kommen, da es Swamiji nicht gut ging. Als ich dort ankam, war ich entsetzt über das, was ich sah. Sein Kopf, seine Hände und Füße waren blutverschmiert. In seinen Handflächen war ein Loch, als ob sie etwas durchbohrt hätte. Wir konnten sehen, dass er litt. Auch rann parfümiertes Öl aus seinem Körper. Öl tropfte auch aus seinen Haaren und wir sammelten dieses Öl, um es an die Menschen zu verteilen.

Am Karfreitag war es anders. Er begann bereits am frühen Morgen, die Schmerzen zu fühlen. Die meiste Zeit war er in Agonie im Bett. Wir konnten um seinen Kopf herum die blutigen Male der Dornenkrone sehen. Auf seiner Stirn erschien ein blutendes Kreuz. Seine Stigmata an Händen und Füßen öffneten sich. Die Wunden waren wirklich tief. Die Wunde der Lanze an seinen Rippen blutete ebenfalls. Er befand sich in einer Ekstase, worin er den Kreuzweg Jesus Christus sah und erlebte. Wir beteten alle um sein Bett herum bis drei Uhr nachmittags.

Nach drei Uhr schlossen sich alle Stigmata und er kam in die Normalität zurück. Es blieb kein Zeichen einer Wunde zurück. Er war sehr schwach.

***

SHIRDI SAI BABA

B. G. S. – Mauritius

Ich arbeitete in Port Louis als Buchhalter. Eines Tages, während meiner Mittagspause, beschloss ich spazieren zu gehen. Ich wollte gerade über die Straße gehen, als ich deutlich Swami Vishwanandas Stimme nach mir rufen hörte: „Bela!“ Dann sah ich ihn in meine Richtung kommen. Plötzlich wechselte die Form Swamijis in die von Shirdi Baba. Die Erfahrung war unglaublich und ich war so schockiert, dass ich für einige Sekunden noch nicht einmal mehr sprechen konnte! Shirdi Babas Form wechselte dann wieder in die Form von Swamiji zurück und verschwand.

***

ROSENÖL AUS SWAMIS HÄNDEN UND FÜSSEN

Urs Keller — Schweiz

Im Jahr 2001, in der Nähe des Brienzersees in der Schweiz, manifestierte Swami Rosenöl, das aus seinen Händen und Füßen quoll. Bandagen wurden um seine Hände gewickelt, um das duftende Öl aufzusaugen, das aus ihm quoll, wann immer er eine Erscheinung der gesegneten Göttlichen Mutter Maria sah. Nach einem schönen Wochenende machten sich die Menschen bereit, nach Hause aufzubrechen, als Swami Vishwananda verkündete, dass jeder ein Stück der in Rosenöl getränkten Bandagen mitnehmen dürfe.

Als alle abgereist waren, waren nur noch Swamis duftende, rosenölgetränkte Socken übrig. Ich sagte lässig: „Oh, ich kann deine Socken mit nach Hause nehmen und sie waschen.“

Swami Vishwananda schaute mich mit vor Überraschung geweiteten Augen an. „Nimm die Socken mit dir und behalte sie.“, sagte er. Ich stellte die Socken in einem verschließbaren Glas auf meinen Arbeitstisch. Nach zwei Jahren hatten die Socken noch immer diesen herrlichen Rosenduft. Viele Leute, die in die Nähe meines Tisches kamen, waren von dem Rosenduft überrascht, der aus den Socken hervorging. Schließlich gab ich sie an einen würdigen Empfänger mit der Gewissheit, dass Swamis Socken ihren Duft für immer behalten werden.

SWAMI VISHWANANDA TRANSFORMIERT SICH IN MAHAVATAR BABAJI

2003 fing Swami Vishwananda an, öffentlich *Darshans* in Basel, Schweiz, zu geben. Als ich zum ersten Mal zu seinem *Darshan* ging, kniete ich vor Swamiji und schloss meine Augen. Nachdem ich seinen Segen empfangen hatte, öffnete ich meine Augen und sah Mahavatar Kriya Babaji in Swamis Stuhl sitzen und mich anschauen. Ich glaubte es nicht und schloss meine Augen wieder. Als ich meine Augen wieder aufmachte, saß Mahavatar Babaji noch immer vor mir! Dann erschien Swami wieder mit einem breiten, liebevollen Lächeln auf seinem wundervollen Gesicht und ich erkannte, dass ich durch seine Gnade Mahavatar Babaji mit meinen menschlichen Augen gesehen hatte.

***

OM HEALING

Rolf - Deutschland

Jeden Monat treffen wir uns an einem Samstag in einer Privatwohnung zum *OM Healing* und tauschen uns danach noch ein wenig aus. Vor einigen Monaten – unsere *Om Healing*-Runde war wunderschön und sehr intensiv – hatten wir ein besonderes Erlebnis und einen besonderen Gast: Eine Teilnehmerin sah während des *OM Healings*, wie Swami in der Tür stand und uns zuschaute.

TRAUM-DARSHAN

Eines Nachts habe ich im Traum einen *Darshan* von Swami erhalten. Dieser *Darshan* war sehr intensiv und auch etwas sehr besonderes: Swami gab mir seinen Segen durch das dritte Auge mit einem *Mantra*. Dabei hatte ich zwar wahrgenommen, dass es ein *Mantra* war, jedoch nicht welches. Die Segnung war so intensiv, dass ich mit dem Kopf auf Swamis Schulter fiel und so dort lag, wie eine Mutter ihr Baby auf dem Arm hält. Es war wunderschön, ich hätte ewig dort bleiben können.

Bei einem späteren *Darshan* erzählte ich Swami von dem Traum-*Darshan* und er fragte mich, ob ich das *Mantra* verstanden hätte, was ich leider verneinen musste. Dann passierte etwas für mich sehr Überraschendes: Swami gab mir das *Mantra*, dazu noch den Hinweis: „Es ist privat.“, und wie oft ich das *Mantra* wiederholen sollte. Noch ziemlich perplex und voller Dankbarkeit ging ich an meinen Platz zurück.

***

SHIRDI SAI BABAS SCHATTEN

Kajal und Sanjit – Nairobi - Kenia

An Swami Vishwanandas einundzwanzigstem Geburtstag am 13. Juni 1999 reisten wir nach Mauritius, die Insel in Afrika, auf der Swami geboren wurde und aufwuchs. Dort materialisierte Swamiji eine goldene Narashimha *Murti*.

Eines Morgens rief er uns in sein Zimmer. „Schaut was an der

Wand erschienen ist!", rief er, „es ist wie ein Schatten." Ich sagte zu ihm: „Es ist Shirdi Sai Baba, der dort sitzt und mit seiner Hand Segen spendet!" Monate später war Swami bei uns zu Hause in Nairobi. Er rief uns eines Morgens in sein Zimmer: „Seht, was an der Wand erschienen ist!" sagte er. Ich sagte zu ihm: „Es ist wieder Shirdi Sai Baba, der dort sitzt und mit seiner Hand Segen spendet wie ein Schatten."

Später verkauften wir unser Haus, um in ein größeres umzuziehen. Die neuen Besitzer übermalten die Wand weiß. Eine Woche später riefen sie uns an und sagten: „Wisst ihr, diese Wand mit der Form des heiligen Mannes - wir haben sie mehrmals in einer Woche gestrichen und schließlich war es völlig übermalt, doch heute ist es wieder erschienen, genau wie zuvor." „Nun, ihr könnt glauben, was ihr wollt", sagte ich zu ihnen, „aber ich würde vorschlagen, dass ihr es einfach so lasst wie es ist. Wenn Shirdi Baba in eurem Haus bleiben möchte, lasst ihn, es ist ein Segen für euch alle." Swami kam in unser neues Haus zu Besuch und wir hielten eine Shirdi Sai Baba *Puja*. Swami brauchte *Kumkum*, doch ich hatte nur rotes *Kumkum*. Er sagte nur: „Ich will dieses hier nicht, ich brauche ein gutes, ein gelbes *Kumkum*." „Aber ich weiß nicht, wo ich in Nairobi ein anderes *Kumkum* dieser Sorte bekommen kann." antwortete ich. „Wenn du es brauchst, dann kannst du es materialisieren." Er sagte nichts, sondern ging einfach auf sein Zimmer. Nach einer Weile kam er mit einer Hand voll gelbem *Kumkum* zurück. Die Wände seines Zimmers waren voll mit diesem sehr gelben *Kumkum*!

***

MAURITIUS

Naamdev – Deutschland

Einmal waren wir von Swamiji eingeladen, seinen Ashram

in Mauritius zu besuchen. Wir haben viele wundervolle und erleuchtende Erfahrungen dort gehabt. Eines Tages haben wir sein Elternhaus besucht und besichtigten sein Kinderzimmer. Es gab das Gerücht, dass seine Mutter einen Staubsauger brauchte, um mit dem *Vibhuti* fertig zu werden, welches selbst aus den Wänden dort kommt. Es gab dort Hunderte von Statuen, aus denen *Vibhuti* in jeder Farbe des Regenbogens heraus kam und viele Bilder, die Öl geweint haben.

Im *Ashram* gab es eine Nachttischlampe, die wie die heilige Familie gestaltet war - Joseph, Maria und Baby Jesus. Die Lampe war schon lange im *Ashram* und niemand hat sie wirklich beachtet. Eines Tages hat sie dann angefangen, Öl zu weinen. Das war jetzt auch nichts besonderes, im *Ashram* gab es viele Statuen und Bilder die das taten, jetzt gab es eben eine mehr. Jemand hat einen Teller untergestellt, um das Öl aufzufangen und den Tisch zu schützen. Als das Öl ein paar Tage später zu fließen aufgehört hat, habe ich Swami gefragt, was passiert ist. Er sagte nur, dass jemand die Lampe achtungslos angefasst hat. Schließlich sprach er ein kurzes Gebet und am nächsten Tag weinte die heilige Familie wieder Öl.

Bei einer anderen Gelegenheit haben wir einen neuen Altar im Erdgeschoss des Gebäudes aufgebaut. Am nächsten Morgen staunten wir nicht schlecht, als alle Statuen und jedes Bild Öl weinte oder dick mit *Vibhuti* bedeckt war. Es gab ein lebensgroßes Bild von Shirdi Baba, aus dem Öl über den Rahmen auf den Altar floss. Ich habe noch erstaunt vor dem Altar gestanden, den wir am Tag davor so unschuldig aufgebaut hatten, als Swamiji in den Raum kam. Er schaute auf das Altartuch, das sich mit dem Öl voll saugte und beschwerte sich darüber. Ich sagte zu ihm: „Das meinst Du doch nicht im Ernst, oder?" Aber er zog nur eine Augenbraue hoch und sagte: „Ja, ja, das ist alles Gottes Gnade." Er tauschte das Altartuch und am nächsten Tag war das Shirdi Baba Bild mit *Vibhuti* bedeckt, was deutlich besser für die Altardecke war. Aber es gab auf diesem Altar auch noch eine Shirdi Baba Statue, die *Amrit* (göttlicher Nektar) weinte. Diese Statue weinte so viel *Amrit*, dass wir immer größere Schüsseln unterstellen mussten - bis schließlich die Schüssel viel größer als die Statue war.

HIRANYAGARBHA LINGAM

M. – Deutschland

Mein größtes Erlebnis mit Swami, wenn er *Lingams* materialisiert, war, als er den *Hiranyagarbha Lingam* materialisiert hat (das erste von fünf Mal bis September 2011). Swami brachte diesen *Lingam* am 4. November 2005 hervor. Es heißt, dass die gesamte Schöpfung in diesem *goldenen Lingam* kondensiert ist und es der König aller *Lingams* sei. Als Folge der Manifestation des *Lingams* erlebten wir drei ekstatische Tage.

Der ganze *Ashram* sprühte vor göttlicher Energie und mir schien es, als seien wir in einer anderen Sphäre der Realität. Alles um mich herum nahm einen neuen, leuchtenden Glanz an. Ich habe während dieser drei Tage stark die Gegenwart der Schwingung des *Satya Yuga* (Goldenes Zeitalter) wahrgenommen. Ich hatte den Eindruck, dass Swami in dieser Zeit ebenfalls irgendwie anders war, da er eine sehr wichtige Arbeit ausführte, die seine volle Aufmerksamkeit und Konzentration erforderte.

Ich fühle, dass Swami, indem er das Fenster zu einer anderen Realität geöffnet hat, um den *Hiranyagarbha Lingam* hierher zu bringen, sehr hart durch seinen Körper und seine spirituelle Kraft auf dieser Ebene, wie auch auf anderen Ebenen der Schöpfung, gearbeitet hat.

Welch eine Kraft muss erforderlich gewesen sein, um etwas so Reines und Besonderes in diese grobe und niedrig schwingende Ebene der Schöpfung hinab zu bringen! Swami spricht nicht über diese Dinge oder seine Arbeit „hinter den Kulissen". Er zieht es vor, dass wir auf unsere eigene eingeschränkte Weise die Wahrheit für uns selbst verstehen und erfahren.

***

HIRANYAGARBHA LINGAM GOTTES HÖCHSTE MANIFESTATION

Swami VishwaVijayananda (ehemals Pritalananda) – Frankreich

An diesem Freitagnachmittag, den 4. November 2005 in Steffenshof, sagte Swami zu mir: „Mein Magen tut mir weh, als ob ein *Lingam* dabei sei zu kommen. Hol die Kamera und sei bereit." Nichts passierte bis zum Abend, als Stefan zum Shop kam, um mich zu rufen. Ich rannte zum Interviewzimmer. Swami saß in seinem Sessel und versuchte, den *Lingam* herauszubringen, das ihm Schwierigkeiten bereitete. Nach einigem Stöhnen kam etwas aus seinem Mund heraus, das wie Gold glänzte und Swami hielt es in einem roten Tuch. Swami ist fast erstickt.

Als sein Atem wieder normal geworden war, ging Stefan, um die Leute zu holen. Swami tauchte den *Lingam* in ein Glas mit lauwarmem Wasser, um ihn langsam abzukühlen. Kaltes Wasser würde ihn deformieren. Wenn ein *Lingam* kommt, nimmt er dieselbe Temperatur an wie Swamis Körper. Tatsächlich glühte seine Stirn. Es war das erste Mal, dass ich einen *Lingam* aus Gold gesehen hatte. Er erklärt uns, dass dieser *Lingam* nur für drei Tage bleiben würde, danach müsse er dahin zurückkehren, wo er hergekommen war. „Diejenigen, die wollen, können über Nacht hier bleiben und darüber meditieren. Er wird *Hiranyagarbha Lingam* genannt und ist sehr selten."

Ich ging um 7.30 Uhr zu Bett. Swami stand auf und sagte zu mir: „Die *Yagna* wartet auf dich." „Gut, ich mach es morgen, ich bin jetzt zu müde und werde zu Bett gehen. Es war schön, die ganze Nacht lang über dem *Lingam* zu meditieren. Nun kann ich ihn in meinem Herzen fühlen!", sagte ich.

Später am Tisch erklärte Swami uns, dass der *Hiranyagarbha Lingam* Gottes höchste Manifestation sei. Selbst ihn nur auf einem Bild zu sehen, ist ein großer Segen. Aus ihm wurde Brahma geboren, so wie die ganze Schöpfung. Niemand sollte ihn berühren, da er so viel Energie enthält, dass er einen sofort verbrennen könnte.

Am nächsten Tag führte Swami mit ihm ein *Abishekam* aus und er wiederholte das *Abishekam* am Montag. Bei Einbruch der Nacht verschwand der *Lingam* und Swami sagte mir: „Um ihn zu dematerialisieren, musste ich eine andere Form annehmen, eine Form aus Licht, um ihn ins Licht zurückzubringen. Er hat sich in mir durch das Licht aufgelöst."

„Sind Heilige und Engel zu der Zeremonie gekommen?" fragte ich. „Während der Zeremonie kamen alle Heiligen, die Engel, die *Devas*, Krishna und Jesus Christus, einer nach dem anderen und verbeugten sich vor dem *Lingam*. Babaji führte den Vorsitz und gab mir Instruktionen dazu, was ich während der Zeremonie zu tun hätte.", erklärte er mir. „Was passiert, wenn sich ein *Lingam* in Dir materialisiert?" wollte ich wissen. „Ich fokussiere mein Herzchakra. *Lingams* kommen nicht aus dem Magen, sondern vom Herzen. Der goldene *Lingam* wurde zu Licht. Er stieg auf und verschwand in meinem Herzen.", sagte er.

FUSSSPUREN

Um einen Abdruck von Swamis Füßen zu erhalten - 2005 in Kenia – wurde eine Paste aus *Cancan* mit Wasser vermischt unter seine Füße gestrichen. Dann wurde ihr Abdruck mit einem Stück weißen Stoff genommen. Auf seinem Fußabdruck erschien das Rad des Lebens und das Muschelzeichen *Vishnus*. Später, nachdem die beiden Abdrücke seiner Füße ausgestellt wurden und nachdem vor ihnen gebetet worden war, erschien das *OM* Zeichen.

ANNAPURNA

Zwei kleine *Murtis* der Annapurna wurden im November 2005 in Steffenshof materialisiert. Annapurna hält einen großen Löffel und sie ist eine von Parvatis Formen. Swami stellte die beiden *Murtis* in die Küche des Frauenhauses und in die Hauptküche.

ÖL KOMMT AUS DEN IKONEN

In Steffenshof im September 2006 baute Swami einen Schrein für die heilige Irene von Christovalantu im Stamm eines gefällten Baumes vor dem Haus. Er malte eine Ikone von ihr und stellte sie dort, zusammen mit einer Öllampe, die Tag und Nacht brannte, hinein. Er band sogar Rosenkränze an den Schrein. Einige Menschen haben Schmuckstücke als Dankesgabe für Sankt Irenes Segen mitgebracht. Darüber, an der Seite des Baumstammes, baute Sathyananda eine kleine hölzerne Kapelle, in die Swami eine Ikone vom heiligen Pantaleimon platzierte. Später fing Öl an, aus beiden Ikonen zu quellen.

Im November 2006 hingen wir Ikonen der Heiligen, die wir gemalt hatten, in die neue Kapelle. Öl fing an, aus den Ikonen der Mutter Gottes und Sankt Pantaleimons zu quellen. Zuerst erschienen kleine Tropfen auf den Gemälden und schließlich flossen größeren Tropfens die Ikone hinab. Eine Frau, die jahrelang unter Rückenschmerzen gelitten hatte, tupfte etwas Öl auf ihren Rücken und der Schmerz verschwand auf der Stelle.

EIN BESUCH BEI SANKT LEOPOLD MANDIC

Während einer Pilgerreise mit Swami Vishwananda nach Italien 2005 kamen wir spät in Padua an. Es war Mitternacht, also schlug ich vor, ein Hotel außerhalb Paduas zu suchen, doch Swami wollte die Nacht so nah wie möglich an der Kirche verbringen, in der St. Antonius von Padua begraben ist.

Also fuhren wir in die Mitte der Stadt und parkten das Auto am Marktplatz der alten Stadt, von wo aus die Kathedrale von St. Antonius zu sehen ist. Ich wunderte mich, wie wir ein Hotel für die Nacht finden könnten. Swami sagte zu mir: „Such ein Hotel." Ich antwortete: „Ja, sicherlich, ich sehe ein paar Hotels, aber alle scheinen geschlossen zu sein. Ich sehe keine Lichter, aber lasst uns hingehen und nachsehen."

Swami stieg ebenfalls aus dem Auto aus und wir prüften ein Hotel nach dem anderen. Alle waren geschlossen, also gingen wir zum Auto zurück. Plötzlich kam ein Mann aus dem Nichts und fragte uns, ob wir nach einem Hotel suchten und er sagte uns, dass er einen Hotelbesitzer kenne, der nicht weit von dort entfernt wohnte. Er rief den Mann auf dem Handy an, doch der Hotelbesitzer sagte, dass sein Haus voll sei, doch einer seiner Freunde besäße ebenfalls ein Hotel in der Nähe.

Ich war schon ganz abwesend in meinen Träumen auf einem schönen Bett nach der langen Fahrt. Nach einer Weile rief der Hotelbesitzer zurück und sagte, er sei bereits auf dem Weg zu unserem Auto. In der Zwischenzeit lag ich auf dem Lenkrad des Wagens und versuchte zu schlafen. Swami war sehr aufgeweckt und er stand da und diskutierte mit dem Mann über die verschiedenen Kirchen der Stadt und deren Öffnungszeiten.

Nach kurzer Zeit kam der Besitzer des Hotels, auf den wir gewartet hatten, an. Er hatte einige Zimmer, die wir für die Nacht mieten konnten, nur einhundert Meter von dort entfernt, wo wir waren. Er zeigte uns, wo wir das Auto parken konnten. Ich war wieder einmal begeistert über die Leistung von Swami Vishwananda, wie er es geschafft hatte, uns mitten in der Nacht zwei freie Zimmer zu organisieren, um zwei Uhr morgens, mitten im Zentrum Paduas, genau wo er bleiben wollte, zu einem guten Preis.

Wir blieben mit unserer kleinen Pilgergruppe zwei Tage in Padua. Wir besuchten die Kathedrale und verehrten den Heiligen Antonius.

Swami wollte noch einen weiteren Heiligen von Padua, von dem er gehört hatte, sehen: St. Leopold. Das Kloster der Kapuziner-Franziskaner-Mönche war sehr nah bei der Kirche. Swami fand heraus, wo es war. Hier konnten wir das Grab St. Leopold Mandics verehren. Swami hatte eine Vision von dem Heiligen in dem Kloster. Swami kaufte ein großes Bild von Leopold Mandic, das viele Jahre lang im Tempel des Zentrums in Steffenshof hing. Viele Besucher wollten wissen, wer der freundlich aussehende alte Mann auf dem Bild sei.

***

HIRANYAGARBHA LINGAM - DAS GESAMTE UNIVERSUM

Drishti – Deutschland

Swami Vishwananda hat den *Hiranyagarbha Lingam* drei Mal (Anm.d.R.: bis Sept. 2009) manifestiert. Das erste Mal war im November 2005. Dieser *Lingam* blieb drei Tage lang. Kurz nach der ersten Manifestation manifestierte Swami im Februar 2006 zu *Shivaratri* in Mauritius den *Hiranyagarbha Lingam* ein zweites Mal. Dieses Mal blieb der *Lingam* für vier Stunden. Ein drittes Mal kam der *Hiranyagarbha Lingam* in Springen, Deutschland, an *Babajis* Gedenktag am 30.11.09 um ca.14.00 Uhr und blieb bis Mitternacht.

Swami Vishwananda sagte über die Geburt des *Hiranyagarbha Lingams*: „Der *Hiranyagarbha Lingam* ist die ursprüngliche Schöpfung Gottes, er ist Sein Wille selbst. Das gesamte Universum ist darin, wir alle sind in ihm. Die Welt verändert sich. Die Veränderungen, bei denen der *Lingam* helfen wird, haben nichts mit 2012 zu tun. Diese dritte Manifestation des *Hiranyagarbha Lingams* wird sich später in einer größeren Veränderung widerspiegeln. Der *Lingam* wird dem

Bewusstsein in der Welt helfen, höher zu steigen.

Heute feiern wir die Entscheidung Mahavatar Babajis, für immer unsterblich in seinem Körper auf der Erde zu bleiben, um der Menschheit zu helfen. Das war vor ungefähr 1800 Jahren. Er hatte den Zustand der Unsterblichkeit verwirklicht. Babaji wird immer hier sein, um der Menschheit wenn nötig zu helfen. Die Menschheit hat ihn um Hilfe angerufen und er wird auch weiterhin helfen, auch wenn wir ihn nicht darum bitten. Der Gedenktag ist eine schöne Geste ihm gegenüber."

***

DAS GELBE HAUS

Dyutidharananda - Deutschland

An den Sommer 2008 werde ich mich wohl mein ganzes Leben lang erinnern. Es war die schönste, die intensivste, aber auch die anstrengendste Zeit meines Lebens.

Im Juli 2008 hatte ich mein Abitur mit Müh und Not – und mit der Hilfe Shirdi Sai Babas (vor den Prüfungen hatte ich an einem Shirdi Sai *Yagna* teilgenommen) - bestanden. Bis ich meinen Zivildienst antreten musste, blieben mir noch zwei Monate Zeit. So entschloss ich mich, diese Zeit zu nutzen, um meinen bescheidenen Beitrag zum Aufbau des Zentrums in Springen zu leisten. Am 13. Juni 2008 hatte ich meine Einweihung zum *Brahmachari* erhalten, und so wurde mir das Privileg zuteil, mit den anderen *Brahmacharis* das gelbe Haus in der Ortschaft von Springen bewohnen zu dürfen. Das Zentrum war zu diesem Zeitpunkt noch nicht bewohnbar. Und obwohl es im Laufe des Sommers bewohnbar wurde, entschied ich mich trotzdem, im Haus wohnen zu bleiben, nur um in der Nähe meines *Gurus* zu sein.

Als ich mit der Schule fertig war, reiste ich auf den Steffenshof. Es waren nur ein paar *Brahmacharis* und *Brahmacharinis* dort, da Swamiji im Ausland unterwegs war. Außerdem waren viele der *Brahmacharis* in Springen, um am Zentrum zu arbeiten. Es war sehr ruhig und ich genoss die friedliche Atmosphäre am Steffenshof sehr. Irgendwann kamen dann die Arbeiter aus Springen, um das Wochenende im *Ashram* zu verbringen. Am Montag fuhren wir wieder gemeinsam nach Springen. Ich war die körperliche Arbeit nicht gewohnt (und bin es immer noch nicht). Deshalb waren – vor allem die ersten Tage - sehr anstrengend. Ich hätte nicht gedacht, dass es noch anstrengender werden könnte. Doch dann kam Swamiji zurück. Ich wohnte zusammen mit Chaturananda in einem kleinen Zimmer im oberen Stock des Hauses. Auch Swamiji hatte sein Zimmer in oberen Stock. Als er kam, brachte er eine ganze Horde von Menschen mit ins Haus. Vor allem Leute aus England und Verwandte von ihm. Swamiji verteilte die mit ihm Gekommenen auf die wenigen Zimmer des Hauses. Was den Trubel anging, so war er in der Nacht weit größer als am Tag. Und die Nächte waren lang – sehr lang.

Der „normale" Tagesablauf, wenn Swamiji da war, sah ungefähr so aus: Um 8.00 Uhr standen wir auf, machten uns fertig, frühstückten kurz und fuhren ins Zentrum. Wenn es in den Autos keine Plätze mehr gab, gingen die übrigen zu Fuß. Etwas um 9.00 Uhr fingen wir mit der Arbeit an. Um 13.00 Uhr gab es Mittagessen und von 14.00 Uhr arbeiteten wir nochmals bis um 18.00 Uhr und gingen dann erschöpft wieder zurück ins Haus. Dann machten wir uns fertig zum Abendgebet und zogen uns weiße Sachen an. Es wurden in aller Eile noch *Tilaks* aufgetragen (hingeschmiert wäre wohl der bessere Ausdruck). Jeder wollte schnell fertig sein, weil die Plätze in den Autos begrenzt waren und die Langsamen zu Fuß gehen mussten. Um 19.00 Uhr dann Abendgebet im Zentrum – und danach – wieder zurück ins Haus. Irgendwann kam auch Swamiji wieder und wir aßen zu Abend. Das Abendessen zog sich bis in den Morgen hin. Er unterhielt sich mit den Leuten und alles war sehr laut. Manchmal war es mir einfach zu viel und ich zog mich in mein

Zimmer zurück. Um 2.00 Uhr oder 2.30 Uhr begab sich dann auch Swamiji in sein Zimmer, dass er sich - wie er es in seiner Kindheit immer getan hatte – mit seinem Cousin Ravi teilte. Alle dachten, er würde jetzt schlafen und gingen auch in ihre Zimmer. Irgendwann bin ich dahinter gekommen, wie es in Wirklichkeit ablief: Etwa um 2.00 Uhr ging Swamiji in sein Zimmer und sagte: „Gute Nacht zusammen." Seine Augen sahen aus, als hätte er eine Woche lang nicht geschlafen. Er war gebückt und schleifte beim Gehen seine Füße auf dem Boden. Man hätte denken können, er würde vor Erschöpfung gleich umkippen. Dann machte er die Zimmertür hinter sich zu. Alle gingen sofort ins Bett, weil jeder todmüde war. Nach etwa 10 oder 20 Minuten ging Swamijis Zimmertür wieder auf. Er hatte seinen Pyjama angezogen und sah frisch und ausgeschlafen aus. Er machte ziemlich viel Blödsinn und neckte die schlafenden Leute. Er klopfte an alle Türen oder machte in den Zimmern, in denen Leute schliefen, die ganze Zeit das Licht an und aus. Sein lautstarkes Lachen war im ganzen Haus wahrnehmbar. Aber es war nicht nur die Nacht, in der ihm manchmal der Schalk im Nacken saß – das konnte auch schon am helllichten Morgen passieren: Eines Morgens, Swamiji war schon wach und ich auch. Ich kam gerade aus meinem Zimmer und sah wie Pritala verschlafen ins Bad ging. Ich ging in die Küche und machte mir einen Tee. Als ich wieder in mein Zimmer gehen wollte, traf ich Swamiji auf dem Flur. Er schaute mich spitzbübisch an und klopfte wie ein Wildgewordener gegen die Tür des Badezimmers. Das machte er so lange bis Pritala anfing lautstark zu rufen, dass er im Bad sei. Dann rannte er in die Abstellkammer, die neben meinem Zimmer war, legte seinen Zeigefinger auf die Lippen und sagte: „Pscht!" Wir mussten uns beide das Lachen verkneifen. Auf einmal streckte Pritala seinen Kopf aus dem Badezimmer und schaute sich um. Als er niemanden entdecken konnte, machte er die Tür wieder zu und Swamiji ging in sein Zimmer zurück.

Die vielen Leute waren irgendwann abgereist, aber Swamiji war immer noch da. Die Nächte waren immer noch lang – wurden aber etwas ruhiger. Wir verbrachten sie damit, zusammen mit Swamiji DVDs zu schauen, oder uns einfach zu unterhalten. In einer Woche hatte es sich Swamiji zur Gewohnheit gemacht, in das Zimmer zu kommen, indem Chatur und ich wohnten. Er saß auf meinem Bett und sprach mit uns sehr gelassen über spirituelle Themen. Doch manchmal sagten wir gar nichts und schauten oder lächelten uns einfach an. An einem Abend sagte er zu uns, dass wir auf dem spirituellen Weg alles loslassen müssen. Am nächsten Abend kamen wir wieder auf das Thema „loslassen" zu sprechen. Ich hatte den ganzen Tag darüber nachgedacht und in mir war eine Frage aufgetaucht, die ich jetzt stellte: „Was ist mit den guten Dingen – müssen wir die auch loslassen?" Er antwortete mir liebevoll: „Was steht in der *Gita* – da steht das man alles loslassen muss." Etwas später stieg dann die Frage in mir auf, ob das bedeutet, dass man sich an nichts erinnern darf, da man im Hier und Jetzt leben muss. Ich wollte ihm aber nicht schon wieder damit auf die Nerven gehen. Deshalb blieb meine Frage offen.

Als ich irgendwann wieder zu Hause war und meinen Zivildienst leistete, habe ich realisiert, welche Gnade ich erfahren hatte, zusammen mit meinem *Guru* im gleichen Haus, im gleichen Stockwerk wohnen zu dürfen. Anfangs habe ich dieser Zeit nachgetrauert, bis ich mir bewusst wurde, dass das genau das war, was er mit Loslassen gemeint hatte – erinnern, aber nicht nachtrauern. Ich jedenfalls wäre ohne die Erinnerung an diese Zeit um einiges ärmer.

***

DEN SWAMI VISHWANANDA „UNCONDITIONAL LOVE–BLOG" LESEN

Karin - Schweiz

Eines Tages war ich zu Hause und las den Swami Vishwananda „Unconditional Love“-Blog und obwohl mein Englisch nicht so gut ist, verstand ich alles und bewahrte es tief in meinem Herzen auf. Kurz darauf durchflutete mich Dankbarkeit und Freude.

Ich stand auf und schenkte mir aus dem Glaskrug, der stets im Regal steht, einen Becher Leitungswasser ein. Ich leerte das Glas und verließ das Büro. Im Gang hielt ich verdutzt und abrupt inne, da ich ganz verblüfft war. War das eben Wasser, das ich getrunken hatte? In meinem Mund schmeckte es wie edelstes Rosenwasser. Ich ging ins Büro zurück und schenke mir nochmals einen Becher Wasser ein. Tatsächlich - ich trank Rosenwasser.

Ich füllte den Becher erneut, brachte ihn meinem Mann mit der Bitte zu kosten. „Ja, Rosenwasser“, bestätigte er.

OM Sri Vishwanandaya *Namaha*

***

KAPITEL SIEBEN

Liebe

„Gib Dich der Liebe hin.“

Sri Swami Vishwananda

EIN REGEN DER LIEBE

Lakshmi – Sabrina – England

Mein erstes persönliches Gespräch mit Swami dauerte zwei Minuten. Ich ging zu dem Gespräch und dachte mir: „In was gerate ich denn da rein?” Ich setzte mich und fragte ihn, was ich tun solle, da ich keine Ahnung hatte, was ein *Guru* war oder tat. Er sagte mit der süßesten Stimme: „Erzähle mir von Deinen Problemen“, und sofort begann ich zu weinen. Dann materialisierte er einen Anhänger für mich mit Shirdi Baba auf der einen Seite und Lakshmi auf der anderen. Wer hätte gedacht, dass ich fünf Jahre später eine *Brahmacharini* werden würde, geschweige denn eine *Brahmacharini* mit demselben Namen – Lakshmi.

Schweren Herzens verließ ich den Interviewraum und weinte noch immer. Als ich nach Hause kam, setzte ich mich auf mein Bett, schaute den Anhänger an und versuchte zu begreifen, was gerade passiert war. Ich saß nur da und weinte, und das Weinen ging unaufhörlich weiter. Ich erinnere mich daran, dass ich mich vor den Leuten im Haus verstecken wollte, denn ich wusste nicht, was geschah.

Am dritten Tag konnte ich es nicht mehr länger aushalten. Swami war noch immer im Land und so rief ich seinen Cousin an und erzählte ihm, was los war. Er sagte, ich solle mir keine Sorgen machen, weil es vielen Menschen passiert, dass sie eine Zeitlang weinen, nachdem sie Swami begegnet sind. Fünf Minuten nach dem Telefongespräch hörte das Weinen auf.

Von diesem Tag an war das Leben nicht mehr dasselbe. Die Spiritualität hatte insgesamt eine andere Wendung gebracht. Ich begann all das zu erfahren, worüber ich in spirituellen Büchern gelesen hatte. Ich stellte fest, dass ich jeden Tag etwas Neues lernte, und dass sich der Fortschritt auf dem spirituellen Weg beschleunigt hatte. In Swamis Nähe zu sein war erstaunlich. Es war so schön, endlich dort zu sein, wo ich hin gehörte und mich zu Hause zu fühlen.

Mit Swami geschah so viel in meinem Leben, dass es einfach war, die Dinge zu vergessen, die einmal wichtig gewesen waren. Ich betete so lange darum, dass jemand käme und mir hilft, all die Fragen zu beantworten, die ich über das Leben hatte.

Ich brauchte etwa drei Jahre, nachdem ich Swami begegnet war, um zu erkennen, dass er derjenige war, um den ich mein ganzes Leben gebeten hatte. Er öffnete mir die Augen für viele Dinge. Ich veränderte mich innerlich zum Besseren. Ich fühlte seine Gegenwart an jedem Tag meines Lebens. Ich begann auch, kleine Wunder zu bemerken, die sich ereigneten. Zum Beispiel tauchte Geld immer dann auf, wenn ich es am nötigsten brauchte, Dinge entwickelten sich zu meinem Vorteil, kleine Wünsche wurden erfüllt, und ich wusste, dass dies alles nur durch ihn geschah.

Im Februar 2004 gab es einen *Darshan* in London. An diesem Abend schneite es und die Temperatur war eisig.

Ich hatte das Glück, mit demselben Auto wie Swami nach Hause zu fahren, aber ich erinnere mich, dass meine Füße so kalt waren, dass ich mir wirklich wünschte, es wäre ein wärmeres Auto. Während ich mit meiner Freundin redete und Swami mit seinem Cousin sprach, sagte ich immer wieder im Geiste: Meine Füße sind so kalt, meine Füße sind so kalt. Nach einer Weile fühlte ich plötzlich Wärme in und um meine Füße, als ob jemand direkt unter sie eine Heizung gestellt hätte. Danke Swami, dass du meine Füße vor dem Erfrieren bewahrt hast!

Einige Freunde und ich besuchten Swami in Düsseldorf im Jahr 2004. Es war das erste Mal, dass ich ins Ausland geflogen war, um Swami zu sehen und ich erinnere mich, dass ich ziemlich aufgeregt war. Unsere Zeit mit Swami war einfach schön. Obwohl er gerade einen ganzen Tag mit Interviews hinter sich hatte, sah er mich und meine Freunde einzeln. Swami hat mit jedem von uns Zeit verbracht - etwas, das wir nie erwartet hätten. Am nächsten Tag sahen wir Swami wieder und tranken mit ihm Tee. Auf diese entspannte Art gab er uns ein Gruppen-Interview. Um die Sache noch besser zu machen, bat er einige von uns noch zu bleiben, als wir fertig waren, weil er uns einzeln sehen wollte.

Swami war sehr süß, aber ich erinnere mich, dass ich zu dieser Zeit nur an meinen Bruder denken konnte, weil er krank war, und ich bat Swami, für ihn zu beten.

Mein Bruder hatte danach eine Operation und die Ärzte konnten nicht glauben, wie viel Glück er hatte, dass seine Krankheit sich nicht ausgebreitet hatte. Mein Bruder hielt seine Krankheit einige Jahre vor uns verborgen. Jetzt geht es ihm wieder gut. So ist die Gnade von Swami.

Während der Zeit, seit ich Swami kenne, habe ich erkannt, dass man tief drinnen weiß, dass alles, was er auch immer für einen tut, zu unserem eigenen Wohl ist, ganz gleich wie hart es erscheinen mag, wie sehr man weint oder wie ärgerlich man wird. Swami ist immer da. Es ist ein Fall von: ‚Glaube es und Du wirst es sehen.' Selbst wenn man es nicht sehen will, wird er dennoch seine Liebe in der einen oder anderen Form über einen ergießen. Ich kenne keinen anderen Menschen, der immer für mich da ist, körperlich oder nicht, sowohl in guten wie in schlechten Zeiten, für jedes Bedürfnis sorgend.

Ich kenne auch niemanden, der mich so vollkommen und bedingungslos liebt, egal was ich mache. Ich weiß aber, dass er uns mehr liebt, als wir jemals zu begreifen in der Lage sein werden.

***

SICH DER LIEBE HINGEBEN

Swamini VishwaKarunaanandama
(ehemals Madhevi) – London – England

Vier verschiedene Menschen hatten vorgeschlagen, dass ich zu einem von Swami Vishwanandas *Darshans* gehen solle. Ich suchte keinen *Guru* oder spirituellen Lehrer, obwohl ich seit ungefähr dreißig Jahren meditierte und spirituelle Bücher las. Ich hatte das Gefühl, auf einer spirituellen Reise zu sein, und vielleicht war es kein Zufall, dass vier verschiedene Menschen mich drängten, Swami Vishwananda zu treffen. Ich ging zu einem von Swamis *Darshans* und wollte nicht mehr weggehen! Einige Tage später traf ich Swami zu einer privaten Sitzung. Als ich Swami zum ersten Mal sah, dachte ich: „Er ist eine Manifestation der Göttlichen Liebe, von der ich in so vielen spirituellen Büchern gelesen habe." Ich hatte diese spirituellen Begriffe intellektuell verstanden. Auf meinem Weg machte ich viele spirituelle Erfahrungen, aber Göttliche Liebe schien noch immer ein eher abstrakter Begriff zu sein. Ich fühlte, dass sie da war, aber sehr entfernt. Dann, als ich vor Swami saß, wurden die Göttliche Liebe und meine spirituelle Reise plötzlich klar und sehr real.

Ich sehnte mich danach, die Göttliche Liebe zu erfahren, die Swami durch sein ganzes Wesen ausdrückte. Ich wusste, dass es vielleicht viele, viele Inkarnationen bis zur vollkommenen Verwirklichung dauern könnte, aber nun kannte ich genau die Richtung, die ich in meinem spirituellen Leben einschlagen musste. Göttliche Liebe war nicht mehr länger nur ein spiritueller Begriff.

Seit ich Swami begegnet bin, hat sich meine spirituelle Reise beschleunigt. Ein Jahr fühlt sich fast so an, als ob ich mehrere Inkarnationen durchlebt hätte. Es gibt keinen langweiligen Moment oder Zeit zum Ausruhen mehr.

Die Veränderung ist gleichzeitig unaufhaltsam, herausfordernd und Ehrfurcht gebietend. Swami sagt nicht immer sehr viel, aber die Umwandlung, die er in mein Leben gebracht hat, ist phänomenal. Nachdem ich ihn nun einige Jahre kenne, fühle ich mich wie ein vollkommen anderer Mensch. Jeden Tag wache ich damit auf, Gott für die Segnung von Swamijis Gegenwart in meinem Leben zu danken. Er hat viele meiner negativen Züge an die Oberfläche gebracht, die mir zum Teil überhaupt nicht bewusst gewesen waren. Er bringt sie an die Oberfläche, es ist schmerzhaft, und dann werden sie entfernt, wenn ich mich entschließe, sie loszulassen. Swamijis Unterstützung und sein Verständnis sind immer für mich da. So schwierig es auch war, mich meinen Schattenseiten zu stellen, ich habe es nie bereut, ihn getroffen zu haben. Einmal sagte er zu mir: „Ich muss tun, was zu tun ist, denn ich weiß, was das Beste für dich ist." Er kennt mich weitaus besser als ich mich selbst kenne.

Eine Beziehung zu Swamiji ist nicht wie die zu jemand anderem und sie entzieht sich intellektuellem Verstehen. Er hat bedingungslose Liebe, Vergebung, großes Verständnis und Sanftheit, während er zur gleichen Zeit außergewöhnlich hart sein kann, wenn die Situation es erfordert.

Mit der Zeit kann ich sehen, wie Swami eine radikale Veränderung in mein Leben gebracht und es immer schöner gemacht hat. Ich hätte mir selbst diese Veränderungen nie vorstellen können, aber alles hat sich zur rechten Zeit perfekt entwickelt.

Zu Beginn meiner spirituellen Reise mit meinem *Guru* schien es einen Konflikt zu geben zwischen meinem analytischen Verstand und meinem Herzen.

Ich sagte: „Passiert das wirklich? Das ergibt keinen Sinn." während mein Herz wusste, dass es richtig war, dies zu tun. Nach so vielen Erfahrungen mit Swamis subtiler Führung nutze ich mein Herz mehr und meinen Verstand weniger. Ich vertraue mehr und mehr auf Swamis Führung in meinem Leben.

Der Titel seines ersten *Darshans* in England war „Sich der Liebe hingeben" und ich spüre, dass es die Hingabe an die Liebe ist, die so viel Glück bringt. Manche Menschen fürchten das Wort Hingabe, aber paradoxerweise werde ich stärker, klarer und entschiedener, je mehr ich mich hingebe. Es ist so, als ob Swami versucht, uns auf eine Schwingung der Liebe einzustimmen und je mehr wir uns dem hingeben, desto leichter kann er sich auf uns einschwingen. Als ich Swami zum ersten Mal begegnete, wollte ich so oft wie möglich mit ihm zusammen sein und jetzt habe ich erkannt, dass er umso mehr in unserem Leben gegenwärtig ist, je mehr wir uns hingeben. Das hat tatsächlich nichts mit Swamis körperlicher Nähe zu tun.

Oft habe ich das Gefühl, dass ich eine intensive spirituelle Schulung erhalte, obwohl ich nicht in Swamis Gegenwart bin, und er nicht telefoniert oder eine SMS schickt oder mir schreibt. Es kann sein, dass ich mir innerlich eine Frage stelle und die Antwort kommt fast sofort. Ich habe das Gefühl, dass ich die Welt vollkommen anders betrachte und mich selbst vollkommen anders erlebe. Swami gibt einem die direkte Erfahrung einer spirituellen Veränderung auf einer sehr tiefen Ebene. Es geht nicht um Worte und Begriffe, sondern um eine tiefe innere Veränderung im Innersten unseres Seins. Zuerst, und in erster Linie, hat er eine tiefere Liebe in mein Leben gebracht, die über jede menschliche Liebe hinausgeht, die ich jemals erlebt habe. Manchmal ist diese Liebe überwältigend. Mein Verstand sagt: „Was soll ich mit all dieser Liebe tun?" Und dann höre ich in mir die kristallklare Stimme von Swami Vishwananda: „Gib dich der Liebe hin."

***

DIE QUELLE DER LIEBE IST IN EUCH

Urs Keller - Schweiz

„Sei glücklich!", sagt Swami Vishwananda oft. Wenn er das zu mir sagt, dann scheint es so, als ob ein süßer, befreiender Wind mein Gesicht berührt. Es ist, als ob Krishna eine wunderbare Melodie auf seiner Flöte spielt, die meine Seele erreicht. Wenn Swami sagt: „Sei glücklich", dann befreit dies das alte Gefühl von Traurigkeit in uns und erschafft dadurch ein Glücksgefühl in unseren Herzen.

Eines Tages sagte Swami zu mir: „Gott ist in deinem Herzen – lebe das!" Ich hoffe, dass ich mit seiner Hilfe und mit seinem Segen diese Botschaft leben kann, wo ich auch bin, was ich auch tue und mit meinem ganzen Sein. Weltweit erweckt er diese Göttliche Liebe in vielen Herzen. Swami lehrt uns: „Du bist ein Teil Gottes.

Du bist Liebe. Die Quelle der Liebe ist in dir." Wenn ich höre, wie er das lehrt, dann ist mir bewusst, dass die Schöpfung Einheit in Liebe ist. Swami sagt: „Unser Planet und alle seine Geschöpfe wurden durch Liebe erschaffen, sie werden erhalten durch die Liebe und sie werden zurück zur Liebe gehen." Möge jeder auf Erden diese Freude, dieses Glück und die Einheit mit Gott erfahren! Swami Vishwananda berührt unsere Seelen und öffnet uns dem göttlichen Bewusstsein.

***

LIEBE JENSEITS VON WORTEN

C. R. – USA

Im Jahr 2005 ging ich nach Europa, um Zeit mit Swami Vishwananda zu verbringen. In einem *Retreat* in Flüeli Ranft in der Schweiz sagte er: „Gott ist Liebe." Das hatte ich schon zuvor gehört, aber ich hatte es nie erlebt. Am nächsten Tag sprach ich mit Swamiji und er sagte mir, dass Gott wahrhaftig Liebe ist und nicht irgendein weißes Licht in der Ecke. Gott ist keine mystische Erfahrung, die wir nicht verstehen können. Es ist so einfach. Jeder hat geliebt – die Eltern, die Freundin, den Freund oder den Hund. Die Liebe, die wir in uns fühlen und dann ausdehnen, ist wirklich Gott, denn Gott ist Liebe. Es ist schwierig oder unmöglich, diese Liebe zu beschreiben oder über sie zu sprechen. Ich kenne sie und ich habe die Fähigkeit, Liebe zu teilen. „Geht hinaus in die Welt und teilt und verbreitet Liebe. Liebe kostet nichts, verschenkt sie."

Nachdem ich Swamiji mehrmals getroffen hatte, fing ich an zu begreifen, dass er mein *Guru* ist, meine Verbindung zur inneren spirituellen Welt und mein bester Freund. Für mich wird das einfach beschrieben in dem Ausdruck „Liebe jenseits von Worten". Die Liebe, die Swami Vishwananda und mich verbindet, kann man nicht beschreiben.

Die vielen Wunder, die sich im Umfeld von Swamiji ereignen, erscheinen mir so natürlich, auch wenn ich sie mit meinem Verstand nicht begreifen kann. Aber noch wichtiger ist, dass er mich gelehrt hat, dass die Umstände in der äußeren Welt die innere Welt nicht beeinflussen sollen, und dass ich für mein Leben verantwortlich sein muss. Swamiji sagte mir, dass ich mich daran erinnern soll, wenn etwas nicht so läuft wie ich es möchte, oder wenn es Schwierigkeiten gibt, dass alles Gott ist und dass Gott überall ist.

Seit ich Swami Vishwananda begegnet bin, habe ich ein tieferes Verständnis für meine Bestimmung im Leben, nämlich ihm in seiner weltweiten Mission zu dienen.

Ich weiß, dass die Liebe, die Gott ist, nicht nur von wenigen von uns verwirklicht werden kann, sondern dass wir sie alle in uns tragen. Durch die Gnade von Gott und Swami Vishwananda darf ich daran teilhaben und dienen.

HÖRE AUF, DIR SORGEN ZU MACHEN

L. N. – USA

Ich bin Swami Vishwananda im Juli 2005 in Los Angeles, Kalifornien in den USA begegnet. Zwei Wochen später ging ich nach Rancho Mirage in Kalifornien zu Swamis *Darshan*, und ich hatte ein persönliches Gespräch mit ihm. Während des Gesprächs sagte er zu mir: „Höre auf, Dir Sorgen zu machen." Swami gab mir auch ein *Mantra*.

Als ich nach Hause fahren wollte, rief ich die Pflegerin meiner neunundachtzigjährigen Mutter an, um zu fragen, wie es geht. Die Pflegerin sagte verzweifelt: „Ich weiß nicht, was mit Ihrer Mutter los ist. Sie benimmt sich ziemlich verrückt! Ihre Mutter klettert auf Stühle und läuft auf dem Tisch und sie erkennt mich nicht." Ich raste nach Los Angeles, das ca. zwei Stunden entfernt war.

Als ich im Haus meiner Mutter ankam, wusste sie nicht, wer ich war. Ich glaube, sie konnte mich nicht einmal sehen. Meine Mutter stand auf einem altertümlichen Tisch, und schien in einem psychotischen Zustand zu sein. So war sie noch nie zuvor gewesen!

Sanitäter wurden gerufen, und als sie ankamen, wollte meine Mutter sie bekämpfen, wobei sie laut schrie. Ich ging mit ihr in den Krankenwagen und dort schrie sie weiter. Sie tat mir sehr Leid, aber Swamis Worte in unserem Gespräch, kurz bevor ich vom Zustand meiner Mutter erfahren hatte, wiederholten sich in meinem Kopf: „Höre auf, dir Sorgen zu machen." Tief in meinem Innern wusste ich, dass alles in Ordnung war. Ich beobachtete die Verzweiflung meiner Mutter aus einem Ort der Ruhe heraus.

Als wir in der Notaufnahme ankamen, tobte meine Mutter noch immer. Ich wiederholte ständig das *Mantra*, das Swami mir gegeben hatte. Ich hielt das Gesicht meiner Mutter in meinen Händen und schaute ihr stundenlang in die Augen. Ich sagte ihren Namen, chantete für sie und sang ihre Lieblingslieder. Ich küsste ihre Stirn. Mein Herz war erfüllt von Liebe und Mitgefühl.

Ich fühlte Swami Vishwananda bei mir, während der ganzen Zeit, als ich bei meiner Mutter im Krankenzimmer saß, und ich fühlte, wie er mich durch jeden Schritt der Reise führte und meine Mutter und mich segnete. Ich beobachtete nur und war ungewöhnlich zentriert und friedvoll in einer Situation, die mich normalerweise zerrissen hätte.

Als die Ärzte das Fieber senkten, das durch eine festgestellte Infektion verursacht worden war, kehrte meine Mutter zu ihrem Normalzustand zurück. Ich jedoch, das wusste ich, würde niemals wieder dieselbe sein.

***

DIE LIEBE DES GURUS

M. N. – Deutschland

Swami sagt oft, dass Gott uns alles gibt – dargeboten auf einer silbernen Schale. Das Göttliche schiebt uns sogar die Nahrung von der Silberplatte in den Mund, aber wir allein müssen uns entscheiden, ob wir sie schlucken wollen oder nicht. Swami ist immer bereit, die richtigen Umstände für das spirituelle Wachstum der Menschen zu schaffen. Während vielen von Swami gegebenen Lektionen decke ich tiefe Schichten von Negativität auf, die ich nicht einmal im Traum in mir vermutet hätte. Mit Swamis Gnade habe ich gelernt, die Dunkelheit in mir ohne Angst anzuschauen, und ich habe sie überwunden. Ich glaube nicht, dass ich die Negativität und Dunkelheit in mir ohne die immense innere Unterstützung meines *Gurus* hätte ausmerzen können. Zudem fühle ich, dass die Bürde des *Karmas*, durch das ich mich arbeite, letztlich nur ein kleiner Teil der ganzen Last ist, die mein *Guruji* für mich trägt. Ich weiß, dass Swami in seiner großen Bescheidenheit das niemals jemanden erkennen lassen würde, aber meine innere Erfahrung weiß es. Die Größe eines *Gurus* kann am Ende einer erfolgreich gelernten Lektion erfasst werden, und jede Lektion führt zu mehr Klarheit. Wenn die Lektion gelernt ist, können viele der Worte des *Gurus* oder seine Handlungen in Bezug darauf klarer verstanden werden.

EIN HEILIGER MANN

Einmal kam eine Freundin meiner Tochter zur Übernachtung zu uns in die Familie. Es war vereinbart, dass der Vater unseres jungen Gastes, der von der Mutter des Mädchens geschieden war, sie am nächsten Tag abholen würde, damit die beiden das Wochenende gemeinsam verbringen könnten. Sie wartete und wartete aber der Vater kam einfach nicht. Schließlich informierte uns ihre Mutter per Telefon, dass der Vater unseres Gastes nicht komme, um sie abzuholen, da er keine Zeit hätte. Natürlich war unser junger Gast empört und verletzt. Wir luden sie ein, eine weitere Nacht zu bleiben, bis jemand sie am nächsten Tag abholen könnte.

Obwohl die junge Freundin meiner Tochter beobachtet hatte, dass alle großen Respekt vor Swami zeigten, sah sie ihn nie direkt. Deshalb war ich schockiert, sie nach ihrer zweiten Nacht mit uns sagen zu hören, dass Swami ein heiliger Mann wäre. Sie sagte, dass sie während der Nacht einen Traum hatte, in welchem sie sehr krank war. Swami kam in ihren Traum und sagte ihr liebevoll, dass er ihr Vater wäre. Dann legte er seine Hand auf den Scheitel ihres Kopfes und sie fühlte sich nicht mehr krank im Traum. Seither bereitet die Freundin meiner Tochter immer ein Geschenk für Swami vor, wenn sie uns besuchen kommt.

Swamis Heiligkeit offenbart sich auf vielerlei Weise, aber er spricht nicht darüber und er ist immer göttlich bescheiden. Sooft Swami in seinem deutschen Zentrum ist, wo meine Familie lebt, ist es gewöhnlich bis auf den letzten Platz von Leuten aus aller Welt besetzt. Dies sind Zeiten, wo wir wirklich sehr beschäftigt und ununterbrochen dabei sind, die wichtigen *Ashram*pflichten zu erledigen. Ich erinnere mich, dass ich einmal durch den Wohnraum ging und überlegte, was noch zu tun sei, als ich plötzlich Swami nach mir rufen hörte. Als ich mich ihm näherte, fühlte ich, wie eine Flut Göttlicher Liebe aus seinen Augen strömte und über mein ganzes Wesen flutete. Obwohl er mit mir sprach, konnte ich seinen Worten nicht folgen, da ich eine große Erkenntnis hatte, dass Swami ein Heiliger war, der gänzlich trunken von Gott ist. Zu dieser Zeit war sein Körper derjenige eines müden Mannes und er muss unter Schmerzen gelitten haben. Dennoch strahlten Swamis Augen eine enorme bedingungslose Liebe für die ganze Schöpfung aus.

Damals verstand ich, dass Swami Vishwananda seinen *Devotees* alles gibt, damit wir eines Tages unsere eigene göttliche Natur verwirklichen können.

***

DEN TRÖSTER SPÜREN - DIE SHAKTI-ENERGIE

Swamini VishwaLakshmianandama
(ehemals Utpalavati) – Jean Morgan-Peterson – USA

Auf seiner Tour im Dezember 2006 gab mir Swami Vishwananda in Sedona die Gelegenheit, eine Frage zu stellen, die ich ihm schon stellen wollte, seit ich ihn vor fast einem Jahr getroffen hatte. Ich wollte ihn nach der Quelle von *Shakti* fragen, der Energie, die ich häufig im *Kronenchakra* spüre. Oft gleitet die *Shakti*-Energie auch wie Elektrizität über Abschnitte oder die ganze Oberfläche meiner Haut. Im Laufe meines Lebens habe ich gelernt, dieser Energie als Wahrheitsindikator zu vertrauen, für alles, was sich zu dieser Zeit ereignet und was die Energie zu manifestieren scheint.

Ich verstehe das so, dass *Shakti* göttliche Lebensenergie ist. Darüber hinaus, mit meinem christlichen Hintergrund und meiner lebenslangen Liebe für den Meister Jesus Christus, habe ich gefühlt, dass die *Shakti*-Energie der Tröster ist, den Jesus zu schicken versprochen hat. Beim Letzten Abendmahl sagte Jesus seinen Jüngern, dass er gekreuzigt würde, und dass er wieder auferstehen und sie dann verlassen würde. Er sagte:

„Wenn Ihr mich liebt, dann befolgt meine Gebote. Und ich werde zum Vater beten und er wird Euch einen anderen Tröster geben, den er für immer bei Euch lassen wird. Aber der Tröster, welcher der Heilige Geist ist, den der Vater in meinem Namen senden wird, er wird Euch all die Dinge lehren, und Euch an all die Dinge erinnern, welche ich Euch gesagt habe. Aber wenn der Tröster gekommen ist, den ich Euch vom Vater senden werde, der Geist der Wahrheit, der vom Vater kommt, er wird mich bezeugen. Gleichwohl sage ich Euch die Wahrheit; es ist dienlich für Euch, dass ich fortgehe:

Denn wenn ich nicht weggehe, dann wird der Tröster nicht zu Euch kommen; aber wenn ich gehe, dann werde ich ihn Euch senden.“ Die Heilige Bibel, Version des Königs Jakobus, Johannes: 14:15,26; 15:26;16:7.

Die Zeit zeigte, dass ich die Frage, die ich Swami stellen wollte, gar nicht einbringen musste, denn der allwissende Swami Vishwananda brachte das Thema selbst ein.

Während der Tour besuchte eine kleine Gruppe, zusammen mit Swami, einen der weltberühmten Vortexe ‚Cathedral Rock' in Sedona, Arizona. Dort in der ruhigen kathedralenartigen Schönheit, die Mutter Natur vor langer Zeit aus roten Felsen und hohen grünen Wüstenhügeln herausgearbeitet hatte, führte uns Swami in hingebungsvolle Lieder und Gesänge. Ich bin gesegnet, eine der kraftvollsten und heiligsten Zeiten mit Swami Vishwananda erlebt zu haben, an einem der großartigsten und schönsten Plätze in der Natur auf diesem Planeten.

An einem der folgenden Tage sprach Swami mit mir über die Großartigkeit von Mutter Natur in Sedona. Wie in Ehrfurcht oder Erstaunen sagte er: „Auf dem Weg nach Cathedral Rock spürte ich, wie sich die Haare auf meinen Armen aufstellten.“ Und er betonte „auf dem Weg.“ Ich dachte: „Wie demütig – von jemandem, der innerlich in *Samadhi* ist und die ganze Zeit in Kommunikation mit Gott ist.“ Ich ergriff die Gelegenheit, die er mir so offensichtlich bot, um meine Frage zu stellen: „Swami, wenn du die *Shakti*-Energie so fühlst, wie du sie gerade beschrieben hast, wie du sie auf dem Weg nach Cathedral Rock gefühlt hast, ich denke, das ist die göttliche Energie und auch der Tröster, den der Meister Jesus versprochen hat, zu senden. Stimmt das?“ Swami antwortete: „Ja, es ist göttliche Lebensenergie, *Prana*, und der Tröster, den Jesus zu senden versprochen hat.“ Ich war getröstet.

***

ICH HABE ES FÜR EUCH GETAN

Zoe Tsatsos – Griechenland

Während unseres ersten Medical Camps in Pondicherry in Indien im Mai 2006 beschloss Swami, uns einen Tag frei zu geben und er bat uns, einen *Darshan* für den nächsten Tag zu organisieren. An diesem Abend trafen wir uns und organisierten Plakate und Flugblätter, um sie am Morgen in jedem Laden der Stadt zu verteilen. Als die Zeit des *Darshans* näher kam, wurden die Wolken am Himmel dicker und dunkler und sie entluden sich in einem sehr heftigen Regen. Alle waren schon auf dem Weg zum *Darshan*, aber ich war mit einigen anderen zurückgeblieben, um Swami im Auto zu begleiten. Ich sah, wie er draußen auf seinem Balkon saß und in den Himmel schaute und über die Schönheit des Sturmes staunte und sagte, wie schön er sei.

Als wir am Hotel ankamen, war zu unserem großen Erstaunen niemand außer uns zum *Darshan* gekommen. Wir sangen einige *Bhajans*, und dann wandte sich Swami an unsere Gruppe und erklärte uns, was seine Mission in Indien ist: Mit einem offenen Herzen zu dienen. Da dämmerte es mir, dass der Zweck unseres Aufenthaltes in Indien der war, unsere Herzen der Liebe zu öffnen und die Einheit mit unseren Mitgeschöpfen zu fühlen. Denn das war es, was wir mit den Menschen, die wir täglich in den Dörfern behandelten, erlebten. Wir waren alle von Gefühlen überwältigt und es war schwierig, die Tränen zurückzuhalten.

Dann gingen wir, einer nach dem anderen nach vorne, um von Swami gesegnet zu werden. Als er fast am Ende war, kamen noch mehr Menschen herein und er gab weiter *Darshan*, dieses Mal für die örtliche Bevölkerung und für die Angestellten des Hotels.

Als wir im Auto zurückfuhren, erwähnte ich Swami gegenüber, wie sehr es mir Leid tat, dass nur so wenige gekommen waren, nachdem wir uns so angestrengt hatten, so viele Menschen wie möglich zum Darshan zu bringen. Er drehte sich zu mir um und sagte zu mir: „Wer sagt, dass ich wollte, dass viele Menschen kommen? Ich habe es für Euch getan."

***

WENN DU LIEBST, WOHNT GOTT IN DIR

Swami VishwaVijayananda (ehemals Pritalananda) – Frankreich

Im Jahr 2001 meditierte ich einmal über die Göttliche Mutter in der Gestalt von Durga und ich fühlte mich wie ein kleines Baby, das in ihren Armen liegt. Mutter Durga hielt mich und ich weinte, weil ich mich in ihrer Liebe verlor.

Einige Zeit lang hatte Swami Vishwananda Erscheinungen der Göttlichen Mutter in der Gestalt von Mutter Maria. Zu dieser Zeit erkannte ich, dass die Jungfrau Maria die Göttliche Mutter war, die ich so sehr liebte. Ich verstand auch, dass Gott verschiedene Gestalten annahm, und dass Menschen Ihn in der Form verehren können, die sie wünschen – sei es Gott, Allah, Krishna, Christus, Buddha, Rama oder Prabhuji. Gott hat unzählige Namen und Er kann jede Gestalt annehmen, die Er will, um uns Seine Liebe zu zeigen, ohne die Freiheit oder den freien Willen zu begrenzen, den Er der Menschheit verliehen hat. Ähnlich ist die Göttliche Mutter immer dieselbe, sei Sie Lakshmi, Durga, Maria, Yashoda, Kuan Yin, Diana, Isis, Tara oder Demeter.

Viele Male ist unsere Himmlische Mutter auf die Erde gekommen unter all diesen und vielen anderen Namen, um uns zu lieben und zu führen.

Seit Swami Vishwananda in mein Leben kam, fühle ich die Liebe Gottes mehr und mehr in meinem Herzen. Gottes Liebe ist eine ewige Flamme, die jeden Tag wachsen kann, bis sie alles einhüllt.

Das Wichtigste, das ich von Swami gelernt habe, ist zu lieben. Liebe ist das Schönste, was es gibt.

Dir, lieber Leser, möchte ich sagen: „Liebe deine Kinder, deine Eltern, deine Frau, deinen Mann, deine Freunde und wen du auch immer lieben willst. Wie schön ist es, zu lieben!“ Swami lehrt uns immer, jeden bedingungslos zu lieben. Letztendlich liebt man immer Gott, denn Er ist in allem und in jedem Wesen. Er ist auch die Quelle der Liebe. Liebe urteilt nicht, Liebe ist geduldig, Liebe ist ewig.

Wenn du liebst, dann wohnt Gott in dir und du wohnst in Gott.

Am Ende des Tages, wie auch am Ende deines Lebens, wenn du alle die guten Taten anschaust, die du auf der Erde getan hast, dann leuchten die Zeiten, in denen du geliebt hast, wie kostbare Juwelen!

***

LIEBE

Nirmal – England

Swami nahm mich mit, um christliche Kirchen zu besuchen. Das war für mich etwas Neues, denn ich komme aus einer hinduistischen Tradition. Er sagte mir, dass Gott gleichermaßen in Kirchen wie in Tempeln sei, und dass Mutter Maria die gleiche sei wie Durga-Ma. Eher als durch das Lesen von Büchern, erlebte ich Kirchen mit Swami. Er sagte mir: „Liebe, liebe einfach.“ „Aber wie liebe ich?“ „Beginne damit, dich selbst zu lieben.“ „Wie liebe ich mich selbst?“ „Es ist nicht nötig, dich zu verhätscheln. Sei einfach damit zufrieden, wer du bist und wo du bist. Wenn du das tun kannst, dann kannst du jeden lieben.“

***

FÜR MEINEN GELIEBTEN GURUJI

Rolf – Deutschland

Eines Morgens, während meiner täglichen *Sadhana*, war mir Swamis Präsenz intensiv bewusst. Seine Liebe durchdrang mich so sehr, dass ein Gedicht spontan aus dieser Liebe entstand.

Ich biete Dir Milch und Honig dar;
Lass mich demütig Deine heiligen Füße salben.
Deine Liebe, die Du mir schenkst;
Sie ist mehr als tausend Grüße.

Du bist ein Botschafter Gottes.
Du schickst mir das Licht des Herrn.
Dadurch kann ich meinen Weg gehen.

Dein Licht leuchtet und ich kann sehen;
Du führst mich in das Tal
und in lichte Höhen.

Danke oh Herr, wieder und wieder.
Wenn ich eines Tages das Ende erreiche,
Dann werde ich Dein Licht sehen wie tausend Sonnen.

Du stehst im Licht und wartest auf mich,
Und ich erkenne das Du, das ich bin.
Dein Licht leuchtet und leuchtet so weit,
Weit hinaus in alle Ewigkeit.

Jai Gurudev

***

GURU AARTI

Dakshini - Deutschland

Alle *Devotees* von Sri Swami Vishwananda kennen das *Guru Aarti*, welches nach jedem *Darshan* und am Donnerstag in allen *Bhakti Marga* Tempeln gesungen wird.

Das erste Üben von diesem schönen *Aarti* hat im Haus einer engen Schweizer Devotee stattgefunden. Im Nachbarhaus wohnte Swamiji in den ersten Jahren seiner Mission zeitweise. Dort gab es auch einen Tempel, in dem regelmäßig *Bhajansingen* und manchmal gar *Darshans* stattfanden. Am späten Abend fragte Swami plötzlich nach dem Text des *Aarti*, welches wir vorher noch nie gehört hatten. Er hatte gelacht und war gleichzeitig nicht besonders erfreut über unsere Singversuche, da es ziemlich offensichtlich war, dass keiner von uns ein talentierter Sänger oder gar Musiker war.

Ungeachtet dessen mussten wir das *Guru Aarti* wenige Tage später auf einem offiziellen Programm in Flüeli Ranft in der Schweiz (in der Nähe der Einsiedelei des Bruders Klaus) singen. Während diesem Programm durften wir alle zum ersten Mal seine heiligen Füße mit einer *Pada Puja* verehren. Da Swamiji dies spontan am Abend zuvor beschlossen hatte, mussten wir das Geschirr aus der öffentlichen Großküche der Jugendherberge benutzen, in welcher wir alle wohnten. Jedoch der Charme dieser improvisierten *Pada Puja*, die tiefe Hingabe der anwesenden *Devotees* und natürlich am meisten die süße Liebe unseres geliebten *Gurujis* haben die Zeremonie zu einem der unvergesslichsten Momente in meinem Leben gemacht.

Jahre später erst gab uns *Guruji* die Übersetzung von diesem wunderschönen *Aarti* und ich finde, dass die Worte allein für sich sprechen:

'Ananda Mangel Karu Aarti
Hari Guru Santa Ki Seva'
Ich mache das *Aarti* mit Hingabe
zu Dir *Hari Guru* und Heiliger, welchem ich diene.

'Prema Dhari Mandir Para Awo
Sundar Sukuda Leva'
Mit einem Herz voll von Liebe eile ich in Deinen Tempel,
um Deine Schönheit zu verehren.

'Mere Aangane Tulasi Ne Kiyaaro
Saligraam Ki Seva'
In meinem Garten/Hof wächst das Heilige Basilikum (Tulsi),
ich diente dem *Saligraam*,
welches die Verkörperung von *Narayana* ist.

'Arasathe Tirathe Guruji Ke Charan Me

Maata Pita Ki Seva'
Meine Hingabe an die *Guru*füße ist die gleiche wie 73 Pilgerplätze
und ist gleich dem Dienst an die Mutter und an den Vater.

'Sante Mile To Maha Sukhe Paave
Guruji Mile To Meva'
Durch die Begegnung mit einem Heiligen findet man großes
Glück,
aber meine Begegnung mit einem *Guru* ist noch viel großartiger
als Glück.

‚Kahe Pritam Tere Bhakta Janoke
Hari Ke Jan Hari Seva'
Oh Krishna, die *Devotees* sagen,
der Menschheit zu dienen, ist Dir zu dienen.

ABISHEKAM – Eine Form der Verehrung des Göttlichen durch Baderituale (Wasser, Milch, Joghurt, Ghee, Honig, Zucker) und das Opfern von Früchten, Blumen und Räucherwerk. Jeder äußerliche Teil des Rituals und jede verwendete Substanz hat eine symbolische Bedeutung.

AMRIT – Der Nektar der Unsterblichkeit, der aus dem *Aufschäumen des Milchozeans* hervorging. Amrit wird auch durch intensive spirituelle Praxis aus einer Drüse im Gehirn sekretiert und kann durch das Kechari *Mudra* aufgefangen werden.

ASANA – Eine Körperhaltung oder Pose, die als Teil der spirituellen *Yoga* Praxis eingenommen wird.

ASHRAM – Klosterähnliches spirituelles Zentrum, Wohnsitz eines lebenden spirituellen Meisters

ATMA KRIYA YOGA – Atma bedeutet Wahres Selbst, Kri bedeutet Handlung und Ya Achtsamkeit –eine Reihe von Yoga-Techniken, die durch Mahavatar Kriya Babaji an seinen Schüler Sri Swami Vishwananda gegeben wurde. Sri Swami Vishwananda hat Atma Kriya Yoga der Welt gegeben, um jedem einzelnen dabei zu helfen, das Wahre Selbst – Göttliche Liebe zu erfahren. Die Techniken in diesem Kriya Yoga System beinhalten OM Healing, *Asanas*, *Japa*, *Meditation*, *Mudras* und Pranayama.

AUFSCHÄUMEN DES MILCHOZEANS – In den *Veden* steht geschrieben, dass die Halbgötter und Dämonen sich am Ufer des Milchozeans versammelt hatten, welcher sich in der himmlischen Region des Kosmos befindet. Sie machten einen Plan, den Milchozean zum Schäumen zu bringen, um somit *Amrita*, den Nektar der Unsterblichkeit, zu erschaffen. Dann vereinbarten sie, den Nektar, sobald er erzeugt wurde, gleichmäßig untereinander zu teilen.
Für die Aufgabe, den Milchozean aufzuwirbeln, wurde der Mandara Berg als Butter-Stab genutzt und Vasuki, der König der Schlangen, diente als Seil. Zu Beginn des Aufwühlens fing der Mandara Berg an tief im Ozean zu versinken. Zu diesem Zeitpunkt inkarnierte Sri *Vishnu* als große Schildkröte [Kurma Avatara] und stützte den Berg auf Seinem Rücken ab. Mit den Halbgöttern an *Vasukis* Schwanz und den Dämonen an seinem Kopf rührten sie den Milchozean tausend Jahre lang.
Schließlich erschien Dhanvantari (ein *Avatar* von Sri Vishnu und Arzt der Götter, Vater des *Ayurveda*), der den Topf des Nektars der Unsterblichkeit in Seinen Händen trug. Als sie Dhanvatari mit dem Gefäß des Amrits sahen, wurden sowohl die Halbgötter als auch die Dämonen unruhig. Die Halbgötter, die Angst davor hatten was

passieren würde, wenn die Dämonen ihren Anteil des Nektars der Unsterblichkeit tranken, ergriffen den Topf gewaltsam. Wohin auch immer die Halbgötter mit dem Krug des Nektars gingen, erfolgte ein heftiger Kampf... Im Bemühen den Nektar davor zu bewahren in die Hände der Dämonen zu fallen, versteckten die Halbgötter ihn an vier Orten auf der Welt: Prayag (Allahabad), Hardwar, Ujjain, und Nasik. An jedem dieser Verstecke lief ein Tropfen des unsterblichen Nektars aus dem Topf über und fiel auf die Erde. Seitdem glaubt man, dass diese vier Orte mystische Kraft erlangt haben. Schließlich überwältigten die Dämonen die Halbgötter und nahmen den Nektar der Unsterblichkeit in Besitz. Um die Halbgötter vor den Händen des Schicksals zu retten, inkarnierte Maha *Vishnu* Mohini-murti als wunderschöne Frau und näherte sich den Dämonen...Während die Dämonen von ihrer Schönheit verblüfft waren, ergriff Mohini-murti den Nektar und gab ihn den Halbgöttern zurück, die ihn auf der Stelle tranken. [5]

AUTOBIOGRAPHIE EINES YOGI – schriftliche Darstellung des außergewöhnlichen Lebens von *Paramahansa Yogananda*, in welcher er über seine inspirierende Lebenschronik erzählt.

AVATAR – ein voll verwirklichtes Wesen, durch Gott zurück zur Erde gesandt, um Seelen zu erlösen und sie zurück in ihre ewige Heimat zu bringen.

AYURVEDA – Uraltes System des Heilens

BABA – Sanskrit Bedeutung: Vater; bezieht sich gewöhnlich auf einen spirituellen Lehrer.

BABAJI – vom Sanskritwort Baba, "Vater"; die Endung ji bezeugt Respekt; hier bezieht es sich auf den unsterblichen Mahavatar (großer Avatar), welcher 1861 Lahiri Mahasaya die Kriya Yoga

Glossar

Einweihung gab.

BHAGAVAD GITA – Eine alte indische Schrift. In ihren eigenen Worten ist die Gita als „die Schrift des Yoga und die Wissenschaft der Gottverwirklichung" (brahmavidyayam yogashastre) beschrieben. *Bhagavad Gita* bedeutet der Gesang des Geistes...und setzt sich aus 700 Versen in 18 Kapiteln vom sechsten Buch (Bhishma Parva) des Mahabharata Epos zusammen, in denen Bhagavan *Krishna* in Seinem Dialog mit *Arjuna* die Absicht hegt, die gewaltsamen psychologischen Kräfte des körpergebundenen Egos und die materielle Ignoranz zu besiegen und die ewige spirituelle Identität zurückzugewinnen – Einssein mit dem Geist. [2]

BHAJANS – andachtsvolle Lieder

BHAKTI YOGA – Der Pfad der Hingabe, in allen Religionen der Welt zu finden. Indem der Bhakta dem Göttlichen in jeglicher Form, die er wählt, seine Liebe und Hingabe darbringt, strebt er danach, sein Ego aufzulösen und seinen Willen dem Göttlichen Willen zu unterwerfen.

BILOKATION – bezeichnet die Fähigkeit einer Person, an zwei Orten gleichzeitig zu sein.

BRAHMACHARYA – Brahmacharya, wörtlich übersetzt, heißt "Achara", Verhalten, durch das man "Brahman", das Absolute erreicht. Es ist Leben im Absoluten. Es ist die Bewegung zu Gott oder Atman hin. Brahmacharya ist Reinheit in Gedanke, Wort und Tat.

BRAHMACHARI – Ein spiritueller Schüler, gewöhnlich ein Mönch.

BRAHMACHARINI – Eine spirituelle Schülerin, gewöhnlich eine

Nonne.

BRAHMAN – Gemäß der Vedantins, ist Brahman sowohl die wirksame als auch die materielle Ursache des sichtbaren Universums, die alles durchdringende Seele und der Geist des Universums, die absolute Seinsheit und die Essenz, aus der alle erschaffenen Dinge entstehen und in die sie bei der Auflösung absorbiert werden. Brahman ist im Allgemeinen kein Verehrungsobjekt, sondern eher ein Ziel der Meditation. Es zu erreichen gilt als das endgültige Ziel des Wissens.

BUDDHA – Einer der *Avatare* Indiens; genannt Buddha, "der Erleuchtete"; geboren im 6. Jahrhundert vor Christus in Kapilavastu im Nordosten Indiens.

CHAKRAS – (Pl. Chakras): Sanskrit = Rad. „Die sieben Zentren der Lebenskraft und des Bewusstseins in der Wirbelsäule und im Gehirn, die den physischen und astralen Körper des Menschen am Leben halten. Die sieben Zentren sind göttliche Aus- oder Eingänge, durch welche die Seele in den Körper hinabgestiegen ist – und durch die sie mit Hilfe der Meditation wieder aufsteigen muss. Durch sieben aufeinander folgende Stadien erlangt die Seele kosmisches Bewusstsein. Indem sie bewusst durch die sieben geöffneten oder „erweckten" zerebrospinalen Zentren hinaufsteigt, tritt sie den Weg zur Unendlichkeit an – den wahren Weg, der sie schließlich wieder zur Vereinigung mit Gott führt. [4]

CHANTEN – Wiederholung eines *Mantras* oder Göttlichen Namens.

CHAPATTI – Indisches Fladenbrot aus einem Teig von Mehl, Wasser und Salz, das in der Pfanne statt im Ofen gebacken wird.

CHRISTUSBEWUSSTSEIN – Das Bewusstsein der Einheit allen Seins mit der Quelle allen Lebens. Es ist sowohl Einheitsbewusstsein, als auch Schöpfungsbewusstsein.
Das bedeutet, dass ein Mensch im Christusbewusstsein sich seiner Einheit mit dem Schöpfer genauso bewusst ist, wie seiner Einheit mit seinem Gegenüber, wer oder was auch immer das gerade ist. Aus diesem Bewusstsein heraus lässt sich nur lieben, und bewusst erschaffen, was dem Wohle aller Wesen dient.

DAKSHINA – Dieser Begriff wird üblicherweise für eine „Opfergabe in Dankbarkeit für den Guru" verwendet. Dakshina ist aber auch eine vedische Göttin, die für Urteilsvermögen steht. Urteilsvermögen ist eine der Fähigkeiten von Wahrem Bewusstsein und ist die Begabung, zwischen Wahrheit und Falschheit zu unterscheiden
DARSHAN – Wörtlich: Anblick oder Sehen. *Darshan* ist der Anblick einer heiligen Person sowie der Segen, den man durch solch einen Anblick erhält.

DEVI/DEVA – (Manchmal Halbgott genannt) Wörtlich: Der Scheinende. Ein göttliches, himmlisches Wesen. Alternativ: „Leuchtender", ein himmlisches Wesen mit starken Kräften und daher göttlich (manchmal Halbgott genannt).[3]

DEVOTEE – Jemand der sich einem *Guru* oder Meister hingibt.

DHARMA – Die ewigen Grundsätze der Rechtschaffenheit, die das ganze Universum aufrechterhalten; die dem Menschen angeborene Pflicht, mit diesen Grundsätzen in Harmonie zu leben.[4]

DHOTI – Bekleidung, die von Männern um die Taille getragen wird und die Beine verdeckt.

DIKSHA – Einweihung durch einen Guru.

DURGA – Durga bedeutet im Sanskrit „Die, die unergründlich und schwer zu erreichen ist.“ Die Göttin Durga ist eine Form von *Shakti*, die sowohl für ihre gütige als auch für ihre Furcht erregende Seite verehrt wird. Als Mutter des Universums stellt sie die grenzenlose Kraft des Universums dar und ist ein Symbol der weiblichen Dynamik. Es heißt, dass die Erscheinungsform der Göttin Durga aus Ihrer formlosen Essenz entstanden ist und dass die beiden unzertrennlich sind. Durga, eine wunderschöne Kriegerin, die auf einem Tiger sitzt, war die erste Erscheinungsform der großen Göttin. Die Umstände ihrer wunderbaren Ankunft waren die Tyrannei des Monster-Dämonen Mahishasur, der durch sagenhafte Enthaltsamkeiten unbesiegbare Stärke erlangt hat. Die Götter hatten Angst vor diesem Wasserbüffel Bullen, der seine Form veränderte, denn weder *Vishnu*, noch *Shiva* konnten sich gegen ihn behaupten. Es schien, als ob nur die gebündelte Kraft von Shakti in der Lage war Mahishasur zu besiegen. Und so war es die achtzehnarmige Durga, die zum Kampf aufbrach.

ERLEUCHTUNG – Bewusstseinszustand, wenn sich alle Schleier der Täuschung lichten und man fähig ist, über die Begrenzung dieser Welt hinaus in die wahre Natur seines eigenen Selbst vorzudringen.

GHEE – Gereinigte Butter

GITA – siehe *Bhagavad Gita*

GOPI/GOPAS – Die Kindheitsgefährten von Bhagavan *Krishna*, die mit Ihm die Kuhherde des Dorfes in der waldreichen Umgebung von *Vrindavan* hüteten und die mit Ihm die Reinheit Göttlicher Liebe und Freundschaft geteilt haben, der kein Makel an sinnlichem Ausdruck oder Wunsch anhaftet.

GÖTTLICHE MUTTER, DEVI – Devi ist die Göttliche Mutter des Hinduismus. Ihr Name bedeutet Göttin. Alle Hinduistischen Göttinnen können als verschiedene Manifestationen von Devi betrachtet werden. In einigen Formen ist sie gütig und sanft, während sie in anderen Formen dynamisch und grimmig ist. Doch in all ihren Formen hilft sie ihren Anhängern. Ihre Hauptschrift, welche von den Hindus verehrt wird, ist die Devi Mahatmyam (auch bekannt als Chandi Path und Durga Saptashati), in der die maßgebende Kraft der Maya und des Egos durch andächtige Geschichten sinnbildlich dargestellt wird und in denen die Göttliche Mutter Dämonen tötet, die die Welt heimsuchen.
GÖTTLICHE NAMEN – Die Namen Gottes aller Religionen.

GOVINDA – Einer der Namen Gottes, der oft Lord Krishna zugeordnet wird.

GURU – *Gu* bedeutet Dunkelheit und *ru* steht für die Handlung der Beseitigung; der Lehrer, der spirituelle Meister, der die Dunkelheit (Unwissenheit) des Geistes (Ego/Persönlichkeit) vertreibt.

GURUDEVA – Göttlicher Lehrer – ein gebräuchlicher Begriff aus dem Sanskrit, der dem spirituellen Lehrer mit Respekt entgegengebracht wird.

GURU MANTRA – Ein heilige, kurze, formelhafte Wortfolge, gegeben von einem Meister. Ein Guru Mantra, das im Sinne der geistigen Führung des Meisters gesungen wird, hilft dem Schüler, seine Gedanken und Taten zu reinigen.

GURUPURNIMA – Ein Fest, das zu Ehren des Gurus gefeiert wird, ein Tag, um großen Seelen Hochachtung, Respekt und unsere Liebe zu erweisen.

HANUMAN – Sri Swami Vishwananda hat über Hanuman gesagt: „Hanuman wird als Vorbild an *Bhakti* betrachtet"... Hanuman ist eine Inkarnation von *Shiva*. Als *Rama* hinabstieg, manifestierten sich alle Gottheiten in der Gestalt von Affen – *Vanara Sena*. Und Hanuman ist in Wirklichkeit *Shiva* selbst, Hanuman wird als Ozean an Weisheit angesehen." (*Hanuman Jayanti*, Shree Peetha Nilaya, Springen, Deutschland, 2010)

HARE – Eine Art und Weise, den Herrn anzurufen.

HINDUISMUS – Der Hinduismus ist mit etwa 900 Millionen Anhängern (etwa 13% der Weltbevölkerung) die nach dem Christentum und dem Islam drittgrößte Religion der Erde und hat seinen Ursprung in Indien. Anhänger der Religion werden Hindus genannt. Hinduismus besteht aus verschiedenen Strömungen, die sich gegenseitig beeinflussen und teilweise überlagern, die aber Unterschiede aufweisen in den Heiligen Schriften, den Glaubenslehren, den Göttern und den Ritualen.

HINDUISTISCHE TRINITÄT – Schöpfer: Brahma, Erhalter/ Bewahrer: Vishnu, Zerstörer: Shiva

HINGABE – In der Spiritualität bedeutet dieser Begriff vollkommen alles Gott zu geben. Sri Swami Vishwananda hat gesagt: „Das ist vollkommene Hingabe: Wenn Gott mit Dir machen kann, was immer Er will, wann immer Er es will und wie es Ihm beliebt. Du musst davor keine Angst haben, weißt Du, Du musst Dich nur hingeben. Wer ist Dein Selbst in Wirklichkeit? Es ist nur Er! In der *Gita* sagt *Krishna*: Alles bin ich." (Darshan in Lissabon, Portugal, 12. April 2008)

HIRANYAGARBHA LINGAM – Das goldene Urei der Schöpfung aus dem die gesamte Schöpfung hervorgeht;

INKARNATION: Wenn eine Gottheit oder eine Seele eine irdische Form annimmt.

JAI (JAYA) – Ein Begriff aus dem Sanskrit mit den Bedeutungen Heil oder Sieg. Es wird in gleicher Weise wie Ave in christlichen Gesängen verwendet.

JAI GURUDEV – Eine Begrüßung: „Ich grüsse den Guru und das Göttliche in Dir."

JANMASHTAMI – Geburtstag (Geburt des Gottes Krishna)

JAPA – Wiederholung eines Göttlichen Namens.

JAPA MALA – Den Namen Gottes oder ein *Mantra* zu singen, wird als *Japa* bezeichnet. Eine Mala ist im Allgemeinen eine Kette mit 108 Perlen, die zum Zählen verwendet wird, während man rezitiert. Sie sammelt die Schwingung, die entsteht, wenn man ein heiliges *Mantra* oder den Namen Gottes wiederholt oder singt. Somit wird sie zu einer Quelle der Heilung. Deshalb sollte man die *Mala* immer sicher in seinem Malabeutel aufbewahren.

-JI – Endung eines Namens oder Titels, die Respekt bedeutet.

JÜNGER – Ein Anhänger (*Devotee)*, der seinem oder ihrem *Guru* vollkommen ergeben ist.

KALI / KALI MA – Kali, die Dunkle Mutter, ist eine der Gottheiten, zu der die *Devotees* trotz ihrer Furcht erregenden Erscheinung eine sehr liebevolle und intime Bindung haben. In dieser Beziehung wird der Verehrer zu einem Kind und Kali nimmt die Gestalt der immer fürsorglichen Mutter an. Kali ist die Furcht einflößende und wilde Form der Gottesmutter. Sie hat die Gestalt der kraftvollen Göttin angenommen und wurde bekannt durch die Komposition der Devi Mahatmya, einem Text aus dem 5.- 6. Jhd. v. Chr.

KARMA – Sanskrit *kri,* handeln; die Auswirkungen früherer Handlungen aus diesem oder vorherigen Leben. Laut den Hinduistischen Schriften ist das ausgleichende Gesetz des *Karma* das Gesetz der Handlung und Reaktion, der Ursache und Wirkung, des Säens und des Erntens. Die natürliche Gerechtigkeit sorgt dafür, dass jeder Mensch durch seine Handlungen und Gedanken zum Schöpfer seines Schicksals wird.[4]

KIRTAN – Lobgesang, Singen der Göttlichen Namen und des Lobpreises von Gott.

KRISHNA – Ist die achte Inkarnation *Narayanas* und wurde im Dvapara *Yuga* geboren. Er ist die Verkörperung der Liebe und der göttlichen Freude, die allen Schmerz und alle Sünden zerstört. Er ist der Beschützer heiliger Äußerungen und der Kühe. Krishna ist der Impulsgeber für alle Formen des Wissens. Er wurde geboren, um die Religion der Liebe zu gründen. Sri Swami Vishwananda hat über Krishna gesagt: „...die schönste aller Inkarnation des Göttlichen...ist Sri Krishna selbst. Durch das bloße Rezitieren des wunderschönen Namens Krishnas erweckt man Frieden und Liebe. Der Name bedeutet „der, der alle anzieht“. Krishna ist derjenige, der alle Sünden zerstört und jeden reinigt und läutert. Sein Leben ist eigentlich ein Mysterium für sich. Es ist eines der größten Mysterien, denn in Seinem Leben geht es um unser spirituelles Leben, damit wir Ihn erreichen." (Krishna Retreat, Los Angeles, Kalifornien, USA, Dezember 2007)

KRIYABAN – Jemand, der Kriya Yoga übt.

KUNDALINI – Die aufgerollte Schöpferkraft am Ende der feinstofflichen Wirbelsäule. Bei den meisten Menschen schläft sie, doch wenn sie bei den Yogis erwacht, steigt sie zum Gehirn und wird zur Glückseligkeit des Geistes transformiert.

KUMKUM – Ein Pulver aus Gelbwurz oder Safran, das im Hinduismus für religiöse und gesellschaftliche Zeichnungen gebraucht wird.

KURTA – Eine lose Bluse oder Tunika, die von hinduistischen Männern und Frauen getragen wird.

LAHIRI MAHASAYA – (1828-1895) Er erweckte die alte Technik des Kriya Yogas zu neuem Leben. Er war Christus ähnlich und hatte wundersame Kräfte. Er war auch ein Familienvater und Geschäftsmann. Er war der Schüler von Mahavatar Babaji und der Guru von Sri Yukteswar.

LADOO – Indische Süssigkeit.

LAHIRI MAHASAYA – Ein bürgerliches Familienoberhaupt und spiritueller Meister, der die erste Person war, die das *Kriya Yoga* von *Mahavatar Kriya Babaji* erhalten und es dann mit anderen bürgerlichen Menschen geteilt hat.

LILA (LEELA) – Göttliches Spiel; das kosmische Spiel; die Auffassung, dass die Schöpfung ein Spiel des Göttlichen ist, die aus keinem anderen Grund als zur reinen Freude besteht.

LINGAM – repräsentiert das universelle männliche Prinzip, das sich in der Menschheit durch Qualitäten wie Stärke, Entschlossenheit und Weisheit offenbart.

LITCHI – eine süße fleischige Frucht, mit einer dünnen stacheligen Haut.

LUNGI – Ein Stück Baumwollstoff, das in Indien als Lendenschurz getragen wird.

MAHARAJ – "Großer König", benutzt als Anrede eines Gurus oder Königs in Indien.

MAHASHIVARATRI – Die große Nacht von *Shiva* – sie ist der Verehrung von *Shiva* gewidmet. Anhänger singen Bhajans zu Ehren von *Shiva*, rezitieren Sanskrit Shlokas (Verse) aus der Heiligen Schrift, beten am Morgen und am Abend, einige fasten den ganzen Tag. Die Gebete und die Verehrung dauern die ganze Nacht.

MAHATMA – maha "groß", atman "Seele"; ein Titel für eine Person, die mit Ehrfurcht betrachtet wird.

MAHAVATAR BABAJI – *Maha* bedeutet groß, *Avatar* bedeutet göttliche Manifestation und Babaji bedeutet Vater; ein circa 2000 Jahre alter unsterblicher *Yogi* aus dem Himalaya und *Paramguru*, der *Kriya Yoga* an die Welt gegeben hat. Er wurde im Westen im letzten Jahrhundert bekannt durch Paramahansa Yoganandas *"Autobiographie eines Yogis"*.

MALA – siehe *Japa Mala*

MANDIR – Ein Hindu Tempel, ein Haus der Anbetung.

MANTRA – Gebet

MATA – Im Sanskrit das Wort für Mutter

MAYA – Illusion, das, was uns davon abhält unser wahres Selbst zu verwirklichen. Sri Swami Vishwananda hat über Maya gesagt: „Maya Devi ist sehr kraftvoll, denn Sie lockt jeden in die Falle... Wenn du dich erst einmal in die Welt begibst, wirst du vom Griff der Maya erfasst und es ist ziemlich schwierig, sich aus Ihrem Griff zu lösen. Ihr Griff ist so stark, dass du, wenn Sie dich erst einmal gepackt hat, dich nur noch durch das Singen von Gottes Namen davon befreien kannst. Nur wenn du wahrhaftig von Herzen sagst: ´Gott, ich will Dich, ich gebe mich Dir vollkommen hin. Mach mit mir, was Du mit mir tun musst`, dann wird Sie dich loslassen." (Darshan, Kiel, Deutschland, Dezember 2006). Paramahansa Yogananda schrieb: „Das Sanskritwort Maya bedeutet die Messende; sie ist die der Schöpfung innewohnende magische Kraft, die im Unbegrenzten und Unteilbaren scheinbare Begrenzungen und Teilungen hervorruft."

MEDITATION – Übung, die hilft, den Geist zu kontrollieren. Sri Swami Vishwananda hat gesagt, dass es „...eine sehr einfache Methode ist, diesen Zustand der Glückseligkeit zu erlangen. ... Durch Meditation kann man wirklich in die Kraft der vollkommenen Erfüllung kommen. ...wenn man konzentriert und auf Gott fokussiert ist, wenn man sich in tiefer Meditation befindet, wird man von nichts um sich herum beeinflusst, durch keinen Lärm und keine Berührung." (Darshan, Mumbai, Indien, 10. Februar 2006)

MEDJUGORJE – Eine Pilgerstätte in Bosnien and Herzegowina, wo 1981 Mutter Maria sechs Kindern erschienen ist. Heute wird der Ort von Pilgern aus aller Welt als Heiligtum besucht und verehrt.

MEISTER – Ein großer spiritueller Lehrer

MUDRA – Eine Geste, die normalerweise mit den Händen praktiziert wird und die Energie fokussiert und ausrichtet. Zwanzig dieser alten *Mudras* wurden von Sri Swami Vishwananda an seine Schüler weitergegeben und stehen durch seine Lehren allen zur Verfügung, die sie lernen möchten.

MURTI – Hindu-Bild (Statue) auf dem der Göttliche Geist dargestellt ist.

NATARAJ – Herr des Tanzes, ein Aspekt von Shiva.

NAVARATRI – Hinduistisches Fest zu Ehren der Göttlichen Mutter. Aus dem Sanskrit: Nava bedeutet neun und Ratri heißt Nächte. Während dieser neun Tage und Nächte werden neun Formen der Shakti bzw. *Durga* (z. B. weibliche Göttlichkeit) geehrt.

OM – Das Sanskrit Ur-Wort oder der Ur-Klang, der den Aspekt Gottes symbolisiert, welcher alles erschafft und erhält; Kosmische Schwingung.

PADA PUJA – Verehrungsrituale für den spirituellen Lehrer (Guru-Puja), der Füße des Guru (Guru-Pada-Puja) oder der Sandalen des Guru (Guru-Paduka-Puja) haben alle die gleiche Bedeutung und bringen den gleichen Nutzen. Es ist eine uralte Tradition, durch die man die Gnade des Gurus empfangen kann.

PANDIT – Ein indischer religiöser Gelehrter, mithin eine brahmanische, im späteren Sprachgebrauch auch eine allgemein universitär ausgebildete Person. Der Titel wird auch für hinduistische Musiker der klassischen indischen Musik benutzt.

PARAMAHANSA YOGANANDA – Ein großer Indischer Meister, der sein ganzes Leben den Menschen aller Rassen und Glaubensbekenntnisse widmete, um ihnen zu helfen, das Göttliche des menschlichen Geistes in ihrem Leben zu erkennen und zu verwirklichen (1893-1952).

PARAMGURU - *Param* bedeutet das Höchste und *Guru* steht für den Beseitiger der Dunkelheit; der höchste *Guru, Guru* des *Gurus*.

PREMAVATAR – "Inkarnation der Liebe", üblicherweise eine Anrede für Sri Swami Vishwananda.

PUJA – Ritual der Anbetung und Verehrung

RADHA – „Es ist *Krishna* Selbst in der Form von Radharani. Wenn wir über Radha sprechen, nennen wir Sie immer als Erstes und dann erst *Krishna*. Wir sagen Radhe Krishna, Radhe Shyam, da Sie die *Shakti* von Krishna ist." (Sri Swami Vishwananda, Radhastami, Springen, Deutschland, 27. August 2009)

RAMA – Ist nach den Lehren des Hinduismus die siebte Inkarnation von Sri *Vishnu*. Er gilt als überaus rechtschaffen, gebildet, schön und mit allen königlichen Eigenschaften ausgestattet. Seine Geschichte wird in dem indischen Heldenepos Ramayana erzählt. Dieses handelt von Ramas Verbannung in die Waldeinsamkeit und dem Sieg über

Ravana, nachdem dieser seine Gattin *Sita* nach Lanka entführt hatte. Ein wesentlicher Helfer bei diesem Kampf war der größte Anhänger *Ramas*, der Affengott *Hanuman*.

RAVANA – Böser Dämonenkönig, der Lord *Ramas* Ehefrau entführt und nach *Lanka* (Sri Lanka, früher Ceylon) gebracht hat.

REINKARNATION – Wiedergeburt: Wenn die Seele wieder in einen neuen Körper geboren wird; der Kreislauf von Geburt, Tod und Wiedergeburt; die Wiedergeburt kommt zum Ende, wenn das eigene Karma aufgelöst ist.

RISHI – Große Seher und alten Weisen Indiens, die die *Veden* offenbart haben; *Rishis* können nur die Wahrheit sprechen und haben der Welt viel Wissen zur Verfügung gestellt.

RUDRAKSHA – „Träne des Lord Shiva"
Rudrakshas sind die Früchte/Samen eines immergrünen Baumes aus Asien. Sie sind dafür bekannt, einzeln oder als Mala (Kranz) als Schutz getragen zu werden.

SADHANA – Ein Begriff aus dem Sanskrit, wörtlich „ein Mittel, um etwas zu vollenden" – ist spirituelle Praxis. Es besteht aus einer Vielfalt von Wertvorstellungen aus den Traditionen der Hindus, Sikhs, Buddhisten und Muslimen, denen gefolgt wird um verschiedene spirituelle oder rituelle Ziele zu erreichen.

SAMADHI – Ein *yogischer* Zustand der Trance, in dem der Geist sich von den eingeschränkten, arbeitenden Aktivitäten in freiere, höhere Zustände Gottes zurückgezogen hat; ein Zustand, in dem der Sucher und der Prozess des Suchens in ein einziges zusammenhängendes Kontinuum verschmelzen und keine

Trennung zwischen beiden verbleibt. Auf die Verehrung bezogen, handelt es sich um den Zustand, in dem es keinen Unterschied zwischen dem *Devotee*, Gott und der Verehrung gibt.

SANSKRIT – Die älteste Schwester aller Indio-europäischen Sprachen; sie bezeichnet die verschiedenen Formen des Altindischen und ist die Sprache der Veden und der klassischen indischen Kultur. Ihre alphabetische Schrift wird Devanagari genannt, was bedeutet „Göttliche Wohnstätte". Sie spielt vor allem im Hinduismus eine wesentliche Rolle. Sanskrit ist die klassische Sprache der Brahmanen und wurde erstmals von dem großen Grammatiker Panini im 4. Jahrhundert v. Chr. systematisiert. Der große Philologe des alten Indiens sagte: „Wer meine Grammatik kennt, kennt Gott." Sanskrit wird mathematisch und psychologisch als die vollkommenste Sprache betrachtet.

SARASWATI – Göttin des Wissens und der Künste, die den freien Fluss von Weisheit und Bewusstsein darstellt. Sie ist die Mutter der *Veden* und Gesänge an Sie, die man Saraswati Vandana nennt, beginnen und beenden oftmals *Vedische* Unterrichtseinheiten. Man glaubt, dass die Göttin Saraswati die Menschen mit den Kräften der Sprache, Weisheit und des Lernens ausstattet.

SATGURU – Sat bedeutet wahr; *Guru* bedeutet der wahre Lehrer; der höchste spirituelle Lehrer, der uns zum Endziel unserer Selbstverwirklichung führt.

SATCHITANANDA – immerwährend, immer bewusst, immer neu in Glückseligkeit; das war Swami Shankaras Definition von Gott. Der höchste Zustand Göttlicher Ekstase offenbart sich in unbeschreiblicher Glückseligkeit.

SATSANG – Sat bedeutet wörtlich „das Sein oder das Wesen", folglich: „Essenz; Realität"; Sanga bedeutet „Gemeinschaft oder Kameradschaft". Satsang ist eine Zusammenkunft von spirituell Suchenden zur Meditation, zum Gebet und andächtigem Singen, um nach dem Göttlichen Ziel der Selbstverwirklichung in der Vereinigung mit Gott zu streben.

SELBST – Das Atma; wer man in Wahrheit ist - Göttliche Liebe.

SELBSTVERWIRKLICHUNG – Transzendieren der falschen Identifizierung mit Verstand und Körper, was dem verkörperten *Atma* hier in der *Maya* widerfährt; sich seines wahren Seins bewusst werden; Einheit mit dem Göttlichen.
SEVA – Sebstloser Dienst

SHAKTI – Kraft, Stärke oder Energie; das hinduistische Konzept oder die Personifizierung des weiblichen Aspektes von Gott, oft als "Die Göttliche Mutter" bezeichnet. Shakti stellt das aktive, dynamische Prinzip der weiblichen Kraft dar.

SHIRDI SAI BABA – Grosser indischer Heiliger, der von der Mitte des 19.Jahrhunderts bis anfangs des frühen 20. Jahrhunderts lebte. Er wird sowohl von Hindus als auch von Moslems verehrt.

SHIVA – Teil der Hinduistischen Trinität; Aspekt der Auflösung und der Befreiung.

SHIVA SHAKTI – „...das ganze Universum wird von diesen beiden kosmischen Energien beherrscht, welche die weibliche Energie und die männliche Energie sind. Sie bringen alles zur Manifestation. Man kann sie Shiva Shakti nennen,..." (Sri Swami Vishwananda, die Bedeutung der zwei Hiranyagarbalingams, 2. März 2011)

SKAPULIER – das große Skapulier ist ein Überwurf über die Tunika einer Ordenstracht. Es besteht aus einem vorn und hinten bis fast zum Fußboden reichenden Tuch, das normalerweise durchgehend gerade oder an den Schultern etwas breiter und auf Saumhöhe geringfügig schmaler ist. Das kleine Skapulier besteht aus zwei Vierecken, die aus Stoff gefertigt und verziert sind mit den Bildern von Mutter Maria und Jesus. Sie sind durch zwei Schnüre so miteinander verbunden, dass jeweils eines auf der Brust und eines auf dem Rücken getragen wird.

SRI – Ein respektvoller Titel; steht er vor dem Namen eines religiösen oder spirituellen Lehrers, bedeutet er "heilig" oder „ehrwürdig".

SRIMAD BHAGAVATAM – (Bhagavata Purana) Diese Purana ist das wichtigste heilige Buch mit Erzählungen in Indien, welches in zwölf so genannten Gesängen angeordnet ist und 335 Kapitel mit über 18.000 Versen umfasst. Sie betont die grundlegende Wichtigkeit des erhaltenden (bewahrenden) Aspekt Gottes, der in der transzendentalen Gestalt von Sriman Narayana, Lord Vishnu personifiziert ist.

SRI YUKTESWAR – Ein Schüler von *Lahiri Mahasaya* und der Guru von *Paramahansa Yogananda* (1855-1936).

STIGMATA – Zeichen an Händen und Füssen, entsprechend den Wunden am Körper Jesus Christi nach der Kreuzigung, die im Laufe der Geschichte bei Heiligen erschienen sind und erscheinen.

SWAHA – Sanskrit für "Ich opfere". Wird während der Yagna Feuerzeremonie ausgesprochen.

SWAMI – Wörtlich: „Lord", Herr, Meister – der, der die Beherrschung über sich selbst erreicht hat. Dieser Titel wird auch an Sannyasis (die, die der Welt entsagt haben und in Besitzlosigkeit leben) verliehen. Ein Swami ist ein Mitglied des klösterlichen Swami Ordens, reorganisiert im 8. Jahrhundert von Swami Shankara.

VAISHNAVA – Anhänger Lord *Vishnus*.

VEDEN – Alte Indische Texte und die älteste Sanskrit Literatur, die im Vedischen Sanskrit verfasst und von Krishna Dvaipayana Veda Vyasa, einem Heiligen, der in einigen *Vaishnava* Traditionen als *Avatar* von *Maha Vishnu* gilt, in vier Abschnitten zusammengefasst wurde. Er hat sich später als der Weise Kapila inkarniert, um das *Bhakti Yoga* der *Shrimad Bhagavatam* zu lehren, die nach dem Vorschlag des *Rishis Narada*, dem Sohn von *Brahma*, von dem Weisen Vyasa geschrieben wurde.

VISHNU – Wörtlich: alles durchdringend; Gott als Bewahrer, Teil der Hinduistischen Trinität.

YAGNA/YAGYA – Opferung des Stolzes und des Egos; eine Feuerzeremonie, in der man das Selbst aufgibt sowie das, was man zum Wohle anderer möchte, um sich freizumachen von Stolz und sein Herz durch *Mantras* zu öffnen. Auch gibt man dem Göttlichen das, was es uns gegeben hat, zurück.

YANTRA – Eine symbolische Darstellung von Formen der Göttlichkeit. Es ist eine ineinander greifende Anordnung von geometrischen Figuren, Kreisen, Dreiecken und Blumenmustern. Es heißt, jedes Göttliche Wesen hat ein Yantra. Eine spezifische geometrische Form, die das Wesen der Gottheit darstellt. Ein Yantra wird verehrt und mit dem passenden Mantra verbunden. Es wird wie eine Gottheit behandelt und wie eine Gottheit verehrt.

YOGA – Der Begriff Yoga bedeutet Vereinigung. Die Vereinigung der individuellen Seele mit dem Geist; es ist auch die Methode, um dieses Ziel zu erreichen.

YOGANANDA (Paramahansa Yogananda) – Ein großer indischer Meister, der sein ganzes Leben den Menschen aller Rassen und Glaubensbekenntnisse widmete, um ihnen zu helfen, das Göttliche des menschlichen Geistes in ihrem Leben zu erkennen und zu verwirklichen (1893-1952).

YOGI – Jemand, der /die Yoga praktiziert.

QUELLENANGABEN:

1 Douglas, J. D., ed. Das Neue Internationale Lexikon der Christlichen Kirche.The New Grand Rapids, MI: Zondervan Publishing, 1974.

2 Vom Yoga der Bhagavad Gita von Paramahansa Yogananda veröffentlicht von Self-Realization Fellowship, Los Angeles, Kalifornien, USA in 2007

3 Srimad Bhagavatam 10. Ausgabe, Englische Übersetzung von Smt. Kamala Subramaniam, Bharatiya Vidya Bhavan, Kulapati Munshi Marg, Mumbai, 400007 Indien, Glossar Seite 762

4 Paramahansa Yogananda: Die Ewige Suche des Menschen. Gesammelte Reden und Essays – Gott im Alltag verwirklichen. Volume 1. Self- Realization Fellowship Publishers. Gedruckt in USA 2005.

5 www.hindupedia.com

DISCLAIMER

- Sri Swami Vishwananda ist ein spiritueller Meister und Lehrer, der Menschen unterstützt, die seinen Rat und seine Inspiration suchen.

- Sri Swami Vishwanandas Arbeit umfasst weder Channeling noch mediale Botschaften.

- Sri Sami Vishwananda bestärkt alle, die seinen Rat wegen physischer Leiden suchen, den Ratschlägen ihrer Therapeuten zu folgen, ihre verschriebenen Medikamente zu nehmen und auf Gott zu vertrauen.

- Sri Swami Vishwananda beansprucht für sich keine verherrlichenden Titel wie Avatar oder Lord. Bei Begegnungen mit ihm verlangt er kein frommes Verhalten und keine Rituale.

- Sri Swami Vishwananda verlangt von niemandem, die Familie, den Beruf oder persönliches Eigentum aufzugeben.